Viviane Lipskier

DNVB

Digitally Native Vertical Brands

LES SURDOUÉES DU COMMERCE DIGITAL

MAXIMA
LAURENT DU MESNIL ÉDITEUR

Viviane Lipskier est Global Brand Strategist, experte en nouveaux business models de la mode, du luxe et des médias et passionnée par l'innovation au cœur des industries créatives. Elle aime observer et décrypter l'émergence des phénomènes d'avant-garde qui contribuent à penser et façonner le futur. Fondatrice de BrandAlchimy, elle conseille les entreprises dans leur stratégie d'hybridation et accompagne des projets de création d'entreprise. Elle enseigne dans de multiples écoles du luxe et de la mode, et écoles de commerce.
Ancienne cadre dirigeante dans l'audiovisuel, elle est diplômée de l'École du Louvre et de l'Institut Français de la Mode.

Vous pouvez joindre l'auteure à : viviane.lipskier@maxima.fr

www.maxima.fr
twitter : @maximaediteur
facebook.com/EditionsMaxima.VieProfessionnelle
LinkedIn : Maxima Editions

MAXIMA
LAURENT DU MESNIL EDITEUR

8, rue Pasquier, 75008 Paris
Tél. : + 33 1 44 39 74 00 – infos@maxima.fr

Illustration de la couverture : création de Cléo Wehrlin.
Maquette de la couverture : Agnès Szynkier.
ISBN : 978 2 84001 982 4

Sommaire

LES PRÉFACES

INTRODUCTION

L'ORIGINE DES *DIGITALLY NATIVE VERTICAL BRANDS*

UN BUSINESS MODEL DISRUPTIF, SANS INTERMÉDIAIRES

UNE CULTURE ET UN ÉTAT D'ESPRIT START-UP

IV DE LA RELATION TRANSACTIONNELLE À LA RELATION CULTURELLE

Préface de Laura Perrard
#

Le digital s'est imposé dans notre vie et fait aujourd'hui partie intégrante de notre quotidien. À l'heure où nombreux sont ceux qui crient au loup de la déshumanisation, il est temps de reconnaître que le digital sait aussi créer du lien. Certaines entités – marques, labels,... appelez-les comme bon vous semble ! – ont été fondées avec et grâce au digital. Au sein de leurs interactions multidirectionnelles on et offline, elles disposent d'une capacité inouïe à inventer leur propre relation client. En absorbant la toute-puissance de la data, elles tendent à gommer l'anonymat derrière l'écran au profit de contacts plus frontaux, plus francs, plus personnalisés.

Dans le secteur du luxe, les Maisons ont toujours su raconter de belles histoires. Aujourd'hui, les marques les plus performantes sont celles qui ne se contentent pas de raconter et qui osent inviter leurs clients à co-construire leur aventure de marque. Et c'est là toute la différence.

Il y a autant de formes de relations qu'il y a d'expériences, d'histoires et d'individus. Le digital, en partie grâce à la connaissance affutée de son client, permet de rompre avec l'uniformisation et de créer des relations singulières entre l'enseigne et son client, transformant ce dernier en un partenaire de développement, en un acteur de marque à part entière. De fait, le digital permet de recréer du lien et de drainer des personnes intéressées en magasin, restituant l'échange avec le commerçant – qu'il soit en ligne ou physique – au cœur de la relation. Car en parallèle des mutations actuelles et de l'avènement du e-commerce, nous revenons à une consommation plus authentique où aller au marché devient un plaisir, où la vie de quartier se réinvente et où l'accueil bienveillant et sincère du commerçant reprend toute son importance.

En s'affranchissant des intermédiaires et en proposant une relation forte, directe et personnalisée avec leur communauté, les DNVB s'inscrivent à la fois comme les prescriptrices et les forces vives de cette évolution sociétale.

Laura Perrard
Fondatrice du Salon du Luxe Paris
Rédactrice en chef du Journal du Luxe

Préface de Geoffrey Bruyère
#

Enfonçons tout de suite une porte ouverte : le consommateur a radicalement changé. Le digital a envahi sa vie, parfois dès le berceau. L'accès à l'information et aux produits est devenu instantané et ses exigences en matière de relation avec les marques n'ont jamais été aussi grandes.

Partout dans le monde, sur tous les marchés de consommation, on observe l'avènement d'un « *choosy consumer* »[1] dont les habitudes de consommation évoluent plus vite que les pratiques des marques. La plupart sont encore très à la traîne en matière de contenus, de produits et de services.

Certaines font les *French Days*, nouveau soin palliatif des marques qui ne savent plus convaincre cette terrible génération Y devenue adulte, autrement qu'avec des prix barrés. D'autres se rabattent sur la dernière techno à la mode : l'Internet des objets, chatbots, programmatique... pour se rassurer à propos du « virage du digital », mais sans objectif concret.
Un peu comme ces parents dépassés qui ne savent plus communiquer avec leurs enfants : *« C'est quoi le problème ?*

1. Un consommateur exigeant, dont les choix sont réfléchis.

Tu veux plus d'argent de poche?», «Tu as vu? Je me suis acheté l'iPhone X, pour faire comme toi!»

Et si la solution était avant tout humaine? Une profonde écoute, des intentions louables, et une envie sincère de satisfaire.

De nouveaux acteurs l'ont bien compris. Et ils s'épanouissent sur ce terreau fertile, où les dernières barrières à l'entrée technologique et réglementaires tombent : ce sont les marques digitales.

Nées sur les réseaux, elles jouent à domicile et n'ont pas à s'adapter aux nouvelles règles du jeu. Car elles sont à la fois le remède et la cause du changement.

Verticales, elles contrôlent toute la chaîne de valeur, de la production à la commercialisation, et commencent déjà à laisser des distributeurs historiques sur le carreau. Cette intégration leur apporte une maîtrise totale de la relation avec le consommateur dont elles se sont faites les alliées. Sans parler de l'accès à la data, nouveau Graal.

Enfin, ce sont des marques à part entière, certaines déjà hissées au statut de culte par leurs communautés.

Considérer ces nouveaux entrants comme de simples entreprises e-commerce serait une grande erreur d'appréciation, à l'heure où derrière quelques champions (Warby Parker, Dollar Shave Club, Blue Bottle Coffee), la multitude des DNVB s'active et fait basculer des oligopoles qu'on pensait intouchables.

2018, année post-numérique.

Il ne s'agit plus d'être notoire, mais qu'on vous fasse confiance.

Il ne s'agit plus de pousser des produits sur tous vos canaux, mais de créer suffisamment de valeur économiques, expérientielle et sociétale pour qu'on vous choisisse.

Il ne s'agit plus de se battre pour des parts de marché, mais de conserver l'unique ressource stratégique de l'âge des réseaux : les relations humaines.

Une révolution silencieuse est en marche, et cet ouvrage pionnier va vous la faire découvrir.

Geoffrey Bruyère,
co-fondateur et C.E.O. de BonneGueule

Introduction

ENTRER DANS LE COMMERCE DU XXIe SIÈCLE

« À chaque effondrement des preuves, le poète répond par une salve d'avenir. »

René Char

Le rythme du monde change avec la révolution digitale. Il pulse, sur un son de techno, des innovations et des disruptions à une allure frénétique. Alors que des industries entières ont perdu le diapason, sont déphasées, en proie à l'incertitude, de nouveaux acteurs s'emparent de la complexité avec une apparente facilité. Ils écrivent les mouvements d'une danse globale, sur laquelle chacun doit désormais régler son pas.
Notre époque est un laboratoire du changement. Comme toute période de turbulences, elle est favorable à l'émergence de nouvelles idées, de nouveaux compétiteurs qui inventent, expérimentent, changent les règles. J'ai écrit ce livre pour partager mon sentiment d'optimisme face à ce pétillement créatif.

La manière dont nous consommons parle du monde, témoigne des mutations de la société. Les ***Digitally Native Vertical Brands*** sont l'une des manifestations de ce monde changeant, que je veux partager ici.

Le déclin du retail : là où commence l'histoire des *Digitally Native Vertical Brands*

Le commerce physique, tel que nous l'avons connu ces dernières décennies rend son souffle ultime : une fin de cycle sombre, dont la presse se fait écho, offrant une vision noire du commerce traditionnel dans un flot de prévisions cauchemardesques. Nous vivons « l'apocalypse : la fin du retail » comme le titrait *The Atlantic*[1] en mars 2017.
De fait, aux États-Unis, au milieu d'une reprise économique, des centaines de magasins et de centres commerciaux abandonnés semblent être livrés aux fantômes, tandis qu'un cortège de gros titres annonce des suites sans fin de cessations d'activités, faillites et plans sociaux.
Des marques très populaires et appréciées telles que *Victoria Secret*, *Urban Outfitters*, *American Eagle* ou *Aéropostale* vacillent. *JC Penney*, *Gap*, *Michael Kors*, *Macy's* et *Sears* sont en difficulté. *American Apparel* ferme ses 110 boutiques et devient la propriété d'Urban Activwear. *Toys 'R' Us* est en faillite. *Hudson's Bay* et *Ralph Lauren* quittent la 5e Avenue. Avec ses 9 000 fermetures de magasins, 2017 a été une année de triste record en Amérique et les prochaines années s'annoncent pires encore, selon les analystes. Les secteurs de l'habillement et de l'électronique sont les plus touchés.
« *Retail apocalypse* » est désormais l'expression consacrée pour désigner les mouvements de fermeture massifs de

1. https://www.theatlantic.com/business/archive/2017/04/retail-meltdown-of-2017/522384/

centres commerciaux et de boutiques, commencés en 2015 et qui devraient se poursuivre dans les années à venir. La page « *RetailApocalypse* » de Wikipédia[1] documente le terme d'une histoire qui s'écrit depuis l'après seconde guerre mondiale. La fin de *l'american way of life* pour laquelle *les department stores* et les *malls* représentaient les symboles de la société de consommation moderne, des lieux de vie adorés par des générations depuis les années 1950. Et pourtant, selon les prévisions de l'établissement financier Crédit Suisse, 25 % des 1 200 *shopping malls* américains devraient disparaître d'ici 2022[2].

Tandis que le magazine *Fortune* détaille les pires performances des sociétés du retail sur sa page web « *Retail Carnage*[3] », Wall Street se détourne de l'hécatombe. Les fonds d'investissement privés, qui ont perdu leur intérêt et ne croient plus en l'avenir du secteur traditionnel, exigent des rendements difficiles à atteindre, même pour les entreprises encore bien portantes. « Le défi pour les entreprises dont le bilan est solide n'est pas la survie, mais plutôt la croissance ou, dans de nombreux cas, le simple maintien de leur part de marché existante »[4]. « La réalité consiste à réinventer un modèle d'entreprise qui remonte à plusieurs générations et qui, au mieux, prend du temps et coûte cher et peut ne pas fonctionner. », analyse Michael Corkery du *New York Times*[5].

---

1. https://en.wikipedia.org/wiki/Retail_apocalypse

2. Cité par *USA Today* https://www.usatoday.com/story/money/business/2017/06/06/are-us-shopping-malls-endangered-species/102488704/

3. http://fortune.com/tag/retail-carnage/

4. https://www.peridotcapitalist.com/2017/06/retail-carnage-part-3-sorry-wall-street-balance-sheets-do-matter/

5. https://www.nytimes.com/2017/08/11/business/dealbook/retail-wall-street-macys-jc-penney.html

Pour Richard Hayne, PDG d'*Urban Outfitters*, « les difficultés actuelles de l'industrie de la distribution sont comparables à la bulle immobilière des années 2000 qui a eu des répercussions douloureuses pour toute l'économie[1] ».

Le « tsunami qui secoue l'industrie » selon l'expression du site Business Insider[2], n'épargne pas la France. Ici aussi la distribution traditionnelle et les magasins multimarques connaissent des difficultés. Selon l'Observatoire économique de l'Institut Français de la Mode (IFM), pour la première fois depuis 25 ans, les surfaces commerciales des chaînes spécialisées en prêt-à-porter ont baissé, de 3,3 %. L'ancien empire de mode Vivarte, plombé par une dette colossale, a cédé ses marques *Pataugas, Chevignon, Kookaï* et *André* son enseigne historique. Le groupe de prêt à porter Happy Chic, (Groupe Mulliez), va supprimer 466 postes d'ici 2020-2021 et entreprend de fusionner ses enseignes masculines *Jules* et *Brice*. Comme l'explique Jean-Christophe Garbino, dirigeant du groupe : « Notre trafic a baissé de 30 % en quatre ans.[3] » Le groupe *Tati,* propriété du groupe *Eram* depuis 2004, a été placé en redressement judiciaire avant d'être repris par le groupe *GPG* de Philippe Ginestet, fondateur des magasins *Gifi*, au printemps 2017. Les chaînes *Mim, Pimkie, La City, Promod, Camaïeu,* le secteur de l'habillement à petit prix se trouve globalement dans la tourmente, pris en étaux entre les géants de la *fast-fashion*, *Primark H&M* et *Zara,* et la montée en puissance des sites de vente en ligne, le britannique *Asos*, l'allemand *Zalando* et les français *Sarenza* et *Spartoo*.

1. http://fortune.com/2017/03/08/urban-outfitters-bubble/

2. http://www.businessinsider.fr/us/store-closures-in-2018-will-eclipse-2017-2018-1/

3. http://fr.fashionnetwork.com/news/Happychic-plus-de-460-suppressions-de-postes-annoncees,998462.html#utm_source=newsletter&utm_medium=email

• *Qui a tué le système ?*

Le commerce traditionnel semble vivre ses derniers jours, victime de l'ennemi pointé du doigt : l'Internet et les nouvelles technologies. « L'Internet est l'ennemi des centres commerciaux », affirme Mark Cohen, ancien de *Sears* Canada et directeur des études retail à la Columbia Business School de New York. « Les clients sont prêts à acheter tout et n'importe quoi en ligne[1]. »

La thèse principalement retenue : la montée en puissance des *pure-players* du e-commerce, l'efficacité implacable d'*Amazon* et le déplacement des habitudes de consommation vers le commerce électronique, seraient responsables de l'élimination progressive des acteurs traditionnels.
Certes, l'Internet et les technologies sont des éléments de disruption puissants qui facilitent le changement, mais ils ne suffisent pas à comprendre comment on en est arrivé là.

• *Le cycle infernal de la surproduction*

Les vraies raisons sont plus anciennes et plus profondes. Elles sont la conséquence d'un marché de l'habillement en déséquilibre entre production et demande, en excédents extrêmes et perpétuels depuis la crise économique des années 2000.
Une situation de surplus qui se traduit sur les prix du secteur par un effet de spirale déflationniste : plus on surproduit, plus les prix baissent.
Le commerce de détail a connu une croissance spectaculaire entre les années 1950 et 1990. Suite aux crises et récessions

1. https://eu.usatoday.com/story/money/business/2017/06/06/are-us-shopping-malls-endangered-species/102488704/

économiques, aux changements d'habitudes de consommation et à l'essor des dépenses voyages et loisirs, les dépenses en vêtements sont en baisse, leur part dans les dépenses de consommation totales a diminué de moitié depuis 1960, d'après l'Insee[1].

Pour rester profitables et maintenir des marges élevées, les productions ont été délocalisées en Asie ou dans les pays à bas coût de main-d'œuvre. Alors que dans le même temps, les entreprises multipliaient les points de vente, en ouvrant de nouvelles boutiques jusqu'à saturation de l'offre.
Grâce à cette stratégie de volume et de prix bas, les sociétés ont réussi pendant longtemps, à maintenir un contrôle relatif des prix en utilisant les promotions, soldes et rabais, comme système d'ajustement. Sous la pression de la mondialisation et d'une compétition renforcée par l'arrivée des géants de la *fast-fashion*, l'usage des soldes et rabais s'intensifie à un niveau massif et quasiment permanent.
Les *Outlet Stores* et autres magasins de déstockage font leur apparition à la fin des années 1980. Sous l'apparence d'une chasse au trésor, les entreprises inventent une nouvelle stratégie de discrimination par le prix. Ouverts en périphérie, à bonne distance des boutiques de ville, pour vendre les excédents, on y trouve surtout des fabrications spéciales de moins bonne qualité, présentées comme des surplus : une tactique qui se renforce avec l'avènement des plateformes en ligne de déstockage telle que *Yoox* ou *Veepee*, qui proposent des rabais allant jusqu'à 90 % du prix initial, et commercialisent en plus des collections dites « capsules » fabriquées spécialement par les marques.
Dix ans plus tard, en plein ralentissement économique, les magasins de déstockage connaissent une période florissante,

1. https://www.insee.fr/fr/statistiques/2550287

et deviennent le secteur le plus rentable pour les marques de mode et de luxe.
Sans même poser la question de l'intégrité des marques, cette surabondance d'offres pour un même produit a des effets négatifs multiples. Elle cannibalise les ventes en réseau classique et érode les marges. En parallèle, elle dévalorise et brouille l'image des marques par des présences multiples, et par différentes qualités de services et de prix alors qu'elles ne contrôlent plus ni le contexte, ni le message.
Inévitablement, cette surabondance engendre des distorsions sur la valeur réelle des biens de consommation et modifie la manière dont les consommateurs évaluent le prix.

• *Vite achetés, vite jetés*

L'avènement du système *fast-fashion* pousse à acheter de plus en plus de produits, plus accessibles, mais de moindre qualité, souvent fabriqués dans des conditions qui ne respectent ni le droit du travail, ni les normes environnementales. Depuis les années 2000, la *fast-fashion* a imposé ses codes dans les esprits : *le mix & match, le cheap chic*[1] deviennent une sorte de fierté, un statut de « coolitude ». Les co-branding[2] entre luxe et marques bon marché ont eux aussi contribué à brouiller les pistes. Karl Lagerfeld, le premier, qui s'est lancé avec *H&M* en proposant des modèles vendus à partir de 19,90 euros. La *fast-fashion* a entraîné la chute radicale du prix des vêtements et des accessoires. L'acte d'achat y a perdu ce qui faisait sa force intrinsèque : conférer aux biens une valeur émotionnelle ou un statut d'investissement.

1. www.nytimes.com/2000/04/11/style/cheap-chic-draws-crowds-on-5th-ave.html
2. oneyard.com/magazine/luxe-et-grande-conso-le-cheap-cest-chic/

Puis, il y eut les drames du *Rana Plaza* et la sonnette d'alarme tirée par le documentaire choc « *The True Cost*[1] », entraînant une désillusion nourrie par la crise économique. Le gaspillage devient intolérable : aux États-Unis, environ 12,8 millions de tonnes de textiles, vêtements et chaussures sont jetées chaque année, soit 80 kg par personne[2], et près de 700 000 tonnes en France[3]. Les stocks excédentaires ont représenté 472 milliards de dollars au niveau mondial en 2015, contre 362 milliards en 2012. La mode tient le triste record de la deuxième industrie la plus polluante, juste après le pétrole dont elle exploite une partie de produits dérivés au travers des fibres synthétiques ou artificielles, polyamides, acryliques entre autres.
Finalement, « face à une surabondance de biens qui induit une lassitude voire un dégoût, d'autres valeurs portent la nouvelle consommation de mode. Le secteur du textile doit changer pour avancer[4]. »

• *Comment se réinventer ? Bienvenue dans le retail du XXIe siècle*

Tandis que l'industrie de la mode traditionnelle cherche à se transformer en profondeur, le marché du e-commerce s'est désormais structuré et développé, s'appuyant sur des technologies toujours plus innovantes. *Amazon* a changé radicalement la donne en ouvrant la voie à une consommation qui privilégie la commodité et la rapidité. Désormais, les consommateurs accèdent en tout temps et sans limites

---

1. https://truecostmovie.com

2. D'après l'agence de l'environnement américaine.

3. Selon l'enquête du film documentaire «Vêtements, n'en jetez plus!», réalisé par Elsa Haharfi, diffusé sur France 5 en mai 2016.

4. Carole Rousseau, *Le Monde*, http://www.lemonde.fr/economie/article/2016/12/02/le-secteur-du-textile-et-de-l-habillement-doit-changer-pour-avancer_5042378_3234.html

à tout ce qu'ils désirent et d'un *click and buy*[1], sont livrés en quelques heures.
De nouveaux acteurs économiques sont entrés dans la course. Les mégas e-tailers *Farfetch, Moda Operandi*, ou encore *Net-A-Porter*, bâtissent des empires du luxe à l'échelle mondiale. Ils façonnent de nouvelles manières de consommer et repoussent les limites de l'expérience de mode *premium*. Ils relèvent la barre, en offrant aux consommateurs des fonctionnalités parfaites, un service client disponible en tout temps, des délais de livraison toujours plus rapides. Ainsi *Gucci*, en partenariat avec *Farfetch*, offre dans certaines villes une livraison en 90 minutes ou moins, devant la porte.
C'est dans ce double contexte que sont nées les *Digitally Native Vertical Brands* (DNVB), un nouveau modèle de *pure-player*[2], *direct-to-consumer*[3], qui réinvente le commerce en partant des usages. À l'intersection de la mode, de la technologie et du commerce, les DNVB placent l'humain au centre de leurs préoccupations. Comme un antidote au système traditionnel, elles constituent une opportunité de renouveler entièrement l'approche du retail et d'activer les décisions d'achat pour d'autres raisons que le prix. Les premières DNVB se sont développées d'abord dans le secteur de la mode et des accessoires et elles ont rapidement établi leur présence dans toutes les catégories, du luxe aux biens de consommation courante, de la joaillerie à la nourriture pour animaux, en passant par la cosmétique et la décoration.

Si *Amazon* et *Alibaba* proposent, au plus grand nombre, un hyper choix de produits, disponibles quasiment

1. Simplification de l'achat à l'extrême inventé par Amazon et son bouton *click & buy* qui permet d'acheter en une seule opération : d'un click.

2. Les *pure-players* exercent leur activité uniquement en ligne.

3. *Direct-to-consumer* : vendre directement au client, sans intermédiaires.

immédiatement, les DNVB s'adressent pour leur part à des marchés de niche, sur lesquels elles prennent le leadership en établissant de nouveaux modes relationnels et une connexion plus émotionnelle avec les individus et la communauté qu'elles animent. Plus en phase avec les attentes des clients, elles répondent à leur besoin de consommer différemment, dans une relation de confiance et d'échange, de partage de valeurs. S'appuyant sur une connaissance parfaite de leurs clients comme source de différenciation, les DNVB s'emparent en *game changer* des notions de commodité, prix, qualité, nouveauté, personnalisation et définissent à leur tour de nouvelles normes de consommation.

Ce livre explore le phénomène des *Digitally Native Vertical Brands*, dévoile les clés de leur succès et décrypte leurs codes au travers de nombreux exemples. Il est le fruit d'une enquête menée sur plus de deux cents marques à travers le monde, d'interviews, de visionnage de podcasts et de vidéos, d'analyses d'articles de presse et de blogs.
Il s'adresse à tous ceux qui veulent comprendre de quoi sera fait le « commerce postmoderne 4.0 », dont les *Digital Native Vertical Brands* sont les pionnières. Au travers de l'analyse, il offre des pistes de réflexion et des perspectives positives pour réinventer le retail à l'ère digitale.

PARTIE # I

L'ORIGINE DES *DIGITALLY NATIVE VERTICAL BRANDS*

« Les *Digitally Native Vertical Brands* sont digitales de naissance, elles n'ont pas besoin de s'adapter au futur, elles sont le futur. »

Andy Dunn, PDG de Bonobos

1

L'INVENTION D'UN NOUVEAU MODÈLE

Définition

L'expression *Digitally Native Vertical Brands* ou DNVB est employée pour exprimer un nouveau concept qui repose sur quatre piliers fondamentaux et indissociables :

- c'est un *business model* de commerce vertical qui supprime les intermédiaires de l'amont à l'aval, de la fabrication à la distribution, pour vendre directement aux consommateurs ou *direct-to-consumer*,

- à l'intersection entre innovation, technologie et commerce, ce sont des start-up à fort potentiel de croissance, et dont toute l'activité est pilotée par l'utilisation massive de données numériques (*big data*). Elles sont le plus souvent financées par des levées de fonds privés,

- génétiquement « digitales », les DNVB développent leur univers de marque, s'expriment, interagissent et vendent directement et principalement via le web et le mobile. Elles sont centrées de manière obsessionnelle sur l'expérience client (une combinaison qui forme un tout intrinsèquement inséparable entre les produits, l'expérience online et le service client) et la création d'un fort lien émotionnel avec chacun,

- lorsqu'elles font le choix de passer du digital au point de vente physique, elles continuent à proposer une expérience de marque personnalisée, au travers de leur réseau propre ou de partenariats sélectifs pour contrôler leur distribution.

Plus que tout, c'est leur capacité à fédérer une communauté active et loyale à long terme et à créer un mouvement qui fait la valeur ajoutée des *Digitally Native Vertical Brands.*

Andy Dunn, père du modèle...

Lorsque Andy Dunn et Brian Spaly, les deux inventeurs du *business model* original, se sont lancés dans l'aventure **Bonobos**, en 2007, ils étaient encore étudiants en MBA à la Stanford Business School et totalement fascinés par la culture de la Silicon Valley. Andy Dunn avait travaillé pendant deux ans comme consultant chez Bain & Company, aux États-Unis et en Amérique du Sud, puis comme analyste dans le fonds d'investissement privé Wind Point Partners. Son expérience de consultant l'avait amené à deux constats. D'une part, les techniques de vente n'avaient pas évolué et l'expérience d'achat en boutique n'apportait aucune valeur ajoutée, alors que le succès des géants de la vente par correspondance *Lands' End* et *L.L.Bean* reposait sur un service client irréprochable. D'autre part, il avait constaté que les acteurs du e-commerce avaient les plus grandes difficultés à être rentables. La grande majorité utilisait le digital, soit comme une extension de leurs magasins physiques, soit en vendant les produits des autres, ce qui implique de vendre de gros volumes de produits pour des marges très faibles.

De son côté, Brian Spaly, qui était taillé comme un athlète, ne trouvait pas de pantalon qui lui convienne suffisamment bien sur le marché traditionnel. Il avait inventé sa propre coupe de pantalon et les vendait sur le campus dans le coffre de sa voiture. Surtout, il considérait l'expérience du *shopping* comme une perte de temps, un moment sans agrément pour les garçons de son âge. Ce dont ils avaient tous deux envie, c'était d'inventer une manière nouvelle de vendre, de raconter une histoire de marque, tout en créant un excellent service avec un excellent produit, parfaitement taillé, une marque pensée dès le départ pour l'Internet exclusivement.

C'était une idée très innovante et anti-conformiste, au tout début de l'Internet grand public et de *Twitter, Facebook, LinkedIn*. Il ne s'agissait pas, dans leur esprit, de créer un site d'e-commerce, mais de s'inspirer du modèle tout digital des start-up technologiques nées du numérique : une « Digitally Native Vertical Brand ». Comme leur a dit alors Joel Peterson[1], leur professeur et premier investisseur : « vous allez entrer dans une catégorie qui est un peu stagnante et la réinventer. »

Dès le départ, leur ambition était double : d'une part vendre à un prix plus « juste » pour les clients, en réduisant les intermédiaires et, d'autre part, redéfinir le *sizing*[2] (les normes de

1. Joel C. Peterson enseigne l'entrepreneuriat à l'Université de Stanford depuis 1992, il est Président de la compagnie d'aviation JetBlue et investisseur. https://www.gsb.stanford.edu/faculty-research/faculty/joel-c-peterson

2. Les normes de tailles de vêtements, en général les marques proposent un nombre de tailles limitées du 27 au 52 ou S au XXL, et quelque unes deux ou trois longueurs de jambes différentes.

tailles) imposé par l'industrie, en passant des tailles standards à une proposition quasi personnalisée. Chacune de leur taille de pantalon peut-être ajustée selon 37 combinaisons possibles. En prenant en compte les différents assortiments de modèles, de couleurs et de tissus, on obtient un nombre considérable de combinaisons qui est ingérable pour un commerce traditionnel : non seulement les stocks seraient trop importants, mais l'infrastructure existante des retailers ne le permettrait pas. L'activité telle que Dunn et Spaly l'ont définie ne peut se faire sans le support de la technologie, d'une infrastructure d'un type inédit, pour soutenir l'activité sur l'Internet. Comme le dit Dunn[1] « le produit principal n'est pas la technologie, mais c'est ce qui nous a permis de réinventer le retail et de proposer notre assortiment, notre expérience client, et de construire une marque masculine. »

À l'ère du commerce électronique, Dunn et Spaly ont mis au point un nouveau modèle pour le commerce de détail de mode, verticalement intégré. Si les deux colocataires se sont séparés en 2009 – Spaly a lancé une autre DNVB, **Trunk Club**, qu'il a revendu pour 350 millions de dollars, à *Nordstrom,* en 2014 –, leur modèle a prouvé son efficacité : en 2016, le chiffre d'affaires de **Bonobos** était estimé à 100 millions de dollars et *Walmart,* le plus gros détaillant au monde, en a fait l'acquisition en juin 2017 pour 310 millions de dollars. Après avoir acheté en 2016 le discounteur jet.com et le site de mode pour femmes, ModCloth, *Walmart* complète avec **Bonobos** un portefeuille de marques *direct-to-consumer* pour construire une stratégie agressive face au géant *Amazon* et devenir « son plus grand cauchemar ».

1. http://coveteur.com/2016/10/27/bonobo-andy-dunn-interview/

... et inventeur de l'acronyme

Suite à une conversation avec l'un de ses premiers investisseurs, Peter Pham, Dunn constate que le modèle des DNVB est mal identifié par le monde de la finance qui les confond avec les start-up du e-commerce « ordinaire ». Il ressent la nécessité de clarifier qu'elles s'en distinguent radicalement par une approche plus mono-gamme, obsédée par les clients et contrôlant la distribution. « Je devais faire valoir que [les DNVB] sont différentes, dit-il. Je devais préciser que les start-up du e-commerce vendent des marques qu'elles ne produisent pas.[1] »

C'est dans son article « Le futur du retail : l'essor du V-commerce[2] » (V pour « vertical »), publié le 10 mai 2016 sur son blog Medium qu'apparaît pour la première fois l'acronyme « DNVB ». Il y précise les éléments de différenciation qui permettent de les distinguer des acteurs classiques du e-commerce :

- le mode d'interaction principal avec les clients est online : que ce soit pour effectuer des transactions ou faire du storytelling, depuis un ordinateur ou un téléphone. Les DNVB sont numériques de naissance, elles n'ont pas besoin de s'adapter au futur, elles sont le futur,

- les DNVB sont des marques à part entière, construites sur un modèle vertical. Le nom de la marque est présent à la fois sur les produits physiques et sur leur site Internet. Si les marques ont

1. https://www.inc.com/ilan-mochari/andy-dunn-bonobos-digitally-native-vertical-brands.html

https://twitter.com/peterpham/status/697606967435460608

2. https://medium.com/@dunn/digitally-native-vertical-brands-b26a26f2cf83

besoin de l'Internet pour commercialiser leurs produits, il faut le voir comme un support technique pour faciliter le business : le site Internet n'est qu'un atout de la marque,

- les DNVB sont centrées de manière obsessionnelle sur l'expérience client, et sur la création d'un lien intime avec celui-ci, grâce à un usage poussé des datas.

L'expérience est liée à un mix du produit physique, de l'expérience online et du service client. C'est la combinaison de ces trois éléments pris ensemble qui crée la marque dans l'imaginaire des clients. L'usage de la data permet de rester au plus proche des besoins ou demandes des clients.

- Même si elles sont nées, sur le web, les DNVB peuvent avoir des extensions physiques. En général, elles choisissent de se développer au travers de leur propre réseau – qui est une matérialisation de l'expérience digitale – ou en nouant des partenariats rigoureusement sélectionnés. Dans pratiquement tous les cas de partenariats, elles contrôlent totalement la distribution externe au lieu d'être contrôlée par elle, car elles l'abordent comme une expérience marketing de la marque dans laquelle le plus important n'est pas de constituer des stocks de produits à l'extérieur, mais de continuer à procurer le meilleur service client personnalisé one to one (individuel et exclusif).

DNVB vs e-commerce

Comme l'écrit Andy Dunn, le modèle vertical, *direct-to-consumer*, n'est pas une idée nouvelle. De nombreuses marques traditionnelles, telles que *Nike, Zara, H&M*, *Gap* ou encore *Apple,* combinent ventes traditionnelles et canaux de distribution directe, au travers de leurs propres réseaux de boutiques ou de leurs sites d'e-commerce. D'une certaine manière, Dell a été la première DNVB avant la lettre. « En 1984, Michael Dell, encore étudiant à l'université d'Austin au Texas, assemble ses premiers ordinateurs dans sa chambre d'étudiant. À 19 ans, il arrête ses études et crée son entreprise avec une intuition : il parie sur l'utilisation du téléphone pour prendre les commandes des clients. Cette entreprise a rapidement connu le succès grâce à un concept simple et quelques idées radicales, parmi lesquelles : éliminer les intermédiaires et vendre aux clients des ordinateurs sur mesure, assemblés à la commande selon leurs préférences, et vendus aux prix les plus bas possibles. »[1]

Du côté des *pure-players* du digital, on observe trois stratégies[2] ou trois verticales distinctes, sur le marché : la stratégie de prix, la stratégie de sélection, la stratégie de l'expérience. Les DNVB ajoutent une nouvelle verticale, la stratégie de produits exclusifs.

La stratégie de prix est représentée par l'industrie de la vente flash ou vente événementielle, avec des acteurs comme *Veepee* ou *Showroomprive* en France, *Zulily* ou *Gilt* aux États-Unis. À l'origine, ce sont des déstockeurs qui mettent en vente d'anciennes collections de grandes marques de mode et de produits pour la maison à prix soldés. Leur métier consiste à vendre massivement, en un temps très court, au plus grand nombre de personnes possible pour couvrir les frais de distribution, de logistique et de gestion des retours.

---

1. Michael Dell : *DELL, le modèle direct*, Maxima, 1999.

2. *proprietary pricing, proprietary selection, proprietary experience, and proprietary merchandise in* https://medium.com/@dunn/e-commerce-is-a-bear-d233f02d52a5

« En offrant temporairement un accès exclusif à un meilleur prix, un acteur du commerce électronique peut se développer très rapidement. Le prix est un puissant facteur de motivation et les réductions de prix temporaires sont le meilleur moyen de stimuler la conversion en ligne. Regardez le *Cyber Monday*[1] », constate Andy Dunn.

La stratégie de sélection est adoptée par des sites marchands qui visent un public particulier grâce à un assortiment adapté, comme le ferait un magasin spécialisé qui distribuerait en grande partie des marques tierces aux côtés de ses propres produits. C'est le cas du géant britannique *ASOS* (sa propre griffe représente 44 % de son activité, tandis que le reste provient d'une sélection de 850 marques de mode et beauté). L'offre de ces sites est très attractive pour trois raisons : la profondeur de l'assortiment (un grand choix de modèles, de couleurs, de tailles, de marques au sein d'une même famille de produits), la difficulté de trouver les produits ailleurs, que ce soit en ligne ou en boutique physique, et la puissance de leurs communautés.

La stratégie de l'expérience regroupe des *business models* originaux, comme les sites de vente par souscription ou abonnement ; *Birchbox* par exemple, qui propose de découvrir tous les mois un assortiment de produits de beauté de marques partenaires, ou *Rent the Runway* qui permet de louer et de renouveler son vestiaire chaque mois, avec des vêtements et accessoires de luxe. Ces modèles, fondés sur le plaisir de la répétition, s'accompagnent d'un service client exceptionnel : *Rent the Runway*, par exemple, propose l'aide

1. Le cyber Monday est l'ancêtre du Black Friday, ce «vendredi fou» qui suit le quatrième jeudi de novembre (*Thanksgiving* aux États-Unis), au cours duquel les commerçants proposent des rabais importants pour marquer le coup d'envoi des achats de Noël.

de styliste, la prise en charge du nettoyage, la possibilité de commander une taille de secours...

Bien sûr, les frontières peuvent se brouiller, en fonction des changements de stratégie des marques. Ainsi, l'Italien *Yoox* a débuté en 2000 comme e-discounteur puis a changé son *business model* dans une seconde phase, pour une stratégie de sélection ou curation[1], afin de proposer un choix exclusif de jeunes créateurs, combinée avec une stratégie d'expérience en publiant un magazine en ligne à partir duquel il est possible d'acheter un produit.

Les DNVB ajoutent à ces options une nouvelle verticale, la stratégie de produits exclusifs qui consiste à vendre ses propres articles sous sa propre griffe, et à construire sa propre marque. La différence est subtile, mais capitale : en offrant des produits qui ne sont pas disponibles ailleurs, les clients ne peuvent les acheter qu'auprès de la marque directement. De cette façon, elles contrôlent leur propre marge et n'ont pas à rivaliser avec d'autres sites qui la distribueraient également. Ainsi que le rappelle Andy Dunn, « Vous ne bâtissez pas une entreprise de e-commerce, vous construisez une marque dont le canal de distribution principal est digital. »

« Leurs trajectoires de croissance sont très différentes », écrit-il « Une société de e-commerce n'est qu'un canal, ses marges sont faibles, mais sa croissance incroyablement rapide. Une Digitally Native Vertical Brand est une marque et ses marges sont élevées, sa croissance est plus lente mais plus rentable à long terme en raison de sa proposition de valeur. »

1. Une sélection mise en valeur comme dans un magazine.

Les DNVB ont l'opportunité de combiner croissance et profitabilité à long terme car elles détiennent des avantages compétitifs supérieurs : elles décident du prix, de la sélection de produits, de l'expérience client, et elles sont propriétaires des marchandises. Elles sont plus performantes avec des taux de marge brute supérieurs (65 % pour les DNVB contre 30 % pour le e-commerce), et plus rentables avec une contribution à la marge nette quatre fois supérieure (40 % vs 10 %)[1].

1. Source Aline Vedder, Directrice de la communication chez Acton Capital Partners Venture Capital.

2

LE PHÉNOMÈNE DNVB

L'explosion du modèle

Le 11 mai 2016, le journaliste et auteur Ilan Mochari, relaie l'article publié la veille par Andy Dunn[1] en publiant une interview de celui-ci dans Inc.[2] : « D'après Andy Dunn, les DNVB font partie d'un mouvement qui va radicalement remodeler le shopping dans les vingt prochaines années ». Largement reprise par la presse américaine, l'interview contribue à faire connaître ce nouveau *business model* et ses champions, **Warby Parker, Everlane, Casper, Glossier** ou encore **Reformation**, auprès du public. L'effet est encore décuplé, quelques semaines plus tard, par la publication de la « *V-commerce encyclopédia*[3] » dans laquelle Dunn recense 92 DNVB américaines affichant des chiffres d'affaire annuels supérieurs à 1 million de dollars. Ses lecteurs y ajouteront 25 nouveaux noms de start-up dans les jours suivants. Dunn devient naturellement le porte-étendard des DNVB : en plus d'être le fondateur et le PDG de **Bonobos**, il est investis-

1. https://medium.com/@dunn/digitally-native-vertical-brands-b26a26f2cf83

2. https://www.inc.com/ilan-mochari/andy-dunn-bonobos-digitally-native-vertical-brands.html

3. https://medium.com/@dunn/the-emerging-encyclopedia-of-digitally-native-vertical-brands-DNVB-74bfd0e581bb

seur ou conseiller dans neuf des sociétés présentées dans la *V-commerce encyclopedia* (**AYR, Bucketfeet, Cotopaxi, Glossier, Interior Define, Koio Collective, Monica+Andy, Pinrose et Tuft&Needle**).

Cet effort de classification révèle au public un phénomène qui n'avait pas été identifié jusqu'ici et crée un buzz que vient encore amplifier le rachat par *Unilever* de **Dollar Shave Club**, leader de la vente de rasoirs en ligne, pour près de 1 milliard de dollars en juillet 2016. La résonance médiatique du sujet explose dans les mois qui suivent.

Quelques semaines plus tard, c'est au tour de **Grana** d'attirer toute l'attention des médias. Après seulement deux ans d'existence, cette marque *direct-to-consumer* qui propose un vestiaire d'essentiels de luxe à des prix accessibles, boucle son premier tour de table avec une levée de fonds de près de 10 millions de dollars. L'avènement des *Digitally Native Vertical Brands* est consacré. Elles suscitent désormais un engouement et une attention croissante. Elles DNVB fascinent par leur succès parfois fulgurant, porté par une génération d'entrepreneurs jeunes et charismatiques qui bousculent les conventions du retail traditionnel. Des *success stories* qui plaisent et qui contribuent, en forgeant la légende, à renforcer leur popularité. On leur reconnaît une capacité à « modeler le marché », le faire entrer dans « une nouvelle ère », ou dans « une nouvelle réalité ».

De nouveaux compétiteurs ou *category killers*

Les premières DNVB ont lancé une dynamique et on assiste depuis à une explosion du modèle, avec des petites marques *pure-players* qui viennent talonner les marques

traditionnelles dans des secteurs qui couvrent toutes les catégories de produits, des sneakers au détergent, ou en inventent de nouvelles comme les toilettes connectées (**Trone Paris**).
Pour le moment, ce sont les secteurs vêtements et accessoires, beauté et cosmétique qui se développent le plus rapidement en DNVB, et fournissent la plupart des cas analysés dans les pages qui suivent. Mais le modèle DNVB explose aussi dans toutes les catégories de biens de grande consommation : de la nourriture pour animaux (**BarkBox**) aux produits d'hygiène (**The Honest Company**), en passant par les vins et spiritueux (**Fair Drink**), ou le café (**Blue Bottle Coffee**). Les DNVB sont aussi très dynamiques dans les secteurs de la maison, de l'ameublement (**MADE.com**) au linge de maison (**Boll & Branch**) en passant par les matelas (**Casper**), les arts de la table et les ustensiles de cuisine (**Kettle & Brine**).

Presque toutes les catégories de produits sont ou seront ainsi disruptées dans les prochaines années. Grâce à une approche tout à fait nouvelle et décomplexée, les DNVB peuvent aborder des marchés aussi inattendus que les pilules érectiles ou la calvitie prématurée (**hims**), et rendre accessibles au plus grand nombre ces produits jusqu'ici très coûteux.

Toutes ces start-up sont des « *category killers* » : elles perturbent l'écosystème établi du commerce de biens physiques grand public en développant leurs propres produits distribués sous leur propre de marque, sur leur site de e-commerce, directement aux consommateurs. C'est l'essence même des *Digitally Natives Vertical Brands*.

Les DNVB naissent et se multiplient dans des environnements matures où quelques acteurs historiques se partagent le marché quand ils n'y sont pas en situation quasiment

monopolistique. Ces marchés connaissent peu d'innovation marketing : la création de produits est assez standardisée, les codes de distribution ne sont pas remis en cause. Sur les marchés classiques, les compétiteurs sont tenus par des enjeux de rentabilité et la nécessité d'améliorer leurs résultats d'une année sur l'autre. Leur préoccupation principale est de développer les ventes, tout en renforçant les barrières à l'entrée pour dissuader de nouveaux concurrents. Ils mobilisent prioritairement leurs ressources humaines et financières disponibles sur les dépenses de marketing, communication et distribution. La R&D et les clients sont négligés par des compétiteurs qui jouent sur les marges pour gagner la bataille de la distribution.
Dans cette course à l'optimisation et à la rentabilité, un certain nombre de catégories de produits sont abandonnées ou ignorées. C'est le cas par exemple, dans le secteur de la confection, du marché des grandes tailles (*size plus*), un segment entier de consommateurs desservi alors même qu'il représente 39 % de la population mondiale, 22 % de la population française, et que 67 % des Américaines portent des tailles allant du 14 à 34 (du 44 au 60 français). De son côté, **Bevel** est née du double constat de son fondateur, Tristan Walker : le peu de produits destinés aux peaux afro-américaines, relégués la plupart du temps dans un rayon réservé aux produits ethniques alors que 13 % de la population américaine est concernée, soit 40 millions de personnes[1].

L'e-commerce a ouvert une brèche dans ce système de distribution classique et de nouveaux entrants s'y sont engouffrés, certains utilisant au maximum les possibilités du magasin

1. http://www.pewresearch.org/fact-tank/2018/02/22/5-facts-about-blacks-in-the-u-s/

virtuel : assortiments illimités, distribution simplifiée, plus rapide et plus directe.

Dans ce contexte, les DNVB s'attachent à repenser toute la chaîne de valeur en partant du client comme point central et en construisant leur offre dans les vides laissés par les acteurs traditionnels. À leur démarrage, elles sont d'ailleurs souvent mono-produit. Elles occupent une niche où, en transformant l'expérience client, elles changent radicalement les préférences et les attentes des consommateurs.

Amazon est fondée sur le principe de la « longue traîne[1] » : un modèle d'hyper-choix qui permet au consommateur de comparer et de passer au crible une multiplicité de produits similaires. Une recherche du produit « savon », par exemple, génère sur *Amazon*, 58 520 réponses. À l'opposé de cette approche, les DNVB visent à répondre à un désir de simplicité et au souhait de vivre une expérience de shopping agréable de bout en bout, où sélection, acte d'achat et service client sont aussi importants que le produit lui-même. Ainsi **Bonobos, Warby Parker** ou **Everlane** présentent plutôt, pour chaque catégorie, « le produit parfait » comme seul choix possible et forcément « le meilleur choix, car génial ». C'est là que se cristallisent d'ailleurs les principales critiques du modèle : selon ses détracteurs la qualité de l'expérience

1. L'expression longue traîne (*long tail* en anglais) est connue du grand public pour désigner la stratégie de vendre une grande diversité de produits, chacun en petite quantité. Cette expression a été popularisée, en 2004, par Chris Anderson, dans un article de *Wired* paru en octobre 2004, où il présente des entreprises telles qu'Amazon ou Netflix, comme des exemples d'application de cette stratégie. Anderson y montre que les produits qui sont l'objet d'une faible demande, ou qui n'ont qu'un faible volume de vente, peuvent collectivement représenter une part de marché égale ou supérieure à celle des best-sellers, si les canaux de distribution peuvent proposer assez de choix, et créer la liaison permettant de les découvrir. Source Wikipédia

d'achat compenserait les faiblesses d'un produit finalement « *good enough* » (un bon produit, sans plus).

Une poussée mondiale des DNVB

Le développement du *business model* est particulièrement visible aux États-Unis, où les *Digitally Native Vertical Brands* sont identifiées plus facilement depuis les articles d'Andy Dunn. Le site DNVB.tv[1] en recense presque 200 en décembre 2017, 250 en mai 2018. Les exemples de réussite jouent un rôle positif dans l'émergence de nouvelles DNVB qui se créent désormais partout dans le monde, à une vitesse exponentielle de Delhi (Gangs of Beards) à Sao-Paulo (Zissou, Livo, Zee.dog), en passant par Varsovie (Seame Warsaw) ou Milan (Yatay).

Le phénomène est d'une telle ampleur et connaît une telle accélération qu'il serait impossible d'être exhaustif. À ce jour, il n'existe d'ailleurs aucune étude, ni statistique, permettant d'envisager les DNVB d'un point de vue scientifique. En revanche, il est clair que le modèle a rayonné depuis les États-Unis et que les étudiants étrangers, de retour dans leur pays d'origine, ont largement contribué à sa diffusion.

Ainsi, les *Digitally Native Vertical Brands* se sont développées naturellement au Canada, portées par un même esprit entrepreneurial et la proximité culturelle et commerciale des deux pays. **Indochino** (créée en 2007), **Kit and Ace** ou **Frank and Oak** en sont des exemples.

En Australie, le modèle rencontre un succès fulgurant lié à la maturité du marché. L'Australie est dans le top 10 mondial des pays pour le commerce électronique : 85 % des habitants

1. https://www.dnvb.tv

ont accès à l'Internet, le PIB par habitant est élevé (88 000 de dollars) et 50 % des Australiens sont décrits comme *digital buyers*, c'est-à-dire préférant acheter en ligne lorsque c'est possible, selon le Bureau Business France de Sydney[1]. Si les DNVB y sont moins visibles que les *SaaS* (*Software as a Service*) ou que les *marketplaces*, le *etail*[2] globalement y connaît une croissance de 7 % par an et les jeunes start-upers ont rapidement évolué avec beaucoup de créativité vers ce modèle qui mixe technologie et mode. La proximité géographique avec la Chine et ses usines joue en leur faveur, d'autant que depuis la crise de 2008, les fabricants sont davantage disposés à essayer de nouvelles idées de business. L'accès au gigantesque marché chinois est un autre atout pour les DNVB australiennes. Elles sont en effet très appréciées par les jeunes Chinois, grâce à la force de leur storytelling, à leurs valeurs et à leur engagement éthique.
Leader sans conteste, **Showpo**, lancée dès 2010 par Jane Lu, fait l'objet d'un véritable culte dans les médias sociaux et a obtenu la reconnaissance des professionnels : en juillet 2018, la marque s'est vu décerner par l'Australia Post Online Retail Industry Awards, (ORIAS) les prix du meilleur développement international, du meilleur projet de commerce social, du meilleur site – optimisation et design –, et du « Grand détaillant en ligne de l'année[3] ». Jane Lu est très populaire en Australie et aux États-Unis pour avoir développé un petit empire dans le secteur de la mode et pour son soutien à la promotion de l'entrepreneuriat au féminin. Elle est la cofondatrice des « *Like Minded Bitches Drinking*

1. https://export.businessfrance.fr/australie/001B1701933A+le-marche-de-l-e-commerce-en-australie.htmlhttps://export.businessfrance.fr/australie/001B1701933A+le-marche-de-l-e-commerce-en-australie.html

2. La vente au détail sur l'Internet.

3. https://www.retailbiz.com.au/latest-news/showpo-takes-out-top-prize-at-orias-2018/

Wine[1] », un groupe qui encourage les « *girl bosses*[2] » dans le monde depuis 2015. Jane Lu a très certainement contribué à ouvrir la voie aux jeunes entrepreneuses qui sont à la tête de **Shoe of Prey ou Ettitude. Quay Australia** et **Triangl** (les maillots de bain des « instafamous ») comptent également parmi les plus beaux succès australiens, tout comme **Brosa**, la start-up qui « ringardise » *Ikea*[3].
Australiens d'origine, les fondateurs de **Grana** se sont installés directement à Hong Kong pour assurer leur présence en Chine et en Asie du Sud-Est, tout en étant capables de servir les marchés australiens, canadiens et américains en 48 heures. Ils y bénéficient des conditions du plus grand hub de fret aérien au monde et de procédures douanières faciles. De par son statut de port franc, Hong Kong n'impose pas de droits de douane à l'entrée des marchandises générales sur son territoire.

En Asie du Sud-Est, où l'e-commerce est en pleine expansion, avec une hausse de 20 % de l'activité en ligne, les DNVB commencent tout juste un démarrage prometteur. Un nombre croissant de jeunes aux revenus relativement modestes veulent accéder à des marques qui véhiculent une image moderne mais sont moins chères que les produits de luxe traditionnel. Ils cherchent ces marques de niche, accessibles depuis leur mobile, avec lesquelles ils communiquent via *Facebook Messenger*. **Sale Stock Indonesia**[4], créée en 2014 par Jeffrey Yuwono, ancien étudiant de Duke University et

---

1. Assez intraduisible littéralement « câblées comme des garces qui boivent du vin » / « like minded bitches », l'idée est « des garces avec le même état d'esprit », mais cela pourrait aussi être « comme des garces futées buvant du vin ».

2. Les cheffes d'entreprise.

3. http://www.start-updaily.net/2015/07/brosa-ready-rival-ikea-2-million-funding-airtree-ventures/

4. https://www.crunchbase.com/organization/sale-stock-indonesia

de *Microsoft,* « donne accès à de beaux vêtements de bonne qualité et à des prix honnêtes, pour tous ceux qui en ont besoin ». Les membres de l'équipe de **Sale Stock Indonesia** viennent des meilleures universités anglo-saxonnes et australiennes (Stanford, Duke, UCLA, Imperial College London, ANU) et ont recruté des anciens de la *NASA*, de *Google, Palantir, Facebook, Apple, Amazon, Yahoo, Sony, IBM, Microsoft, Citibank, McKinsey&Company et Accenture.* Leurs bureaux sont situés à Jakarta, Tangerang, Yogyakarta, Bandung, Bali et Singapour.

Motif Official, **Pomelo Fashion** ou **Glazziq** comptent parmi les DNVB thaïlandaises les plus connues. **Franc Nobel**, réplique indonésienne de **Warby Parker**, a été lancée par le duo d'entrepreneurs allemands Marc Uthay et Christian Csermak, en 2015. Auparavant, Marc Uthay avait pu tester l'efficacité du *business model* des DNVB en reprenant intégralement les codes de **Dollar Shave Club** pour en lancer en 2012, **Shavenu**, sa version allemande.

On peut s'attendre à ce que les DNVB émergent très rapidement dans certains pays d'Asie comme le Myanmar, qui connaît une progression spectaculaire de la pénétration du mobile ces dernières années, passant de 10 % en 2012 à 63 % en 2016[1]. Ce nouveau marché représente un excellent relais de croissance pour les DNVB thaïlandaises et indonésiennes, qui pourront jouer de leurs capacités à imaginer des expériences adaptées à ce nouveau public en *mobile only* (une présence par le biais d'une application proposée sur smartphones exclusivement) grâce à *Facebook Shop*.

En Europe, le modèle des DNVB se développe selon une répartition qui semble proportionnelle à ce que l'on observe

1. http://www.itespresso.fr/press-release/mpt-choisit-les-services-de-gemalto-pour-enrichir-lexprience-mobile-de-ses-clients-au-myanmar?print=print

globalement sur le marché du e-commerce. Le Royaume-Uni devance ses voisins européens, très largement devant la France et l'Allemagne, et s'affirme comme le « *king of e-commerce* », troisième derrière les États-Unis et la Chine (130 milliards d'euros de chiffre d'affaires en 2017[1], soit deux fois plus que la France). Les DNVB y connaissent un large essor, facilité par la maturité du marché, de l'accès à l'Internet, des méthodes de paiement en ligne, ainsi que par un degré d'expertise élevé en logistique et dans l'expérience livraison. Elles accèdent à un marché plus large que le seul marché national et européen, grâce aux ventes cross-border, surtout aux États-Unis et en Australie. **Tom Cridland**[2], connu dans le monde entier, incarne la figure de proue du mouvement. Il est régulièrement encensé par les médias et soutenu par les célébrités engagées, de Clint Eastwood à Leonardo DiCaprio, pour sa prise de position contre l'obsolescence programmée des vêtements et une mode éthique. Autre phénomène : **Wool and the Gang**, la rebelle de l'industrie de la mode qui propose depuis 2009, des kits de tricot composés de patrons simples à réaliser et de pelotes de laine issues des chutes de tissus des usines textiles. Hyper créatives, engagées, surdouées du storytelling, les DNVB britanniques telles que **Sir Plus Clothing**, **Good Joe**, **British Boxers**, **Realm&Empire**, **Finery London**, **Cock&Bull&Co**, **Community Clothing**, par exemple, participent également du grand mouvement *made in Britain*[3]. Elles contribuent à faire renaître la filière textile en Angleterre et en Écosse[4].

1. https://comarketing-news.fr/royaume-uni-focus-sur-le-1er-marche-e-commerce-deurope/

2. https://www.bbc.co.uk/programmes/p0305vlv

3. Un mouvement de renaissance des savoir-faire et usines textiles porté par l'industrie de la mode et du luxe et soutenu par la stratégie de réindustrialisation du gouvernement britannique https://www.gov.uk/government/news/new-government-support-to-encourage-manufacturing-production-back-to-the-uk

4. https://www.theguardian.com/fashion/2017/dec/06/feeling-green-the-brands-bringing-social-consciousness-into-fashion

En France, le modèle s'est développé plus lentement et les marques qui dépassent 1 million d'euros de chiffre d'affaires, comme **Sézane, Gemmyo, BonneGueule, Le Slip Français, Balzac Paris, Tediber, Bergamotte, Polène, My Jolie Candle, Chatelles** ou encore **Jimmy Fairly** sont encore peu nombreuses. Toutefois, le phénomène prend de l'ampleur : des marques telles que **Laboté, Eponyme, Patine, Sillages Paris, Septième Largeur, Atelier Particulier, Laperruque, Asphalte (Six et Sept), Hast, Horace, Joone**, entre autres, sont très prometteuses et suivies par une nouvelle vague qui compte sans nul doute de futures pépites.
L'Allemagne a été plus lente que le Royaume-Uni à adopter le modèle DNVB, mais maintenant qu'il a fait ses preuves, elle rattrape le temps perdu. Si **Horizn Studios, Pets Deli, Lilly Doo, Kapten&Son** sont des transpositions de modèles inventés aux États-Unis et adaptés au marché local, **Lesara** a été classée par *Wired*, dans son classement 2016 des « *hottest start-up* » (les start-up européennes les plus prometteuses)[1].

Le modèle par souscription

Le modèle par souscription ou par abonnement, qui consiste à vendre un assortiment de produits à un rythme régulier, souvent mensuel a déjà été adopté avec succès par de nombreux acteurs du e-commerce. *Birchbox*, pionnière du modèle, propose de découvrir le meilleur de la cosmétique grâce à ses box composées d'échantillons. Les clients peuvent décider d'acheter ensuite, en format commercial sur le *e-shop*, en bénéficiant de prix négociés et de réductions récompensant leur fidélité. Le modèle de la box est celui d'une plateforme qui distribue des produits qu'elle ne fabrique pas, mais qu'elle achète à prix de grossiste. Intermédiaires de distribution,

1. https://www.wired.co.uk/article/european-start-ups-2016-berlin

les marques fonctionnant selon ce modèle ajoutent de la valeur par un travail de marketing, à la fois sur la pertinence de la sélection, sur l'effet de surprise, sur l'éditorialisation du site et le packaging. Les sociétés d'abonnement traditionnelles ne créent pas de nouveaux types de produits, elles constituent une nouvelle façon de vendre des produits existants et amènent les consommateurs à regarder ces derniers d'une nouvelle manière.

Au contraire, les *Digitally Native Vertical Brands* qui optent pour un modèle de distribution sous forme de souscription commercialisent les produits qu'elles fabriquent et qui portent leur propre griffe. C'est la différence essentielle et elle est de taille car, d'une part, ce sont des produits exclusifs, qu'on ne trouve par ailleurs, et, d'autre part, les bénéfices sont supérieurs et les marges bien plus substantielles.

Le modèle de la box est efficace pour distribuer des produits de consommation courante, des achats de routine à récurrence élevée et à marges généralement faibles, comme les rasoirs (**Dollar Shave Club**), les cosmétiques (**Julep** ou **Horace**), la lingerie (**MeUndies**, **AdoreMe** ou **Gambettes Box**), l'hygiène périodique féminine (**Lola, Dans ma culotte, MyHoly**), les repas sur-mesure pour bébés (**Little Spoon, Nurture Life, Little Gustave**), les couches (**Joone**) ou encore la nourriture pour animaux de compagnies (**BarkBox, PupBox**).

Un bon nombre de box proposent également des assortiments de tenues complètes, pour enfants (**Rocket of Awesome**) ou adultes (**MM LaFleur** et sa *bento box*[1]), pour des clients prêts à payer pour un traitement VIP individualisé.

1. MM Lafleur présente ses assortiments à la manière des *bento box*, les boites à repas traditionnelles au Japon.

Le système d'abonnement, qui repose sur une relation plus durable avec les clients, correspond bien à la nature profonde d'une DNVB. Il nécessite une grande implication auprès des acheteurs, de les connaître parfaitement bien, d'être attentif à leurs changements d'habitudes pour leur offrir la meilleure expérience et le meilleur produit.

À la différence du modèle classique par abonnement, les DNVB créent de nouveaux types de produits en s'adaptant à leurs clients, qu'elles se font un devoir de bien connaître. Ce faisant, elles collent mieux à leurs besoins et sont plus addictives. Ainsi, une marque telle que **The Honest Company** propose, par exemple, des box pour bébés comprenant un assortiment de produits biologiques, de couches, de lingettes, jusqu'à la lessive et aux petits pots, le tout sous sa propre marque. **Ollie** (myollie.com) compose des repas sur-mesure pour chiens de compagnie. Les portions sont adaptées en fonction de différents paramètre, l'âge, le poids, l'activité ou encore le régime particulier de chaque animal. Les ingrédients frais proviennent de fermes biologiques et ont les mêmes qualités que ceux destinés à la consommation humaine.

Les DNVB plaisent aux fonds d'investissement : les achats récurrents sont synonymes de bénéfices récurrents et de résultats prévisibles. Ils sont garants de stabilité et de visibilité pour planifier la croissance. Les indicateurs de performance sont simples : taux de fidélisation (reconduction d'abonnements), taux d'abandon et ventes complémentaires. Toutefois, les DNVB peuvent connaître des difficultés à gérer des croissances souvent très rapides et à construire l'infrastructure adaptée pour supporter le changement d'échelle de leur activité.

3

UN ÉCOSYSTÈME FAVORABLE

Les toutes premières *Digitally Native Vertical Brands* sont nées en 2007, dans le bouillonnement de la Silicon Valley. Les jeunes entrepreneurs de la génération Y sont tous à la recherche de l'idée en or. Ils réalisent le potentiel des datas et des algorithmes pour traiter des masses d'informations, et inventer de nouveaux business centrés sur l'expérience client.
Le développement des réseaux sociaux, qui permettent d'organiser une activité plus facilement, suscite la création de multiples start-up dans tous les domaines. Les idées pullulent et cette émulation créative va donner naissance à de véritables pépites. La culture corporate de la Silicon Valley favorise les échanges. Les compagnies apprennent les unes des autres, les employés circulent, entretiennent des collaborations informelles, entreprennent à leur tour.

Les DNVB bénéficient elles aussi de cette intelligence collective et de ces nouvelles compétences jusqu'ici cantonnées aux start-up technologiques, ainsi que des progrès en matière de data science et data analyse. Côté développement, il existe de plus en plus d'outils pour créer des services web de tous types, des infrastructures maison et des expériences utilisateurs riches, facilitant le démarrage technique à faibles coûts.

De nouvelles techniques de marketing voient le jour, qui ignorent de façon délibérée les campagnes d'affichage et les spots télévisés, et misent sur le bouche-à-oreille sur le web. *Google* dynamise toute l'industrie du référencement. *Facebook* et *Twitter* étaient prometteurs, mais encore à leurs balbutiements : *Facebook Ads*, le système de publicité dite comportementale dont la cible est constituée des 30 millions de membres que le réseau social compte alors, est lancé en avril 2007 et la première plateforme d'annonces publicitaires de *Twitter* a vu le jour en 2010[1].

Du point de vue du e-commerce, les marques historiques ont levé les freins à l'achat en ligne, les consommateurs achètent plus facilement, les sites, plus rapides, offrent un meilleur accès aux produits et les paiements sont sécurisés. De nouvelles solutions de distribution se développent et donnent la possibilité à de petites structures indépendantes de livrer à domicile de manière efficace. Même si l'accès au financement reste compliqué pour les premières, suite au traumatisme de la bulle Internet des années 2000, il est devenu finalement plus facile de démarrer avec peu de moyens et en prenant donc moins de risques.

La seconde génération des *Digitally Native Vertical Brands* émerge autour de 2010, **Everlane** et **Warby Parker** en tête, sous le règne des médias sociaux et du téléphone mobile. *Facebook* offre désormais la possibilité d'atteindre des clients potentiels grâce à un ciblage dit « ultra granulaire » en marketing digital, tant il est précis. *Google* permet de construire une présence en maîtrisant les techniques de référencement du moteur de recherche. *Instagram* transforme les abonnés en micro-influenceurs et décuple le potentiel du

1. https://mashable.com/2010/04/12/twitter-promoted-tweets/?europe=true

bouche-à-oreille. Les DNVB excellent dans l'utilisation des médias sociaux[1] et de la publicité digitale, moyennant des budgets qui, au début de la décennie 2010, restaient encore très modiques.

Assurer une telle présence *online* aujourd'hui représente un investissement plus important, ce qui n'est pas sans impact sur les marges.
Dans un univers beaucoup plus concurrentiel, les DNVB doivent redoubler de créativité pour trouver de nouvelles niches, proposer des innovations disruptives et un univers de marque singulier.

Le rôle des universités et des *Business Schools* a été déterminant pour pousser le modèle des *Digitally Native Vertical Brands*. **Bonobos** est née à Stanford, au sein d'un programme d'entrepreneuriat. Ce sont leurs professeurs et les étudiants qui ont financé le démarrage de la jeune pousse, avant que les fonds d'investissement ne s'y intéressent.

La rivalité entre universités pour obtenir la tête du classement virtuel des meilleurs business et des personnalités influentes *Produced by* (« sortis de ») stimule elle aussi la création. Comme le dit Dunn, « tu veux faire un truc qui n'existe pas, ok, la communauté peut prendre des risques. Ça assure la sérendipité. »

1. Le terme «médias sociaux» (*social media* en anglais) est employé ici pour distinguer les réseaux qui diffusent des contenus et tirent leur revenus de la publicité, des «réseaux sociaux» (*social networks*) qui visent à générer du lien social et de l'interaction entre les membres. Facebook était historiquement un réseau social, destiné à faciliter des relations personnelles, familiales, amicales ou professionnelles. C'est aujourd'hui avant tout un média social qui véhicule de l'information et monétise son audience. Reddit, Slack, Yelp Foursquare ou encore QQ en Chine, Taringa en Amérique latine, sont les réseaux sociaux parmi les plus populaires.

Les incubateurs financés par les universités sont les meilleurs endroits pour lancer une start-up. Le programme d'accélération de la Wharton School, l'école de commerce de l'Université de Pennsylvanie, a donné naissance à **Warby Parker**, **Harry's**, **MeUndies**, **Allbirds** ou encore **Cotopaxi**. Leurs modèles sont devenus des *case study* (« cas d'école »). Le réseau d'anciens élèves procure soutien et ressources, tout en entretenant une culture fondée sur la solidarité et la coopération. Il donne l'opportunité aux futurs entrepreneurs de s'entourer de mentors, et d'accéder aux fonds d'amorçage de la Silicon Valley qui partagent la même culture et le même vocabulaire.

Stephen Kuhl et Kabeer Chopra ont fait partie du programme d'entrepreneuriat de Wharton et y ont inventé **Burrow**[1], une DNVB qui ambitionne de rivaliser avec *Ikea* et *Craigslist* (l'équivalent du Bon Coin). Les meubles, conçus pour être expédiés par FedEx, s'adressent aux urbains. Il faut moins de 10 opérations pour les assembler avec des gestes simples, sans outils, ni boulons, ni clés hexagonales, ni emballages plastiques sous vide. Les mobiliers, à modularité fonctionnelle, s'adaptent dans le temps et aux différents espaces. Les tests du concept ont été réalisés en classe, supervisés par les mentors, si bien qu'à leur sortie de l'université, Stephen Kuhl et Kabeer Chopra ont pu lever 2,1 millions de dollars en fonds d'amorçage, auprès de Y Combinator *et* de Red Blue Venture. Dans un article de *Inc.* publié en avril 2018[2], le journaliste Tom Foster montre comment l'écosystème de « Wharton est devenu l'un des terreaux les plus fertiles, dans la course sauvage à la création de nouvelles DNVB, aptes à

1. https://www.cnbc.com/2018/01/09/how-2-students-built-multimillion-dollar-couch-in-a-box-company-burrow.html

2. https://www.inc.com/magazine/201805/tom-foster/direct-consumer-brands-middleman-warby-parker.html

renverser des marchés de biens de consommation, les uns après les autres ».
De surcroît, concours et récompenses universitaires contribuent à l'émulation créative. UPenn Design offre 50 000 dollars par an à la start-up la plus prometteuse et les membres du Conseil d'Administration de l'Université de Pennsylvanie, un réseau d'anciens élèves, investissent en fonds propres dans les meilleurs projets.

Enfin, les *Digitally Native Vertical Brands* ont tendance à essaimer et d'anciens collaborateurs partent souvent créer leur propre histoire. C'est le cas des fondatrices d'**Away**, Steph Korey et Jen Rubio qui viennent de chez **Warby Parker**. Leur DNVB, spécialisée dans l'univers du bagage et du voyage, compte Andy Dunn parmi ses premiers investisseurs. Au travers de son propre fonds d'investissement, Red Swan Ventures, ce dernier participe d'ailleurs au financement d'une quinzaine de DNVB, dont il est parfois aussi administrateur. C'est le cas, également de son ancien associé, Brian Spaly, qui essaime le modus operandi, en investissant directement dans de nouvelles DNVB ou dans des start-up qui proposent des services complémentaires, *Happy Returns*, par exemple, qui prend en charge les retours de commandes.

Des valorisations hors normes

Du côté des financements, la situation est restée tendue jusqu'en 2010, pour des raisons conjoncturelles d'une part : les investissements des sociétés de capital-risque dans la Silicon Valley ont baissé de plus d'un tiers en 2009. Et, d'autre part, parce que le *business model* des DNVB n'a été identifié que tardivement. Le mix technologies et retail était totalement inédit. C'est d'ailleurs à des fins de clarification qu'Andy

Dunn a écrit son premier post. Les premières *Digitally Native Vertical Brands* doivent convaincre à la fois les investisseurs spécialisés dans les valeurs technologiques et également les investisseurs spécialisés sur les valeurs du retail. Du côté de ces derniers, on reconnaît qu'elles sont une opportunité avec de meilleures marges que les boutiques qui supportent des frais immobiliers et de stocks, et qu'elles contrôlent également mieux leur destin en produisant ce qu'elles vendent.
Côté investisseurs technologiques, Marc Andreessen, cofondateur du fonds Andresssen Horowitz, qualifie les DNVB de « révolution culturelle ». Il les voit plus comme des start-up technologiques et leur est très favorable si elles peuvent démontrer de réelles compétences dans la connaissance des clients et sont capables de challenger les marchés en pensant global, dès le début, tout en créant un marché de niche. Comme les start-up tech, elles doivent savoir concevoir en même temps leurs produits et leur concept marketing, et intégrer les ventes et les opérations dès le départ à la réflexion et à l'organisation. Pour lui, elles sont des challenges fantastiques lorsque l'idée de départ est une promesse, un grand rêve, une vision[1].
Un point de vue partagé par Ben Lerer, cofondateur de Lerer Hippeau Ventures, l'un des premiers à avoir investi en capital risque dans ces start-up (il a notamment participé au fonds d'amorçage de **Warby Parker** et d'**Everlane**). « Les DNVB sont des sociétés qui fabriquent les produits qu'elles vendent. Tout est intégré et fait partie de la même organisation, elles ont une approche fondamentalement holistique des opérations qui imprègne tout, du produit à la chaîne logistique et au-delà[2]. » Ce qui l'intéresse, c'est la

1. https://www.youtube.com/watch?v=-HufDVSkgrl

2. https://medium.com/lerer-hippeau-ventures/what-s-so-important-about-vertical-commerce-the-consumer-revolution-part-i-1c21ff07d2c8

taille du marché et la manière dont il est servi traditionnellement, ainsi que la capacité qu'aura une nouvelle marque de le changer, de faire mieux que les acteurs en place et de fournir une expérience client incroyable.
C'est bien leur capacité à créer des communautés qui a fait basculer la motivation des investisseurs en faveur du modèle des DNVB. Comme le souligne Ben Lerer : « dans le monde du *Venture Capital*, il y a un mélange de business et d'opportunisme derrière chaque transaction, mais rien de tout ça ne compte si le public n'en a rien à faire. » Au demeurant, s'il a participé au fonds d'amorçage de **Warby Parker**, c'est parce que les grands marchés mal desservis sont des opportunités pour construire de nouvelles marques à grande échelle, et qu'être totalement vertical est un avantage stratégique. Mais c'est surtout parce que cette entreprise a apporté une nouvelle manière de construire un *business model* en pensant d'abord aux clients.
D'ailleurs, **Warby Parker** est devenue la marque emblématique qui a donné sa crédibilité au *business model* des DNVB, ce qui s'est traduit par un afflux de capitaux. Ensuite, les investisseurs ont cherché les *magic beans* (les « haricots magiques »), quitte parfois, à créer des attentes peu réalistes.

Deux stratégies sont possibles : soit les fondateurs essayent d'atteindre des objectifs spectaculaires et d'obtenir des bénéfices financiers à court terme afin de se retirer, soit ils cherchent à bâtir une marque sur le long terme. Dans le premier cas, leurs seuls bénéfices générés sont insuffisants pour financer une croissance et un développement soutenus (des bureaux, des ressources humaines, des frais de marketing...). Ils doivent alors faire appel à d'autres sources de financement rapide par capital-risque, soit via des business angels, soit via des fonds. Dans le marché actuel, certaines start-up ont accès à des financements quasiment illimités au regard du peu de profits à venir. En contrepartie, les investisseurs exigent un retour sur investissement rapide. Cette approche porte le risque de sortie prématurée et/ou de dilution du capital ou d'introduction sur les marchés publics (*Initial Public Offering* ou *IPO*). Dans ce dernier cas, l'action peut voir son cours baisser très rapidement.

Les fondateurs de **Casper** ont opté pour une croissance très rapide, soutenue par des levées de fonds importantes destinées à financer leurs campagnes de publicité massives dans le métro. Chacun des tours de table successifs, annoncés en fanfare dans la presse, a donné lieu à des valorisations proches de celles d'une start-up technologique.

Si les campagnes de financement permettent plus d'options, il faut ensuite générer trois fois plus de revenus très vite pour satisfaire les investisseurs. L'appel à liquidité créé une énorme pression pour réaliser le business plan et accroître rapidement la valeur potentielle de la start-up. Multiplier les levées de fonds ne constitue pas nécessairement un gage de crédibilité et de succès. C'est une stratégie risquée, qui peut générer des besoins de plus en plus grands en capital et entraîner la start-up dans une spirale de dépenses marketing pour faire du chiffre d'affaires à court terme, à défaut de construire une marque et un produit capables d'engager une communauté sur le long terme. Comme en témoigne Steph Korey, l'une des co-fondatrices d'**Away**, « beaucoup de start-up, en particulier celles qui sont financées par du capital-risque, stimulent leur croissance avec des dépenses marketing non viables, mais nous pensons qu'il est important de construire un business autosuffisant.[1] »

1. https://www.businessoffashion.com/articles/news-analysis/away-raises-50-million-in-series-c-funding-after-reaching-profitability

Cette voie, qui peut ne pas être viable à long terme, a parfois engendré des pertes colossales, de part et d'autre. Elle a souvent été un désastre, notamment du point de vue des clients qui y voient un parjure de la part de marques qui leur semblaient tenir un discours de transparence et d'intégrité. Le rachat de **Bonobos** par *Walmart* ou la prise de participation d'*Estée Lauder* dans **DECIEM, The abnormal beauty company** sont symptomatiques de ce malaise. Nombreux sont les entrepreneurs qui prennent un chemin de croissance plus lent, et plus organique, à l'instar de Sasha Koehn fondateur de *Buck Mason* : « on voulait être comme eux, mais plus maintenant. ». Après avoir vu des entreprises comme **Nasty Gal** s'écraser, il a changé d'approche. « Plutôt que de croître rapidement, [son] objectif est désormais de croître durablement.[1] » C'est également la position soutenue par Abe Burmeister, co-fondateur d'**Outlier** : « La part de marché qui repose sur le compromis est très bien servie. C'est pourquoi on a décidé de nous développer sur la partie sans compromis. »

Abe Burmeister et Tyler Clemens ont créé **Outlier** en 2008, avec une approche inédite centrée autour d'une philosophie globale du mouvement. Ils voulaient des vêtements masculins raffinés et techniques qui permettent de circuler d'un univers social à l'autre le plus simplement possible, qui soient élégants pour le travail et confortables pour se déplacer à vélo par exemple. Une marque pour des hommes qui ne trouvaient pas sur le marché de propositions qui correspondent avec leurs ressorts de vie. Ils ciblaient la population des ingénieurs ou « techos », qui ne rêvent que de retourner à l'extérieur pendant leur journée de bureau et qui envisagent leurs vêtements comme des « engins ». Ceux-ci voient

1. https://www.fastcompany.com/40483034/fashion-start-ups-aspire-to-be-the-anti-bonobos

d'ailleurs **Outlier** comme une start-up de software avec les mêmes techniques de développement de produits. Le défi de ses fondateurs était, et reste, de construire une entreprise digne de respect et de réussir le pari de l'indépendance financière en développant sa société sans faire appel à des capitaux privés. Jouer la carte du *bootstrapping*[1], rester privé, plutôt que recourir à l'investissement spéculatif et entrer en compétition avec des investissements financiers. La croissance d'**Outlier** s'est faite plus lentement, mais la marque a assez de fans pour qu'elle soit significative (dont Om Malik, l'un des sages de la Silicon Valley, fondateur du blog consacré aux nouvelles technologies GigaOm, et partenaire du fonds d'investissement True Ventures, qui qualifie **Outlier** de « marque de vêtements culte[2] », ou encore Eugène Kan, le co-fondateur du média en ligne Maekan[3] et ancien membre fondateur d'Hypebeast, le célèbre blog de culture sneakers). **Outlier** ne publie pas ses comptes, toutefois au moment de son dépôt d'agrément pour l'obtention du label « Benefit Corporation ou B-Corp[4] » délivré aux entreprises engagées, elle revendiquait un chiffre d'affaires de 2,7 millions de dollars[5]. Outlier comptait 22 employés en 2017, les deux associés sont toujours les seuls propriétaires de leur marque. Selon *Wired*, la presse spécialisée dans le

1. Le Bootstrapping ou bootstrapper désigne le fait de se débrouiller par ses propres ressources et les flux de capital générés par son business pour financer son lancement et/ou son développement. (Source: 1001 start-up)

2. https://pi.co/abe-burmeister/

3. https://www.maekan.com/article/the-outlier-way-clothing-unwavering-in-compromise

4. https://outlier.nyc/BenefitReports/Outlier_2012%20Annual%20Benefit%20Report%20%20(final).pdf

5. https://www.wired.com/2013/11/a-fashion-company-that-makes-smart-clothes-by-acting-like-a-design-studio/

business de la mode estime le chiffre d'affaires actuel de la marque entre 5 et 15 millions de dollars[1].

Abe Burmeister dit se concentrer sur les ventes et l'expérience client plutôt que sur la publicité. Il ne cherche pas l'explosion « en forçant » l'acquisition de clients sur les médias sociaux :

> « c'est cher et incertain, et sans valeur à long terme. On n'achète pas une relation à long terme, dit-il, il faudra dépenser de plus en plus pour acquérir, encore et toujours, de nouveaux clients, au lieu de rechercher les clients naturels et de les garder longtemps grâce à un message convaincant et une expérience client marquante[2] ».

Ainsi pour lui, la clé du vrai succès c'est de générer des revenus en baissant les coûts de marketing, non pas en faisant moins, mais en faisant mieux, gratuitement, et en mesurant les retours sur investissement afin que chaque dollar investi soit profitable.

1. https://www.wired.com/story/outlier-tech-clothes/

2. Propos de Abe Burmeister lors d'une table ronde intitulée «The rise of direct-consumer», organisée le 6 juillet 2016 par Struktur Event à Oakland. https://playtube.pk/watch?v=6pVZ2sVK9bE

4

DE NOUVEAUX CHALLENGERS QUI BOUSCULENT LE PAYSAGE

La nouvelle génération d'entreprises de commerce en ligne ne cesse de grignoter les parts de marché des marques installées dans des quasi-monopoles, en offrant de meilleures expériences clients et des prix plus attractifs. Plus agiles, elles peuvent innover là où leurs concurrents traditionnels, même lorsqu'ils continuent d'être profitables, sont pénalisés par des organisations devenues monolithiques, figées par leurs systèmes et leurs *process*, et qui peinent à pivoter ou à penser « *outside the box* » (penser différemment, dans une perspective nouvelle).

C'est le constat que fait Ben Sun, General Partner chez Primary Venture Partners, un fonds qui a investi très tôt dans les DNVB : « les nouvelles marques qui émergent aujourd'hui comprennent les challenges et ont construit des plateformes qui attaquent directement ces vulnérabilités, en assurant au client une vraie valeur ajoutée, aussi bien au travers d'une bien meilleure expérience d'achat que par des produits de plus grande qualité, moins chers ou plus pratiques d'utilisation[1] ». Par ailleurs, les situations dans lesquelles un ou deux grands acteurs monopolisent un marché ont fini par altérer l'expérience client. Surtout, l'absence de concurrence établit des niveaux de prix élevés et des marges excessives. C'est dans ces situations que les *Digitally Native Vertical Brands* introduisent de nouvelles règles du jeu.

Trois exemples de disruption de marchés matures

• *Warby Parker*

C'est porté par un esprit de rébellion que David Gilboa et Neil Blumenthal ont fondé **Warby Parker** en 2010, et formulé leur objectif d'offrir des lunettes au design recherché à un prix abordable. Pour Neil Blumenthal, ancien de l'ONG VisionSpring (dont la mission est d'élargir l'accès à des lunettes abordables partout dans le monde) : « Globalement, il y a un problème social autour de la vision. Payer une paire de lunettes 500 dollars est une honte. C'est une cause incroyable qui me passionne profondément et sur laquelle j'ai personnellement travaillé pendant des années. » « C'est anormal, dit de son côté Tim Riley, Directeur de l'expérience en ligne chez **Warby Parker**, que des lunettes coûtent le prix d'un iPhone, alors qu'elles ne comportent aucun élément technologique. » De fait, le prix élevé des lunettes est lié au quasi-monopole de *Luxottica*, groupe italien, qui contrôle 80 % du marché de la lunette haut de gamme aux États-Unis et 58 % du marché mondial. *Luxottica* conçoit et fabrique les montures

1. Cité dans https://www.forbes.com/sites/shoptalk/2017/01/09/going-straight-to-the-source-todays-thriving-d2c-brands-threaten-monopolistic-industries/#153af0195190

des marques de luxe dont *Chanel, Prada,* ou encore *Armani* au travers de licences et possède directement dans son portefeuille une douzaine de marques dont *Oakley, Persol, Oliver Peoples* et un certain nombre de marques de verres et lentilles dont *LensCrafters* ou *Pearl Vision.* En raison de cette position dominante, *Luxottica* est à même de fixer les prix du marché et de les maintenir artificiellement élevés. On l'a constaté lorsqu'un an après avoir racheté *Ray Ban,* le prix moyen des lunettes de soleil de la marque est passé de 29 à 150 dollars. La puissance de *Luxottica* s'est encore renforcée après sa fusion récente avec le groupe français *Essilor,* numéro un mondial des verres ophtalmiques. Ensemble, ils forment le leader intégré mondial, de l'optique, avec une capitalisation boursière de plus de 50 milliards d'euros[1].
À partir de ce constat, les fondateurs de **Warby Parker** ont repensé, non seulement le produit, pour le rendre plus accessible, mais aussi toute l'expérience en ligne, pour la rendre la plus « facile et fun » possible. Ce faisant, ils ont perturbé toute la chaîne de valeur en créant leur propre circuit parallèle et contourné les désagréments d'un déplacement préalable chez l'ophtalmologiste avec leur propre système de prescription. **Warby Parker** s'est ainsi imposé sur le marché pourtant très fermé de la lunette et a réussi à bousculer l'acteur principal *Luxottica,* qui sur-évaluait ses produits en sous-performant largement dans le domaine de l'expérience client. Techniquement, *Luxottica* est certes verticalement intégrée, mais sans l'état d'esprit, ce qui a permis à **Warby Parker**, qui s'était mis en position de comprendre et servir

1. Un peu plus d'un an après l'annonce de leur mariage, Essilor et Luxottica ont obtenu le 1er mars 2018 l'approbation sans condition de la Commission européenne et de la US Federal Trade Commission de leur fusion. Une autorisation qui coïncide avec l'annonce de résultats 2017 très positifs pour les deux groupes et qui devrait permettre la finalisation de la transaction au 1er semestre 2018. (Source : *Les Echos*, Isabelle Chaboud, 12/03/2018).

ses clients de manière plus satisfaisante, de prendre une partie de son marché.
Cette stratégie s'est révélée payante pour **Warby Parker** qui s'est imposée sur le marché très fermé des lunettes de vue. La société a été évaluée à 1,2 milliard de dollars en 2015, rentrant ainsi au 112e rang dans la liste *Fortune*, des « Licornes »[1] américaines.

La réussite de **Warby Parker** est une source d'inspiration pour de nombreux entrepreneurs qui se lancent à sa suite : « warby parkérisation » est un nouveau synonyme de disruption. Comme ironise l'analyste Richie Siegel, fondateur de Loose Threads, un cabinet de tendance qui s'intéresse particulièrement aux nouvelles marques, à l'intersection entre mode, technologie et business : « il y a certainement quelqu'un qui essaie d'inventer le futur **Warby Parker** de la ceinture[2] ».

• *Casper*

Philip Krim, l'un des six cofondateurs de **Casper**, a travaillé dix ans dans le secteur du matelas et s'est forgé un point de vue : « C'est un marché important. J'ai vu comment les clients sont traités et prennent des décisions. Tout le système est défaillant. J'ai observé qu'acheter un matelas est une expérience horrible, les vendeurs sont trop souvent agressifs, les prix élevés et les options confuses. Déplacer un matelas est coûteux, le système de distribution classique inefficace. Il y a trop de magasins, trop de vendeurs et les retours sont problématiques. »

1. Licorne : (*Unicorn* en anglais) est le nom donné aux sociétés privées valorisées à plus d'un milliard de dollars.

2. https://loosethreads.com

Avec Neil Parikh, ancien étudiant en médecine à la Brown University, ils observent comment les gens dorment et changent de position pendant leur sommeil. Ils en concluent que l'idée selon laquelle la position de sommeil (latérale, sur le dos ou sur le ventre) devrait définir le choix du matelas n'est qu'un mythe inventé par les fabricants. Ils positionnent alors **Casper** sur une promesse qui façonne la marque : faire le meilleur matelas et le faire savoir en formulant une proposition globale autour de l'ergonomie du sommeil. Ils inventent ainsi le « *bedinbox* » : la combinaison unique d'un matelas de qualité (une mousse à mémoire de forme, recouverte d'une couche de mousse de latex à cellules ouvertes, breveté par la marque) roulé et compressé pour pouvoir être livré facilement et rapidement dans une boîte de la taille d'un petit réfrigérateur, de façon à pouvoir utiliser les services standards de livraisons à domicile tels qu'UPS, ce qui coûte un dixième du prix à expédier. Surtout, les matelas peuvent être testés pendant cent nuits et retournés gratuitement si les clients ne sont pas satisfaits. Les matelas renvoyés sont donnés à des associations ou recyclés, ce qui contribue à donner de **Casper** l'image positive d'une entreprise soucieuse de ses responsabilités sociales et environnementales.

Quelques mois après le lancement de la start-up, le *New York Times*[1] explore « le labyrinthe kafkaïen du choix du matelas », qu'il décrit comme une expérience « déroutante et anxiogène ». Selon le journaliste Steven Kurutz, « l'industrie du matelas a pris quelque chose de simple et l'a rendu incroyablement compliqué. Et pas pour le mieux. [...] Les fabricants et boutiques traditionnels entretiennent la confusion pour maintenir des prix artificiellement hauts ».

1. https://www.nytimes.com/2014/10/09/garden/how-to-find-the-best-mattress-in-the-maze-of-choices.html

Grâce à cet article, **Casper** gagne rapidement en notoriété. Un mois après son lancement en 2014, ses ventes s'élèvent à 1 million de dollars et atteignent 100 millions à la fin de la deuxième année.

Le modèle « *bedinbox* » de **Casper** s'est répandu à une vitesse frénétique. De nouvelles start-up surgissent chaque semaine et on en compte aujourd'hui une centaine à travers le monde, dont un grand nombre de *copycat*[1]. Pour les seuls États-Unis, plus d'une vingtaine[2] de DNVB sont désormais en concurrence frontale, avec pour conséquence une nouvelle forme d'opacité du marché pour les clients qui ne sont à nouveau plus en position de pouvoir comparer les différentes propositions. Le marché français est lui aussi saturé d'offres. Depuis le lancement de la pionnière **Tediber** en 2015, de nouveaux acteurs comme **Ilobed**, **Le Matelas français**, ou **My Moosie** s'installent aux côtés des Allemandes **Emma**, **Bruno** et des Britanniques **Eve** et **Simba**, sans que grand-chose ne puisse les distinguer les unes des autres. À cette profusion d'offres, il faut encore ajouter les sous-marques lancées par les acteurs traditionnels sur un modèle calqué des DNVB (*Tomorrow* pour *Serta Simmons Bedding*, *Tulo* pour *Mattress Firm*, filiale du géant sud-africain de l'ameublement *Steinhoff International*, ou encore *Albert Matelas* pour *La Compagnie du Lit*). Comme le souligne Bill McLoughlin dans *Furniture Today* en mai 2018 : « L'industrie est mise à rude épreuve par la vague des DNVB qui ciblent le point

1. Copycat est une expression anglaise couramment utilisée dans le domaine de l'économie digitale pour désigner un site web, une application mobile ou un modèle d'affaire qui est reproduit dans un pays donné en copiant ce qui se fait dans le pays où l'innovation a eu lieu. Source : définitions-marketing.com

2. Amerisleep, BedInABox, Boll&Branch, Brentwood Home, Casper, Eight Sleep, Ghost Bed, Kutson, Helix Sleep, Layla Sleep, Leesa Sleep, Nectar Sleep Mattresses, Parachute Home, Purple Mattress, Saatva Luxury, Sleep Number, Tuft&Needle, Snuz, Yoga Bed.

de vue des consommateurs et a déjà capturé 1 milliard d'un marché qui au total pèse 14 milliards de dollars. Il y a cinq ans, dit-il encore, on se demandait si les consommateurs achèteraient un matelas sans l'essayer d'abord et s'il était possible d'être un acteur significatif en n'offrant qu'une ou peut-être deux options, comme c'est souvent le cas chez les « *bedinbox* ». Plus personne ne conteste que ce sera la norme de livraison pour tous les acteurs du marché d'ici 5 à 7 ans[1]. »

• *Harry's*

Harry's s'attaque au *business model* « lames et rasoir[2] » inventé par Gillette, qui consiste d'une part à vendre le rasoir le moins cher possible (parfois à perte) et à réaliser des marges importantes sur les lames, et d'autre part, à prétendre, au travers de coûteuses campagnes de marketing, que chaque nouveau produit est meilleur que le précédent, pour justifier un prix à chaque fois supérieur. *The Economist* calcule sardoniquement : « à ce rythme, le rasoir à 14 lames devrait arriver en 2100 ».

Face à ce modèle jusqu'ici dominant, Jeffrey Rider et Andy Katz-Mayfield, les fondateurs de **Harry**'s, font appel à l'intelligence de leurs clients. Ils simplifient la proposition qui se résume à un seul produit, simple, beau et robuste, et un seul prix annoncé clairement. Les *feedbacks* des clients leur permettent de reformuler et d'améliorer le produit, avec des versions successives (V1-V2-V3), comme pour les produits *Apple*. Ils se montrent également plus subtils dans leur choix

1. http://www.furnituretoday.com/blogpost/15383-boxed-bed-revolution-moves-retailers-producers-think-outside-box/

2. Le concept « lames et rasoir » est inventé au XIXe siècle par King Camp Gillette, le père des rasoirs du même nom, qui le résumait par la phrase : « Donnez-leur le rasoir, vendez-leur des lames ! »

de vocabulaire en évitant les « Turbo » et autres « Match » et adoptent un ton de confidence d'homme à homme.

Un enjeu pour les grands groupes

L'essor des *Digitally Native Vertical Brands*, soutenues par des communautés de fans passionnés sur les médias sociaux, montre le changement de pouvoir de l'industrie. De nouveaux acteurs de très petites tailles prennent le *leadership* avec des propositions de valeurs originales, des produits qui répondent aux besoins uniques des consommateurs.

> «Dans presque toutes les catégories, les grandes marques perdent des parts de marché au profit des petites marques. Tout le monde essaie de comprendre et imiter les CPG qui générèrent plus de 15 millions de dollars de chiffre d'affaires. Tout le monde, tous les grands groupes publics côtés en bourse, tous les détaillants, les fonds d'investissements et tous les investisseurs publics importants»
>
> analyse Ryan Caldbeck,
> PDG et co-fondateur de la plateforme
> d'investissement CircleUp qui mise justement
> sur le développement de ces jeunes pousses[1]

Désormais, les marques indépendantes sont un enjeu stratégique pour les grands retailers, les grands groupes historiques de luxe, de cosmétiques et de biens de consommation dont la croissance future repose désormais essentiellement sur l'acquisition à un rythme rapide de nouveaux entrants sur le marché. Une manière pour eux de se prémunir de

1. https://twitter.com/ryan_caldbeck/status/974045874274811904

la menace potentielle que représentent ces concurrents potentiels.

Depuis 2012, on assiste à une vague de création de fonds de corporate venture capital (CVC). Ainsi, *Walmart* a créé son fonds indépendant, Store No 8, afin d'engager des partenariats de développement avec des start-up du retail et des fonds d'investissement institutionnels. *L'Oréal* a annoncé en décembre 2017 un investissement stratégique dans le fonds de capital-risque, Partech International Venture VII, un fonds d'investissement international basé à Paris, avec des filiales à Berlin à et San Francisco. Selon le communiqué de presse, « cet investissement vient compléter la stratégie globale de *L'Oréal* dont l'objectif est de se connecter aux start-up à fort potentiel, au niveau international, et permettre à *L'Oréal* de participer au financement des start-up les plus prometteuses dans le secteur digital[1] ».
La motivation principale est de s'approprier une technologie ou un savoir-faire innovant, pour pallier un retard en matière de R&D, d'industrialisation ou de commercialisation d'une offre. Car, comme l'écrit encore Ryan Caldbeck « les grandes marques ne dépensent presque rien en R&D. Elles n'ont pas de pipeline d'innovation. Elles ont 50-100 ans de culture sans R&D. Les grandes compagnies de biens de consommation courante les CPG (*Consumer Packaged Goods*) externalisent l'innovation parce qu'elles ne sont pas assez agiles pour la faire elles-mêmes. Elles achètent l'innovation. L'an dernier, le marché des fusions et acquisitions s'élevait à plus de 310 milliards de dollars ». Tout l'enjeu repose sur la bonne intégration opérationnelle des équipes de la société acquise, en veillant à préserver sa culture d'entreprise et ses

1. http://www.loreal.fr/media/press-releases/2016/dic/loreal-investit-dans-un-fonds-de-partech-ventures

compétences sur le long terme. Le rachat est en effet parfois un choc culturel qui vide la start-up de sa substance et de sa valeur.
Autre exemple, *Calvin Klein* (*PVH corporation*) a fait l'acquisition en mars 2017 de sa première DNVB, **True&Co**, une marque de lingerie féminine qui permet à chaque cliente, grâce à un questionnaire en ligne, de trouver le soutien-gorge le plus approprié à sa morphologie. Cette nouvelle approche de l'expérience d'achat qui repose sur une expertise en analyse de données et sur le développement d'un algorithme propriétaire, lui a permis de construire une communauté de 5 millions de clientes en 5 ans. Pour Emanuel Chirico, Président de *PVH Corporation*, ce rachat illustre l'engagement du groupe à stimuler l'innovation dans l'ensemble de l'entreprise et à investir stratégiquement dans des plateformes numériques pour soutenir ses initiatives de croissance à long terme[1]. « Ce qui manque le plus aux grands groupes, ce sont des données de consommation exploitables, explique Brian Cohen, responsable de l'intégration numérique de l'agence de marketing Catapult. Les DNVB sont des propulseurs qui leur permettent de recueillir des informations directement.[2] »

Ce rachat est loin d'être un cas isolé dans l'univers des *Digitally Native Vertical Brands* : ainsi *Estée Lauder* a investi une part minoritaire dans **DECIEM, The Abnormal Beauty Company**, qui possède neuf marques de soins de la peau, *Procter&Gamble* a acheté la marque de soins de la peau naturelle ***Native***. *Unilever* s'est offert **Dollar Shave Club** et **Schmidt's Naturals** et a investi dans **True Botanical**, tandis que *Walmart* récupérait **Bonobos** dans son portefeuille de marques et que *Nestlé* a pris une participation majoritaire

1. https://fashionista.com/2017/03/true-and-co-lingerie-pvh-acquisition
2. https://consumergoods.com/dtc-dilemma

dans **Blue Bottle Coffee** « le Starbucks des hipsters », comme le surnomme *Les Échos*[1], pour environ 425 millions de dollars en septembre 2017, prenant ainsi position sur le marché des établissements de torréfaction haut de gamme.

DNVB vs gillette

La guerre menée par *Gillette* (*Groupe Procter&Gamble*) qui contrôle 60 % du marché américain du rasoir, est un cas d'école. Elle l'a opposé à **Dollar Shave Club** (créée en 2012), **Harry's** et **Bevel** (en 2013) qui sont arrivés avec des produits plus performants, innovants et à des niveaux de prix inférieurs et transparents.
À l'origine, c'est la publication par Euromonito*r*[2], au début de l'année 2016, d'une étude sur la répartition des parts de marché du rasoir aux États-Unis qui a mis le feu aux poudres. On y découvrait que **Harry's**, en constante croissance, dépassait *Gillette*, en recul de presque 10 %.
Les dirigeants de *Gillette* ont alors fait le choix de la riposte directe, dans une guerre livrée sur deux fronts.

Le premier front a commencé en juillet 2016, quand *Gillette* défie **Bevel** de prouver que son « rasoir une lame » est supérieur en qualité au « *Gillette* multi-lames ». Le Better Business Bureau américain, organisme chargé d'arbitrer le cas, statue par l'affirmative : oui, les produits **Bevel** sont plus efficaces pour lutter contre les problèmes de peau. (**Bevel** dont les produits sont destinés à la population afro-américaine, réalise des tests cliniques approuvés par des dermatologues.)

1. https://www.lesechos.fr/15/09/2017/lesechos.fr/030568745401_nestle-mise-500-millions-sur-le---starbucks---des-hipsters.htm
2. https://www.theatlas.com/charts/H1KExXE6l

Le second a été ouvert au mois de décembre suivant. Visant **Harry's** cette fois-ci, *Gillette* lance sa campagne digitale *Welcome back* sur sa *home page*, souhaitant un bon retour à ses clients qui se seraient laissés tenter par un essai chez **Harry's**. La campagne y présente des pseudo-témoignages d'hommes qui seraient revenus à *Gillette* après avoir essayé les produits **Harry's**[1]. Cette campagne s'avère cependant totalement contre-productive pour *Gillette,* car elle contribue à faire connaître **Harry's** à un plus large public, qui va l'essayer et l'adopter. En outre, cette campagne est vue comme un aveu de faiblesse de la part de *Gillette* qui, pour la première fois depuis des décennies, affrontait des compétiteurs sur un marché vraiment ouvert à de nouvelles marques totalement *consumer-centric* (qui placent le client au centre de leurs préoccupations).

En fin de compte, **Harry's** a totalement contourné le modèle retail pour vendre ses produits à des prix largement inférieurs, tout en étant d'une qualité excellente (les lames sont fabriquées dans l'usine allemande Feintechnik que la marque a rachetée en 2014). Finalement, le prix moyen du rasoir a baissé globalement de 10 %, selon *Euromonitor*, au bénéfice du client.

Dans ce contexte, l'acquisition de **Dollar Shave Club** a représenté, avant toute chose, l'opportunité pour *Unilever* de récupérer dans son giron le challenger de *Gillette*, leader en Amérique du Nord du marché *offline* de la lame de rasoir. *Unilever* s'approprie au passage le marché online sur lequel **Dollar Shave Club** caracole en tête, avec une croissance de 60 % par an. Le rachat de **Dollar Shave Club** a également permis à *Unilever* de rentrer sur le marché très lucratif

1. https://www.wsj.com/articles/p-gs-gillette-swipes-at-harrys-in-new-ad-campaign-1481827836

du *grooming*, ou soins de beauté masculins (rasage, crème, lotion...), dont la croissance est pilotée par les marques de niche et les ventes sur l'Internet.

Avec cette acquisition, *Unilever* a également montré sa volonté de développer son portefeuille avec de nouvelles marques disruptives. **Dollar Shave Club** repose sur un modèle original d'abonnement particulièrement bien adapté à la vente de lames de rasoir, un produit à marge et taux de remplacement élevés. La marque sait aussi comment parler à la jeune génération qui refuse de se voir incarnée par des stéréotypes traditionnels de masculinité dans lesquels elle ne se reconnaît pas, et comment établir une relation forte avec celle-ci. En quatre ans, **Dollar Shave Club** a réuni 3,2 millions de membres, pour un chiffre d'affaires estimé en 2015 à 152 millions de dollars.

Le rachat de **Dollar Shave Club** permet non seulement à *Unilever* de se renforcer face à *Procter&Gamble,* son concurrent dans le domaine du rasage, mais aussi et surtout, comme le dit son président Paul Polman[1], « d'acquérir une expérience digitale avec une marque innovante et déroutante ayant su créer un lien affectif avec des consommateurs divers et fidèles ». C'est aussi « une expertise et une maîtrise de la technologie de vente directe au consommateur, avec un modèle par abonnement », dont *Unilever* « pourra profiter à l'international et dans d'autres parties de [ses] affaires ».

Ce qui est plus surprenant, c'est qu'*Unilever* ait volontairement acheté une start-up dont le *business model* est fondé sur la vente de rasoirs au tiers des prix du marché (1,50 dollars vs 4,50 dollars pour *Gillette*). C'est d'ailleurs cette politique de prix bas qui explique que si **Dollar Shave Club** détient

1. https://www.lesechos.fr/23/07/2016/lesechos.fr/0211150522567_pourquoi-unilever-a-rachete-dollar-shave-club-un-milliard-de-dollars--.htm

16 % de parts de marché en volume, elle ne pèse que 5 % du chiffre d'affaires. De ce point de vue, racheter **Dollar Shave Club** est pour *Unilever* la possibilité de se positionner en leader progressiste qui valorise ses clients plutôt que ses marges.

Dernier épisode en date, Procter&Gamble a fait l'acquisition en décembre 2018 du groupe fondé par Christian Bevel Walker & Company Brands, récupérant ainsi Bevel dans son giron pour un montant non communiqué mais estimé entre 20 et 40 millions de dollars.[1]

1. https://www.recode.net/platform/amp/2018/12/12/18136744/walker-company-procter-gamble-acquisition-tristan-walker-bevel

PARTIE # II
UN BUSINESS MODEL DISRUPTIF, SANS INTERMÉDIAIRES

"This means not only being 'direct-to-consumer' but also 'direct-to-supplier'[1]."

Karla Gallardo
fondatrice et PDG de la marque de mode féminine Cuyana

1. « *Ce qui signifie être non-seulement en relation directe avec le consommateur, mais aussi avec le fournisseur.* » https://www.fastcompany.com/3066617/athleisure-brick-and-mortar-made-in-china-how-fashion-will-change-in-2017

5

UN MODÈLE D'INTÉGRATION VERTICALE

La transparence radicale

Une des forces du modèle des DNVB, c'est qu'il repose en partie sur l'argument de vente, consistant à mettre fin à l'irrationalité des prix des biens de consommation et à vendre les produits pour leur valeur réelle. Au travers de cette philosophie, elles entendent partager plus équitablement la répartition des prix de chaque produit et rendre aux clients une partie de leur pouvoir d'achat.

Car, faute de transparence sur les prix, le client ne sait finalement rien des marges souvent abusives pratiquées par les marques, des marges qui sont parfois de 10 à 20 fois le prix de fabrication de l'objet et plus de 25 fois dans l'univers du luxe[1]. Ainsi dans le secteur du parfum, le jus lui-même ne constitue que 5 % à 10 % du prix du flacon payé en boutique. Selon Philippe Benacin, PDG d'Interparfums, « le coût se répartit entre 50 % pour le distributeur (Sephora, Marionnaud...), 30 % en dépenses de publicité et marketing et 20 % en fabrication du produit (ce qui inclut notamment

1. https://www.permanentstyle.com/2014/12/luxury-profit-margins.html

le jus, le flacon, l'emballage)[1] ». Dans le domaine de la maroquinerie et des petits accessoires, secteur pilier des groupes de luxe, les marges peuvent atteindre 40 %. C'est le cas pour le sac Neverfull de Louis Vuitton, non pas en cuir mais en toile de coton enduite.[2]

Les fondateurs de **Warby Parker** par exemple, ont revu l'ensemble de la chaîne de valeur et appliqué une désintermédiation à tous les niveaux. En créant leurs propres modèles de monture et en fabriquant leurs propres verres, ils ont supprimé les frais de licence. Ils se fournissent en matériaux sans passer par des agents : l'acétate provient d'une entreprise familiale en Italie, le titane du Japon, les montures sont fabriquées en Chine et expédiées aux États-Unis par un partenaire logistique. La finition des verres et des montures est réalisée dans leur atelier de New York avant que les produits finis ne soient expédiés dans les centres de distribution. En négociant directement auprès de ses fournisseurs, souvent les mêmes que *Luxottica*, **Warby Parker** maintient des prix moins élevés que la concurrence (95 dollars pour une monture et des verres anti-reflets contre 700 chez les concurrents) tout en offrant un haut niveau de qualité. Grâce à ce *business model*, **Warby Parker** peut transférer 97 dollars de valeur à ses clients[3].

Everlane est la première marque, dès son lancement en 2011, à montrer la face obscure et méconnue de l'industrie

1. https://www.lemonde.fr/economie/article/2014/12/26/le-secret-bien-garde-du-prix-des-parfums_4546388_3234.html

2. *Louis Vuitton : l'insolent succès du luxe français*, documentaire d'Hélène Mangiardi pour le magazine *Capital*, diffusé sur M6 le 1er mai 2016.

3. http://blogs.anderson.ucla.edu/global-supply-chain/2017/08/warby-parker-vs-luxottica-supply-chain-disintermediation-in-the-eyewear-industry.html

de la mode et à proposer le concept jusqu'alors inédit de *Radical Transparency*, ou « transparence radicale ».
Grâce à des infographies intelligentes et simples, Michael Preysman, le fondateur, montre la ventilation complète du coût de fabrication de chaque produit, du prix des matières premières et du transport ainsi que la marge exacte d'**Everlane**. Il explique comment, en simplifiant et raccourcissant les chaînes d'approvisionnement, il peut obtenir des prix inférieurs, pour une qualité supérieure, tout en s'approvisionnant dans les mêmes ateliers que les enseignes de luxe. La marque de vêtements et accessoires intemporels et écologiques connaît depuis une croissance fulgurante. Elle a été nommée deux fois, en 2016 et en 2018, dans la liste *Fast Company*[1] des 50 entreprises les plus innovantes.

Très nombreuses sont les sociétés qui, depuis, ont adopté et reformulé pour elles cette forme d'éthique et de respect des clients. En leur disant, combien coûte le produit et où il est fabriqué, les DNVB donnent aux gens le sentiment de conclure un marché sans se faire avoir.

Une structure de prix différente

Ces infographies sont, bien sûr, un raccourci didactique qui donne à voir une vision assez schématique de la décomposition réelle du prix des biens. Le raisonnement est le suivant : Le prix de fabrication d'un bien (*Cost of Goods* ou COG), se compose de coûts fixes pour obtenir un produit fini (matériaux bruts, transformation) et de coûts variables (frais liés à l'emballage, frais d'expédition), auxquels on ajoute les marges.

1. https://www.fastcompany.com/company/everlane

Traditionnellement, on vend le produit 2 à 4 fois son COG, mais le prix subit un ajustement en fonction de la stratégie de la marque, de manière à refléter les cours du marché et de la concurrence. En général, il est vendu 5 fois le COG, 7 à 15 fois dans le luxe (parfois bien plus), où la valeur perçue, c'est-à-dire combien le client est prêt à payer, est liée à la désirabilité de la marque, sa valeur ajoutée symbolique, affective et émotionnelle.
Une marque traditionnelle doit alors soustraire la remise consentie au distributeur, qui vendra lui-même au détaillant, qui vendra au consommateur final. Au passage, chacun devra avoir une marge suffisante, en tenant compte des retours produits endommagés, des échantillons ou des modèles de présentation mis à la disposition des détaillants pour faire la promotion de la marque, de la dégradation des marges sur les prix de ventes privées et de soldes.

En cédant directement les produits pour 3 fois le COG, en dessous du prix du marché, les DNVB bousculent la concurrence.
L'équation n'est toutefois pas aussi simple, car elles DNVB doivent intégrer des coûts logistiques importants. Les frais d'expédition des commandes pèsent lourdement, surtout si l'on considère que, pour la plupart, elles offrent les frais de port, non seulement pour les commandes mais aussi pour les retours. Les emballages, souvent plus créatifs et qualitatifs que ce qui se pratique dans l'e-commerce traditionnel et les petits cadeaux qui accompagnent les envois, augmentent également les charges pour les marques. Toutefois, elles ne les comptabilisent pas comme des frais opérationnels, car elles les voient comme des dépenses marketing : le packaging est conçu pour donner envie au destinataire de le montrer sur les médias sociaux. En ce sens, le packaging contribue à la notoriété de la société et au bouche-à-oreille.

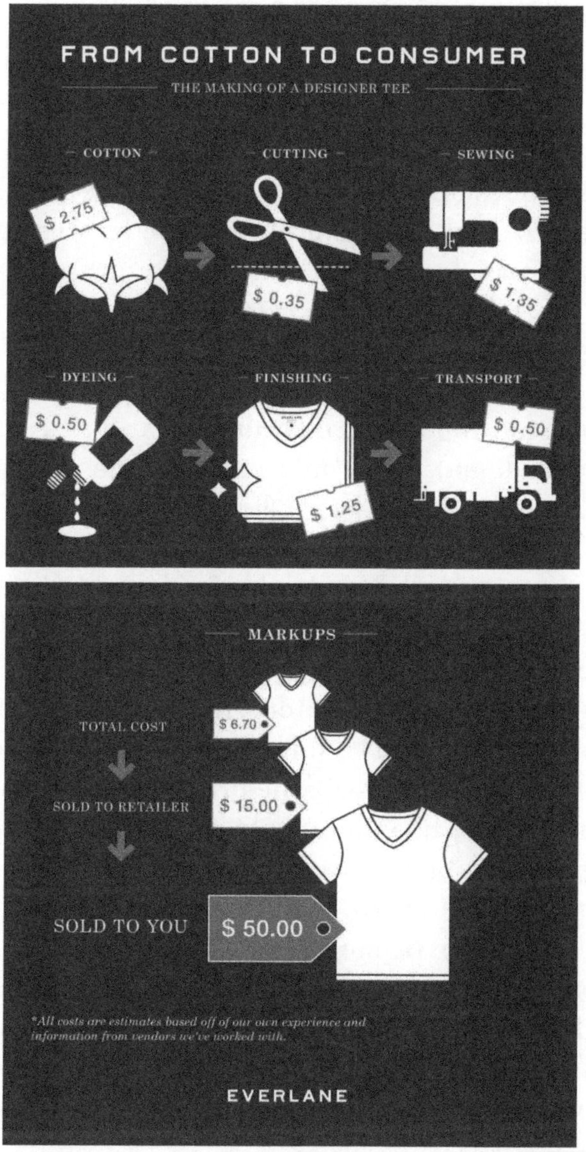

Première Infographie ***Everlane*** *en 2011 : «Du coton au consommateur». La pièce originale de 15 dollars fabriquée aux États-Unis par* ***Everlane*** *coûte 6,50 dollars à produire. On voit que la marge de l'entreprise est nettement inférieure aux 45 dollars que pratiquent les marques de créateurs traditionnels.*

Une politique de prix de vente fixe

Cette nouvelle définition d'un prix « juste » signifie, en corollaire, qu'il est, en principe, fixe. Il n'est pas systématiquement modifié par des rabais de toutes sortes, de manière à sortir des cycles de promotion sans fin et à éviter la confusion sur le prix réel. Tout simplement, si le produit est bon et qu'il n'y a pas de sur-stock, il ne sera pas nécessaire de pratiquer des baisses de prix, remises, promotions et soldes en fin de saison.

Abe Burmeister, fondateur d'**Outlier**, pratique les prix fixes depuis le lancement de sa marque. Comme il le souligne : « Cela ne nous intéresse pas d'être une entreprise de luxe, nous n'avons aucun intérêt à faire des choses chères pour le plaisir ou pour revendiquer de la rareté et de l'exclusivité. Nous sommes cependant très attachés à la qualité des matériaux et à la conception, et pour cette raison, nous avons parfois des produits qui coûtent très cher. La plupart du temps, nos prix sont tout à fait raisonnables. Bien que nous modifiions parfois nos niveaux de prix, ils ont à peine changé depuis nos débuts, chaque article que nous fabriquons est moins cher que le prix moyen en boutique pour un produit similaire[1] ». Molly Howard, fondatrice de la marque de vêtements **La Ligne**, l'exprime ainsi : « Nous ne payons pas les clients pour acheter notre produit. Les promotions ne sont pas une de nos tactiques, nous préférons nous concentrer sur la satisfaction des besoins des clients. Nous savons que si nous faisons cela, les acheteurs voudront le produit et payer le plein prix. »
Pour aller plus loin dans le concept de transparence, quelques DNVB choisissent, de manière totalement inédite,

1. https://www.reddit.com/r/Outlier NYC/gilded/

de modifier un prix pour répercuter la baisse d'une matière première. C'est ainsi, que Michael Preysman a indiqué à ses clients que pour refléter la baisse du coût des matériaux, **Everlane** faisait passer le prix de ses pulls en cachemire de 125 à 100 dollars. Suite à cette information, comme forme d'acquiescement des clients, les ventes de cachemire de l'entreprise ont bondi de 200 %.

En choisissant de vendre leurs produits au prix le plus juste, les DNVB se sont construites sur des modèles tarifaires qui ne laissent pas de place aux promotions. On observe, cependant, qu'elles pratiquent des réductions dans le cadre de programmes de fidélité. Ces programmes ne cherchent pas à peser sur la valeur des transactions et le prix du panier moyen, ils jouent plus sur l'engagement à long terme du client et la fréquence d'achat.
C'est dans cette optique que **Mack Weldon** (une marque de sous-vêtements et de basiques pour hommes) a lancé son programme de fidélité *Weldon Blue* : « Plus un client achète fréquemment, plus il est engagé dans la marque et plus il est probable qu'il reste » a déclaré son fondateur Brian Berger. « Les clients apprécient la proposition de valeur, mais cela stimule également l'activité à long terme. »

Ces programmes sont très populaires, mais les marques doivent procéder avec prudence. Comme le souligne l'investisseur Richard Kestenbaum, dont le fonds, Triangle Capital, est spécialisé dans les nouvelles enseignes de mode : « Les programmes de fidélisation sont un abus de langage ; à certains égards, ce sont des programmes de déloyauté. Le client n'achète plus parce que le produit est génial, mais parce que le prix est excellent. Ils se transforment en une course, pour rivaliser pour le prix le plus bas. Une course qui n'est pas celle des DNVB[1]. »

Pour éviter les promotions nuisibles à l'image de sa société, Michael Preysman a développé le modèle « choisissez ce que vous payez ». Désormais, quand **Everlane** a un excédent de stock sur un article, le site affiche trois prix différents pour le même produit et les clients choisissent ce qu'ils veulent payer. On a pu voir, par exemple, un tee-shirt en coton, dont le prix original était de 18 dollars, être proposé à 13, 15 ou 17 dollars. Le prix le plus bas permet à **Everlane** de récupérer ses coûts de production et d'expédition, sans aucune marge. Le choix intermédiaire permet de faire un petit bénéfice et de payer les frais et les collaborateurs. La marge sur le prix le plus élevé est réinvestie dans la recherche et le développement de nouveaux produits. C'est en réalité, une manière créative de faire comprendre aux clients pour quoi ils paient un produit à un certain prix et de les engager dans un choix en conscience. Cependant, seuls 12 % des acheteurs choisissent de payer plus.
Mais pour être à même de réduire les marges et de baisser les prix, encore faut-il être en mesure de contrôler et optimiser toute la chaîne d'approvisionnement.

1. https://www.glossy.co/ecommerce/dtc-brands-are-using-loyalty-programs-to-dodge-the-sales-promotion-trap

6

UN MODÈLE *DIRECT TO SUPPLIERS*, SANS INTERMÉDIAIRES AMONT

« Éliminer les intermédiaires et vendre directement aux consommateurs », résumé ainsi, le *business model* des DNVB tient presque de la formule magique. Dans la réalité, c'est loin d'être une question rhétorique. Le management de la chaîne d'approvisionnement est complexe, car il implique de multiples fournisseurs et usines, des délais relativement longs de fret international, des coûts d'expédition élevés et des immobilisations de trésorerie importantes.

Dans l'industrie de l'habillement, par exemple, une trentaine d'étapes sont nécessaires pour arriver au produit fini, depuis le *sourcing* (l'approvisionnement) des matériaux bruts jusqu'aux ateliers de filature, de teinture, d'assemblage, de couture, et toutes les étapes logistiques qui suivent. La plupart des marques traditionnelles externalisent la gestion de la chaîne d'approvisionnement en travaillant avec des fournisseurs spécialisés. Elles suivent un modèle qui implique de nombreux agents commissionnés qui se substituent à elles, pour tout ou partie du processus. Ces intermédiaires sont entièrement cachés au consommateur, mais ils ajoutent des coûts à chaque étape. Plus il y a d'intermédiaires impliqués, plus les marchandises seront chères.

Les *Digitally Native Vertical Brands* supervisent directement l'ensemble de la chaîne de valeur et prennent en charge toutes les étapes, de la conception des produits jusqu'à leur distribution. Elles appliquent un modèle d'intégration vertical et suppriment un maximum d'intermédiaires en amont et en aval, de manière à maîtriser et baisser les coûts de structure au maximum et parvenir à des prix équivalents pour des produits de qualité supérieure. Au-delà du prix, le contrôle intégral des opérations joue un rôle clé pour assurer au client la meilleure expérience de marque. Cependant, il ne s'agit pas, pour les DNVB, d'intégrer les fonctions en interne et de multiplier les collaborateurs, mais de construire un écosystème automatisé au maximum, incluant toutes les parties prenantes. C'est pourquoi, elles mettent la technologie – *big-data, business intelligence* et automation – au coeur du système. La finalité : une gestion optimisée des stocks, de façon à être capable de délivrer la bonne quantité, au bon endroit, au bon moment.

Un écosystème de partenaires

Trouver des fournisseurs qui comprennent le modèle des DNVB et tisser des partenariats étroits avec eux est un prérequis. La bonne performance des DNVB, et surtout leur potentiel de croissance, dépend du niveau d'intégration des parties prenantes dans un flux d'information. Il repose sur une connectivité complète avec tous les partenaires commerciaux, des fournisseurs aux fabricants et distributeurs, détaillants, sociétés de transport et flottes de livraison. Une *Digitally Native Vertical Brand* ne se conçoit pas sans une chaîne d'approvisionnement et une logistique agiles, des processus et une technologie exceptionnels de planification et d'exécution, afin de rendre l'information accessible à tous.

Cultiver une relation à long terme avec des fournisseurs exclusifs est essentiel. Tous sont liés par une même recherche de réussite et de performance, ce qui exige une confiance réciproque. Il s'agit donc pour les DNVB de sélectionner leurs partenaires avec soin dès le départ, avec un niveau d'exigence suffisamment élevé qui corresponde aux mêmes critères de qualité et de compétence, puis de les intégrer dans leur écosystème comme s'ils étaient un service de l'entreprise.

Un autre avantage de cette relation directe est qu'elle offre aux DNVB, qui commandent de petites quantités, la possibilité de s'intégrer dans les flux de fournisseurs et de s'adapter à leurs contraintes. Ainsi peuvent-elles, par exemple, lancer leurs fabrications dans les creux des calendriers saisonniers classiques de production. Leur lien direct avec les transporteurs leur permet d'optimiser les coûts d'expédition et de fret, en complétant des cargaisons avec de petits volumes. Ce qui entraînera un impact positif supplémentaire sur le prix final.

Dans le domaine du luxe, **M.Gemi** est l'illustration d'un modèle de gestion à flux tendus et prédictif incluant un écosystème de partenaires.
Ben Fischman a fondé cette marque de chaussures avec l'idée de préserver les savoir-faire traditionnels et le cousu main à l'ancienne. Pour la fabrication, entièrement *made in* Italie, il a noué des partenariats étroits avec une douzaine d'ateliers familiaux, chacun spécialisé dans un seul modèle de chaussures.

Interfacés avec le système d'information de la marque, ils sont à même d'ajuster leur production en temps réel, en fonction des ventes pour augmenter ou réduire le niveau des stocks. **M.Gemi** c'est d'abord et avant tout une *supply chain* (chaîne logistique) pilotée par la *data*. Seules une optimisation parfaite et une gestion à flux tendus lui permettent de tenir ses promesses : « des nouveautés chaque semaine ». La marque peut, en effet, concevoir, produire et mettre en vente de nouveaux modèles en 4 à 6 semaines, là où il faut pratiquement 18 mois pour une entreprise traditionnelle.
Pour piloter au mieux l'activité et éviter au maximum les retours, **M.Gemi** emploie une armée de *data scientists* (spécialistes de la collecte, du traitement et de l'analyse de données) qui scrutent continuellement les ventes. Capables de repérer le futur produit phare quelques heures seulement après le lancement d'une nouvelle collection, ils peuvent aussi stopper la fabrication de ceux qui correspondent moins aux envies des clientes.
La marque modifie constamment son offre sur son *e-shop* de manière à réactiver sans cesse la curiosité des clients, en lançant un nouveau modèle tous les lundis[1], soit 52 nouveaux produits par an.

Une supply chain 4.0

Loin des quantités d'Amazon, les *Digitally Native Vertical Brands* gèrent des petits volumes et des produits souvent similaires. Néanmoins, elles coordonnent des chaînes d'approvisionnement très sophistiquées. Pour mener à bien ces opérations, elles doivent pouvoir s'appuyer sur des infrastructures efficaces et évolutives, mises au point

1. https://www.forbes.com/sites/forbesstylefile/2017/03/30/designer-spotlight-step-into-mgemi-italian-made-shoes-luxury-accessibly-priced/#49a7ba4a3475

pour soutenir au mieux la stratégie globale de l'entreprise : maîtriser et optimiser constamment la *supply chain* et utiliser toutes les opérations pour améliorer en permanence l'expérience de marque et le service.

C'est pourquoi les DNVB conçoivent, le plus souvent, leurs plateformes et systèmes d'information « maison », s'assurant ainsi que les opérations sont bien intégrées, des fournisseurs aux clients, et que les décisions, en matière de coûts, d'inventaire et de service à la clientèle soit prises dans la continuité, plutôt que séparément. La planification est transformée en un processus flexible et continu, là où la planification traditionnelle se fait par étapes successives.
En contrôlant leur *supply chain*, elles sont en mesure de la piloter selon leurs propres besoins, gagnant en vitesse, en visibilité et prévisibilité. De plus, l'intégration de l'ensemble des données provenant des fournisseurs et prestataires de services, dans un « nuage de chaîne d'approvisionnement », garantit que tous les acteurs avancent et décident sur la base des mêmes faits.

Nourries de données et d'intelligence artificielle, les *supply chains* digitalisées ou 4.0 sont des systèmes apprenants qui peuvent identifier les risques et les exceptions, et opérer sans intervention humaine des changements sur les variables d'ajustement, de manière à corriger les erreurs et limiter les risques, en donnant de la visibilité sur les processus critiques. Elles peuvent ainsi intégrer un certain nombre de processus automatisé : par exemple, un algorithme prédictif surveille les ventes et les stocks et envoie des ordres d'achat, tout en minimisant le niveau de stock. Ou encore, ces *supply chains* peuvent intégrer des systèmes automatisés de trading où les algorithmes négocient et gèrent les transactions financières de manière autonome.

Comme l'explique Vishaal Melwani, fondateur et PDG de **Combatant Gentlemen** : « Construire une plateforme efficace et claire a été la clé de notre succès. Nous avons construit nos propres outils, pour récolter la *data*, car il n'y avait aucune solution sur le marché qui puisse convenir aux DNVB, tout était fait pour le modèle du commerce de gros[1]. »
Combatant Gentlemen propose ses costumes pour homme, sur mesure, à des prix abordables, à partir de 160 dollars (le même prix que la *fast-fashion*). Son offre est équivalente en qualité à celle de marques de luxe comme *Zegna* ou *Hugo Boss*, mais avec des coupes parfaitement ajustées et adaptées aux goûts des jeunes actifs.
Pour relever ce défi, son *business model* repose à la fois sur la maîtrise du *sourcing* (sa laine provient de son propre élevage de moutons en Italie et le coton de ses champs familiaux en Inde) et sur son infrastructure informatique unique, sa *Tower*, développée en interne par ses équipes d'ingénieurs. Technologique avant d'être mode, la marque emploie 27 collaborateurs, dont 10 ingénieurs et un directeur IT[2]. Tous sont dédiés au développement des technologies nécessaires pour créer « le bon de commande parfait », c'est-à-dire automatiser la gestion des réapprovisionnements à l'usine et les ajuster aux besoins réels de production.
Pour créer sa *Tower*, Melwani s'est inspiré du système japonais de gestion de la *supply chain,* une approche très granulaire des opérations. La plateforme contrôle absolument toutes les opérations, depuis la l'activité de la trentaine d'usines de matières premières jusqu'à la production finale, en passant par la logistique.

---

1. https://blogs.wsj.com/cio/2016/07/25/combatant-gentlemen-is-tech-first-fashion-second/#_=_

2. Technologies de l'information.

La *Tower* digitalise et connecte toute la *supply chain* de la marque en intégrant, en plus, toutes les parties prenantes du business, de manière à ce que tous parlent le même langage. Grâce à cette plateforme, Melwani est en mesure de collecter, d'organiser et d'analyser l'ensemble des données, depuis les discussions du fil *Twitter* de la marque, jusqu'aux données collectées sur le site internet de l'entreprise, en passant par l'activité de vente en temps réel.
Les données sont analysées, puis synthétisées et servent à automatiser et rationaliser les process au maximum, ce qui permet à l'entreprise, entre autres choses, de fabriquer à la demande et de livrer dans un temps record (25 jours pour le cycle entier). Une rationalisation qui permet également : la suppression du surstock, l'optimisation des coûts d'organisation, la flexibilité pour négocier et tenir compte des contraintes des partenaires, une gestion prédictive, équivalente à celle de la *fast fashion* qui travaille de manière à ce que tous les partenaires aient une vision à six mois.

7

UNE STRATÉGIE *PULL*, BASÉE SUR LA DEMANDE RÉELLE

Une plateforme performante est également un prérequis pour mettre en œuvre une stratégie de *pull manufacturing:* une approche de la gestion de la chaîne d'approvisionnement, inspirée du *Lean manufacturing* japonais, qui consiste à produire la quantité optimale sans gaspillage. La méthode de gestion *pull* constitue une réponse en temps réel à la demande des clients permettant de maintenir des stocks minimums. Prédictive et s'appuyant sur des données objectives, elle s'oppose au modèle *push*, qui repose sur des prévisions à long terme, une demande stable et sur les tendances du marché. Dans l'industrie de la mode, on détermine très en amont que tel style de vêtement, telle forme observée lors d'un défilé et telle couleur seront au goût du jour lors de la prochaine saison. On produit alors en quantité en espérant que le modèle rencontrera le succès espéré. Mais c'est un exemple que l'on peut transposer dans tout autre secteur comme celui de la lunette. Là où un acteur traditionnel comme *Luxottica* opère en push manufacturing, approvisionnant directement les points de ventes en produits finis, montures et verres pré-assemblés, **Warby Parker** adopte le modèle pull, les montures et verres ne sont montés qu'en fonction de la demande des clients. « Par conséquent, **Warby Parker** dispose d'une certaine souplesse à la dernière étape de son processus, ce qui rend son modèle de chaîne d'approvisionnement plus réactif.[1] ».

Zara a été la première enseigne de mode à introduire le modèle *pull*, pour raccourcir de façon conséquente les cycles de conception-production. Elle y associe, en plus, un *tracking* (suivi et traçage) des ventes très précis et un système logistique totalement intégré. Il lui faut 10 à 14 semaines pour lancer de nouveaux produits, alors qu'un cycle moyen se situe plutôt autour de 24 à 28 semaines pour les acteurs traditionnels comme *J.Crew*.

Depuis ses magasins tests, l'enseigne recueille des données sur les nouveautés et les meilleures ventes, qui sont immédiatement réinjectées dans son système : cela lui permet d'être très réactive. Sur le terrain, les employés sont invités à observer les *looks* des clients et à faire remonter leurs remarques. La gestion *pull* a permis à *Zara* de maintenir sa position de leader dans l'industrie du vêtement et d'être ultra-rentable.
Tout en étant de petites structures, quelques DNVB arrivent à être aussi performantes que *Zara*. C'est le cas de **Combatant Gentlemen**, on l'a vu, ou d'**Everlane**, dont le cycle conception-production ne nécessite que six et huit semaines, avec seulement trois semaines pour reconstituer son stock.

La marque **Missguided** surpasse même *Zara* sur le terrain de la *fast-fashion*. Elle est capable de lancer 600 nouveaux produits chaque semaine, dont 40 % sont manufacturés au

1. http://blogs.anderson.ucla.edu/global-supply-chain/2017/08/warby-parker-vs-luxottica-supply-chain-disintermediation-in-the-eyewear-industry.html

Royaume-Uni, où la marque a été créée par Nitin Passi en 2009. Elle est devenue tellement populaire qu'elle reçoit désormais plus de 20 millions de visiteurs par mois sur son site. En raison de son succès, les produits présentés sont souvent en rupture dans les dix jours après leur mise en vente. Mais la DNVB est capable de se réapprovisionner en une semaine, si nécessaire.

Même si 85 % de ses clients sont au Royaume-Uni, **Missguided** vend ses collections dans 150 pays. Elle a enregistré un chiffre d'affaires de 120 millions de livres sterling en 2015, et connait une croissance à deux chiffres tout en restant totalement autofinancée.

Un succès que Dev Mukherjee, expert en e-commerce et professeur, à l'université DePaul de Chicago, explique ainsi : « les marges bénéficiaires de la *fast-fashion* sont assez élevées, mais les grosses dépenses proviennent du gaspillage et de la difficulté à prévoir si un modèle va mieux fonctionner dans une taille ou une autre. La chaîne d'approvisionnement de **Missguided** est si courte et si flexible, qu'elle ne rencontre pas les mêmes problèmes que les acteurs traditionnels comme *Zara, H&M* ou *Macy's*[1]. »

Gestion optimisée des stocks et réapprovisionnements

Une des grandes forces du *business model* des DNVB est qu'il permet aux marques de réduire leurs stocks à un niveau minimum, juste suffisant pour couvrir les besoins prévus alors qu'à son démarrage, une jeune entreprise « classique » doit assurer le financement de la première production et

1. https://www.racked.com/2016/10/27/13306122/missguided-uk-ecommerce-amber-rose

doit avoir suffisamment de stock si elle veut pouvoir le placer chez les distributeurs.
En vendant directement sur leur site Internet, les *Digitally Native Vertical Brands* n'ont plus à se préoccuper d'approvisionner des magasins en différents stocks (stocks de produits pour la vente, pour la présentation, stocks de produits saisonniers et autres « collections capsules », souvent vendus en soldes, avec des marges affaiblies). Elles couvrent juste, en flux tendus, les besoins prévus, modifiant en permanence la collection, en fonction de la demande, de l'analyse des données en temps réel et des commentaires des clients. Les lots initiaux sont produits en petites quantités, de manière à tester le marché, sans prendre de risque. La production de petits volumes permet en plus d'ajuster modèles et styles en fonction des ventes en temps réel et d'éliminer tout gaspillage. Ainsi, Michael Preysman, le fondateur d'**Everlane**, explique comment il gère la fin de vie de produits dès les premières ventes. À l'occasion du lancement de la gamme de sacs à dos, il a proposé neuf modèles différents, dont un seul a été épuisé en 6 heures. Une heure après le lancement, Preysman avait remis en production ce seul modèle dans différentes couleurs et stoppé les huit autres[1].

Toujours dans ce même souci de réduire les stocks au maximum, les DNVB font souvent le choix de lancer un produit dès qu'il est prêt et attendu par les clients, plutôt que de produire des collections entières et de les mettre en boutique en fonction du calendrier saisonnier de la mode.
L'offre est complétée par quelques « permanents », des produits présents toute l'année, pour lesquels on admet des ruptures, des *wait list* (liste d'attente). Certaines n'ont même plus de stock de sécurité pour prévenir une rupture.

1. http://cmuscm.blogspot.fr/2014/09/everlane-fashionable-supply-chains-for.html

Au contraire, elles utilisent la rupture de stock comme outil marketing, générant un cycle basé sur le désir et la rareté. Elles créent un sentiment d'urgence et d'exclusivité. Déclenchant ainsi la peur de manquer les articles les plus populaires, elles poussent les clients à se décider plus vite pour un achat et à revenir plus souvent sur le site.

Morgane Sézalory a même fait du réassort un principe d'attractivité pour sa marque **Sézane**, en ne vendant que des éditions limitées complétées de collections capsules. La marque l'affiche clairement sur son site : « Un succès est difficilement prévisible, ce qui explique les délais parfois un peu longs pour réassortir vos pièces favorites. »
Les clientes sont prévenues à l'avance de l'arrivée des nouvelles collections et savent qu'il y aura peu de stock. Chaque mercredi, la newsletter hebdomadaire fait découvrir les réassorts. Et celles qui n'auront pas été servies pourront retrouver le produit qui leur a échappé la première fois, lors d'astucieuses rééditions annuelles des best-sellers. De ce fait, non seulement l'attente est très bien reçue, elle fait partie de la règle du jeu, mais en plus, ce système « au compte-goutte » attise le désir : les mises à jour sont autant de moments pour dialoguer « sur le terrain » au travers de mails et d'échanges téléphoniques.
Le modèle est gagnant pour toutes. Pour la marque, les stocks sont ajustés au mieux, du côté des clientes, les pièces manquantes font l'objet de discussions passionnées et créent des liens de solidarité sur les réseaux sociaux (le groupe *Facebook* « *Sézane Addict* » facilite les échanges des articles de la marque, entre fans). Ce qui pourrait être un problème grave est transformé en expérience positive.

Michael Preysman utilise également ses listes d'attente pour prendre des décisions de gestion d'inventaire. En cas de doute, il stocke moins. Et quand les articles se vendent très vite, ce qui arrive souvent, **Everlane** peut se réapprovisionner rapidement, grâce à ses relations étroites avec ses deux douzaines d'usines dans le monde. Les listes d'attente d'**Everlane** sont devenues quasiment aussi mythiques que celles des Kelly d'*Hermès* : 44 000 personnes se sont inscrites sur la liste d'attente d'**Everlane** après la sortie de sa ligne de jeans, en septembre 2017[1]. Lorsqu'elles sont bien orchestrées, c'est-à-dire que les clients peuvent s'inscrire sur une liste et sont effectivement avertis des réassorts, les ruptures de stock déclenchent un important bouche-à-oreille. Elles propulsent la notoriété des marques, tout en donnant des signaux de réassurance aux indécis.

Finalement, en diminuant leurs niveaux de stock, les DNVB baissent aussi, de manière non négligeable, les coûts associés aux risques et les problèmes de trésorerie : immobilisation financière, assurance, espace de stockage.

Des assortiments synchronisés avec la demande

Grâce à l'agilité, à la rapidité et à la flexibilité de leur *supply chain*, les DNVB savent s'adapter exactement à ce que veulent les consommateurs, aux bonnes couleurs, aux bons tissus et aux bons matériaux. Et d'autant mieux que leur relation directe avec les fournisseurs facilite et accélère la boucle de rétroaction et les itérations, permettant d'ajuster les produits et les commandes en fonction des *feedback*.

Tyler Haney a construit le succès de sa marque d'*athleisure* (des vêtements élégants pour le sport) grâce à cette écoute

1. https://www.fastcompany.com/40525607/how-everlane-is-building-the-next-gen-clothing-brand

constante de sa communauté, et à une flexibilité qu'elle met au service des clients. La PDG d'**Outdoor Voices** s'attache à intégrer les avis et commentaires de ses clients sur les couleurs et détails techniques, dans son processus de design et de développement. « Nous avons deux livraisons par semaine, mais, entre, on prend le temps d'écouter les clients et d'améliorer nos produits », dit-elle. Par exemple, « il arrive qu'un vêtement conçu pour la pratique d'un sport soit adapté pour d'autres sports par les clients. Dans ce cas, nous développons immédiatement des variantes[1]. »

Elle est ainsi en mesure de lancer des nouveautés tous les mois et de garder les produits les plus demandés comme base.

L'adaptation et le renouvellement constants constituent une vraie valeur ajoutée, stimulant la croissance de l'entreprise. Sur des marchés très saturés d'offres, les clients, toujours en quête de nouveauté, reviennent plus souvent visiter le site.

À la clé : la création de valeur pour les clients

Pour ces start-up qui partent de zéro, l'intégration verticale offre la possibilité d'imaginer de nouveaux business. Elles ont l'opportunité de créer une valeur ajoutée réelle pour les clients, au travers de produits en phase avec le marché, ou en concevant de nouveaux services de personnalisation. Les exemples suivants montrent comment **ThirdLove** est sorti des normes de tailles, **Dia&Co** et **Universal Standard** ont abordé un nouveau marché, ou encore, comment **Shoes of Prey** s'est attaquée à la personnalisation.

1. https://www.youtube.com/watch?v=jFdJH_FGA8o

• *Sortir des normes de tailles standard*

Libérées de la contrainte de commander de gros volumes et d'avoir des stocks trop importants à écouler, les DNVB ont toutes latitudes, en s'appuyant sur des développements technologiques, pour adapter les *sizing*, le bien aller et proposer un plus grand nombre d'options de tailles, plus adaptées aux différentes morphologies. C'est ce qu'Andy Dunn a imaginé pour les clients de **Bonobos** : une combinaison de pantalons, couleurs, *fitting* (des ajustements) et tailles totalement impossible à reproduire en boutique. Cette proposition unique, qu'on ne trouve pas ailleurs, constitue un élément de différenciation puissant pour une marque, un moyen de ne plus être en compétition avec aucune autre enseigne.

C'est ce mix technologique qui fait de **ThirdLove** un challenger sérieux de *Victoria's Secret* sur le marché des sous-vêtements féminins, une des catégories de produits les plus difficiles à acheter en ligne. **ThirdLove** a développé une application mobile basée sur une technologie avancée de reconnaissance d'image. L'application permet de déterminer la taille parfaite, sans avoir à se déplacer : elle analyse les selfies envoyés et propose l'assortiment qui convient le mieux. **ThirdLove** dispose en plus d'un questionnaire en ligne « *Fit Finder* » sur son site web, qui recueille des informations auprès des femmes sur ce qu'elles recherchent et les aide à trouver le meilleur soutien-gorge dans l'offre de la marque. Ces deux outils, l'application et le questionnaire, ont permis à Heidi Zak de construire un référentiel de données qui l'aide à déterminer quels produits doivent être fabriqués ou comment modifier les produits existants. Plus de 10 millions de femmes ont rempli le questionnaire depuis la création de la marque en 2013, ce qui a produit 400 millions de points de données collectées.

ThirdLove traite ensuite ces données pour comprendre le marché des soutiens-gorges. Grâce à toutes ses informations, Heidi Zak, PDG et cofondatrice de la marque, a mis au point une toute nouvelle gamme de tailles de soutien-gorge, qui correspond à une plus large gamme de formes de corps. « Nous sommes la seule société à disposer de cet ensemble de données et dès le premier jour, nous nous sommes concentrés sur le plus grand nombre possible de tailles et demi-tailles de bonnet, pour un ajustement plus personnalisé[1] », explique-t-elle. Alors que *Victoria Secret*, qui est toujours la première marque de sous-vêtements aux États-Unis, n'offre que 36 tailles de soutien-gorge, et la plupart font partie de la catégorie des petites tailles, qu'*Aerie*, une marque qui fait la promotion de l'inclusivité, ne vend que 31 tailles, et que *Calvin Klein* n'en a que 26, **ThirdLove** en propose 70[2].

• *Créer de nouvelles opportunités de marché*

Grâce à la technologie, les DNVB sont bien équipées pour relever ce défi. Elles peuvent non seulement repenser chaque étape, de la gestion de la logistique, la fabrication et la vente, mais aussi ouvrir de nouveaux marchés.

C'est ainsi qu'on les a vu s'emparer du marché des grandes tailles (les tailles supérieures au 44), jusqu'alors très mal servi par les acteurs traditionnels, non seulement en raison des difficultés de marketing, certains considérant que cela pourrait nuire à l'image de leur marque, mais également en raison des défis techniques.

---

1. https://techcrunch.com/2016/02/02/thirdlove-bras/

2. https://www.fastcompany.com/40582428/this-inclusive-bra-brand-wants-to-support-every-woman?utm_source=postup&utm_medium=email&utm_campaign=Fast%20Company%20Daily&position=2&partner=newsletter&campaign_date=06132018

Concevoir des tailles plus grandes signifie de nouvelles proportions et formes de corps. Un simple changement d'échelle, comme pour les petites tailles, un seul patron, agrandi ou réduit proportionnellement à partir d'un modèle de taille 38, ne suffit pas. Les tailles plus grandes nécessitent souvent un modèle distinct pour tenir compte de proportions différentes.

Créer des vêtements de taille « plus » est complexe, plus cher, nécessite une vraie expertise et entraîne des coûts de production supplémentaires qui sont habituellement répercutés sur le consommateur. Les vêtements « grande taille » ont souvent des marges plus faibles ou sont moins rentables que ceux de taille standard. Il faut concevoir des matériaux extensibles dans les quatre sens, des découpes profilées, des tissus dans des largeurs spéciales.

Comme l'explique Nadia Boujarwah, fondatrice de **Dia&Co**, une DNVB pionnière, avec **ELOQUII**, sur ce marché : « La réalité, c'est un défi permanent pour trouver l'ajustement : il y a plus de variations du corps dans les grandes tailles que dans les petites tailles. Il y a aussi des complications de fabrication : passer de la taille 2 à la taille 12 peut être une question d'échelle simple, mais des tailles plus grandes nécessitent souvent un modèle distinct pour tenir compte de proportions différentes et demande d'utiliser plus de tissu, augmentant ainsi le coût de production.[1] »

Dia&Co, comme **ELOQUII**, sont nées des voix de la communauté « plus », comme on les appelle en ligne, de leur myriade de forums très actifs, où elles clament leur mécontentement. Comme le dit Nicolette Mason, blogueuse influente qui tient la chronique *Size plus* de Marie-Claire US « Nous ne voulons rien de différent. Nous voulons être visibles. Nous voulons

1. https://www.glossy.co/podcasts/diaco-ceo-2017-will-be-a-year-of-action-for-the-plus-size-market

porter de beaux vêtements. Nous voulons participer aux mêmes tendances[1]. »

Universal Standard est une marque qui fabrique des vêtements de luxe dans les tailles 10 à 28 US (42 à 60 FR). Alexandra Waldman et Polina Veksler créent des vêtements élégants et minimalistes. Des pièces qu'elles décrivent comme « sexy et sophistiquées à la fois, et des matériaux de qualité », inspirées de marques urbaines, telles que *Theory, Helmut Lang* ou *Rag & Bone*. Pour Polina Veksler, cofondatrice et directrice artistique de la marque, commencer par un marché si mal desservi était évident. « Je pense que c'est la première fois que cette consommatrice peut s'acheter le même genre de vêtements que ceux qu'elle voit sur ses amies », dit-elle. **Universal Standard** utilise une large gamme de modèles d'ajustement dans les tailles 10 à 28 pour s'assurer que les vêtements s'adaptent bien sur un large éventail de types de corps.

Une étude parue en 2016 dans l'*International Journal of Fashion Design, Technology and Education*, indique que la taille moyenne d'une femme américaine se situe maintenant entre le 46 et le 52. Selon Bloomberg[2], le marché des vêtements de grande taille est en forte croissance (+ 17 % en 2016), poussé par des consommatrices très demandeuses de vêtements de qualité, et il représente une opportunité de 20 milliards de dollars. Actuellement, les marques digitales dédiées à ce marché « plus » sont la meilleure option pour les femmes soucieuses de leur style vestimentaire.

---

1. https://www.businessoffashion.com/community/voices/discussions/why-is-the-fashion-industry-ignoring-the-plus-size-market/reaping-plus-size-rewards-online

2. https://www.bloomberg.com/gadfly/articles/2016-05-10/plus-size-could-save-retailers

Avec le principe d'inclusivité, ancré au cœur de leur feuille de route, on aurait pu s'attendre à ce que des DNVB, comme **Everlane** par exemple, élargissent leurs propositions de tailles de base. Ce qui n'est pas le cas. Toutefois, elles sont de plus en plus nombreuses à reconnaître l'opportunité et à étendre leur offre de tailles, de manière à se connecter avec tous les clients, quelle que soit leur taille. C'est ce que vient de faire **AYR**. La marque qui fabrique des basiques « tendance », à partir de matériaux luxueux, a récemment lancé avec succès sa première option taille « plus » : un jean *skinny* allant jusqu'à la taille 32 US (une taille 64 française). Comme en témoigne Maggie Winter, cofondatrice et PDG de la marque, « la demande était claire et la réponse des acheteurs a été excellente : nous avons vendu 50 % de notre production en moins de 30 jours. »

Dans le cas précis des « *size plus* », la vente en ligne offre une meilleure expérience d'achat qu'une boutique. L'assistance technologique permet de trouver la bonne taille plus simplement. Elle élimine le sentiment de frustration et de complexes qu'engendrent les éventuels échanges ou retours, ce qui facilite la décision d'achat. Et surtout, les clients ont la possibilité d'essayer les vêtements chez eux, dans leur propre environnement, sans la pression de regards extérieurs, tout en bénéficiant des recommandations des stylistes et de leurs pairs comme sources d'inspirations.

• *Personnalisation et fabrication à la demande*

Plus que tout autre, le modèle de fabrication à la demande exige un contrôle intégral de l'ensemble de la chaîne d'approvisionnement. La mise en œuvre d'une plateforme d'analyse prescriptive pour toutes les étapes des opérations

est l'une des clés pour réduire les coûts structurels et les délais de livraison.
Une autre clé est de garantir l'excellence en termes de qualité, et d'exercer un contrôle strict pour diminuer les retours au maximum.

Michael et Jodie Fox, cofondateurs de la marque australienne **Shoes of Prey**, sont persuadés que « le modèle à la demande est l'avenir du retail ». Selon leurs prévisions, d'ici dix ou vingt ans, tous les produits manufacturés seront fabriqués de cette manière. « Il est plus logique pour la cliente de décider exactement ce qu'elle veut et ensuite pour les détaillants et les marques de produire le produit désiré plutôt que de fabriquer en masse un produit à l'avance, en essayant de prévoir les tendances futures. »
La proposition de valeur de **Shoes of Prey** repose sur cette idée d'offrir un produit parfaitement personnalisé au prix d'une paire de chaussures traditionnelle. Les clientes peuvent inventer leur propre modèle à l'aide d'un outil 3D. Elles ont accès à un choix quasi infini de styles et de matériaux (y compris une sélection de matériaux *vegan*), de couleurs, de taille (incluant des demi-tailles et différentes largeurs) et de hauteurs de talons. En tout, les clientes ont le choix entre des milliards de combinaisons possibles. Chaque paire est fabriquée et expédiée à la demande dans le monde entier directement depuis le lieu de fabrication. Si le modèle ne convient pas, il peut être renvoyé à la marque qui offre une garantie de retour de 365 jours[1].
Toute cette organisation suppose, d'une part, que la marque intègre dans son *business model* des frais de fabrication et d'expédition unitaires bien plus élevés que pour les retailers

1. https://www.glossy.co/ecommerce/how-customizable-retailer-shoes-of-prey-transitioned-to-2-week-delivery

classiques. Et, d'autre part, qu'elle s'appuie sur une chaîne de fabrication optimisée et agile au point de livrer en deux semaines des chaussures de qualité irréprochable.
À cet effet, les ingénieurs de la marque ont développé, un système de fabrication, selon un process de *Lean manufacturing* (une optimisation et rationalisation extrême des process) de manière à accélérer la production.
En 2014, la marque a construit son usine à Dongguan, en Chine, où elle emploie directement tous les travailleurs et dont elle possède toutes les machines. Pour accompagner son développement international, elle a choisi de construire des ateliers de production modulables dans le monde entier, dans lesquels les méthodes de production, les matériaux et les équipements sont standardisés.
Shoes of Prey a été nommée *Online Retailer* de l'année 2014 et a reçu le prix « Best International Conqueror » de 2015. Elle est citée en exemple pour la manière dont elle a réussi à optimiser et rationaliser toute la chaîne d'opérations.[1]

1. business.gov.au, The Australian brand changing the way women shop for shoes, septembre 2015.

8

CONTRÔLER LA *SUPPLY CHAIN* POUR RESPECTER L'ENGAGEMENT DE MARQUE

Qualité, savoir-faire et engagement responsable sont des piliers fondamentaux sur lesquels repose la promesse des *Digitally Natives Vertical Brands*. L'écologie, par exemple, est un levier puissant. Il permet d'engager un public qui partage les mêmes valeurs. Charge aux marques de démontrer qu'il ne s'agit pas d'un argument commercial et de prouver leur réelle implication.

Qualité et savoir-faire

Dans un modèle vertical, les entreprises sont totalement responsables de ce qu'elles fabriquent et vendent. C'est d'ailleurs pourquoi la viabilité d'une DNVB est liée à la qualité de ses produits et services. Un point de vue qu'exprime parfaitement, Ben Lerer, dont le fonds de capital risque, Lerer Hippeau, a été l'un des premiers à financer **Warby Parker**, **Everlane**, **Casper** ou encore **Glossier**: « Je veux travailler en partenariat avec des gens qui vont vraiment se concentrer sur la qualité, plutôt que sur la quantité, et qui savent que la quantité, le business et l'argent viendront tous si vous avez un bon produit. [...] Se concentrer sur la qualité plutôt que sur la quantité exige de la détermination, c'est long, mais à moyen terme, c'est le seul moyen pour construire de grandes entreprises[1]. »

Les *Digitally Natives Vertical Brands* sont donc très vigilantes à maintenir un niveau de qualité et de savoir-faire important. Dans le cas de l'optique, en dehors de la conception et du design des montures, il existe une différence de qualité réelle. Elle dépend des matières premières utilisées et de l'expérience de l'artisan qui impactent la qualité du produit final. De la même manière, tous les verres ne se valent pas, leur qualité peut varier fortement selon les usines de production.

Il est très clair que Neil Blumenthal et Dave Gilboa, chez **Warby Parker** se sont vraiment engagés à créer un produit de qualité supérieure et pas un joli design à bas prix.

D'ailleurs, lorsque la qualité des produits est remise en cause, la réputation de l'entreprise peut se défaire bien plus vite qu'elle ne s'est construite.

C'est ce que Jessica Alba a appris à ces dépens. En 2015, elle a dû faire face à une polémique concernant sa société **The Honest Company**, alors qu'un client attaquait l'entreprise pour image trompeuse. Il avançait que les produits n'étaient pas naturels et contenaient des composants chimiques dangereux pour la santé. **The Honest Company** est positionné sur le marché des produits naturels, non toxiques et *eco-friendly* (une approche éco-responsable) pour la famille : des couches aux cosmétiques, en passant par les produits ménagers. Un peu plus tôt, ce sont ses crèmes solaires qui

1. https://medium.com/lerer-hippeau-ventures/what-s-so-important-about-vertical-commerce-the-consumer-revolution-part-iii-465272a5f6be

avaient fait polémique. Certains consommateurs accusant la marque de vendre des produits solaires inefficaces ont posté des selfies de leurs coups de soleil pour appuyer leurs propos. Même si les allégations ont été discréditées en partie et les compositions des produits revues, les dommages pour l'image de la marque restent importants. La controverse a affecté la capacité de l'entreprise à lever des fonds pour financer sa croissance. **The Honest Company** est valorisée à un milliard de dollars aujourd'hui, contre 1,7 avant les controverses[1].

Approche responsable

Développer une chaîne d'approvisionnement durable est le seul moyen de satisfaire les engagements d'une marque à respecter les valeurs environnementales et le travail humain. La maîtrise de la chaîne de valeur est alors essentielle pour exercer le contrôle le plus strict sur le respect des règles et être en mesure de localiser les achats. Partir de zéro est, tout de même, un avantage pour intégrer le développement durable à chaque étape.

Ainsi, **Everlane** s'est constituée une chaîne d'approvisionnement totalement sous contrôle, de manière à tracer le produit depuis la semaison de la graine de coton, jusqu'à l'usine de Los Angeles. Pour sa première collection de sous-vêtements, lancée en mars 2018, la marque s'est assurée de pouvoir collaborer avec Mahesh Amalean, président de la holding MAS, un des plus grands groupes d'usines du Sri Lanka. Cela en raison de l'obsession de Mahesh Amalean pour le bien-être de ses 70 000 employés : ses travailleurs

1. https://www.fastcompany.com/3050794/jessica-albas-honest-company-faces-5-million-lawsuit-over-unnatural-ing

reçoivent deux fois le salaire minimum, ils ont accès à des programmes d'éducation et à des soins médicaux.
Pas si simple toutefois, pour Michael Preysman et sa directrice de collection, Kimberley Smith, de convaincre Mahesh Amalean de travailler avec eux. « Ce n'était pas facile d'entrer chez ce fournisseur », se souvient Kimberley Smith. « Michael et moi avons dû nous rendre au Sri Lanka pour rencontrer le PDG et présenter notre stratégie. Il voulait vraiment que ce soit un partenariat à long terme, et il voulait s'assurer que les marques avec lesquelles il travaille allaient de pair avec leur philosophie[1]. »

Une *supply chain* durable est aussi la condition pour l'obtention des différentes certifications internationales. Tout en garantissant le respect des normes, elles constituent de sérieux arguments de réassurance pour les clients : un élément non négligeable pour une marque qui se lance. Pour Scott Tannen, PDG de **Boll&Branch**, marque spécialisée en linge de maison et produits éthiques, une double certification est un signal de transparence et de respect pour ses clients. Sa *supply chain* trace l'origine du coton afin de garantir un traitement sans produits chimiques. Elle est également certifiée *fair-trade.* Ce qui veut dire que les agriculteurs qui lui vendent le coton gagnent un salaire décent (généralement deux à trois fois le prix du coton). Ses produits sont ensuite fabriqués dans des usines certifiées équitables. Cette certification délivrée de manière indépendante les garantit comme sûres, propres et exemptes de discrimination ou de toute forme de traitement inhumain (travail forcé, travail des enfants). Cela implique également

1. https://www.fastcompany.com/40546409/everlane-wants-to-get-into-your-pants

que les travailleurs sont rémunérés selon un barème supérieur au salaire minimum dans leur région[1]. »

Vicki von Holzhausen revendique elle aussi cette approche responsable pour sa collection d'accessoires. Elle la met en œuvre dans le choix de ses matériaux et de ses méthodes de production : ses cuirs proviennent d'Italie, mais sont tous issus des déchets de l'industrie agro-alimentaire. Elle garantit qu'aucun animal n'a été tué uniquement pour son cuir. De la même manière, elle choisit les tanneries partenaires sur la base des valeurs partagées : le respect de l'environnement et de la santé des employés. Pour le reste de sa fabrication, elle utilise un « cuir technique », du polyuréthane végétal, produit aux États-Unis, avec le minimum possible d'impact sur l'environnement. Vicki von Holzhausen, qui vient du domaine du design automobile et souhaite devenir « la Tesla du sac à main[2] », a reçu le prix *Green Life* en récompense de son action positive sur l'industrie[3].

Il convient de citer le cas de **Reformation**, un nouveau modèle de marque hybride entre *fast-fashion* et développement durable. C'est une philosophie que porte sa fondatrice Yael Aflalo. Elle veut « mener un mouvement au travers du monde où la fabrication durable serait le statu quo ». **Reformation** trace et mesure l'impact environnemental de chaque article fabriqué en dioxyde de carbone et en eau. Cette information, la « *RefScale*[4] » apparaît dans la fiche produit. Grâce à une approche pilotée par la data, la société

1. https://www.stitcher.com/podcast/glossy/the-glossy-podcast/e/52547388

2. https://www.forbes.com/sites/viviennedecker/2017/04/22/vicki-von-holzhausen-makes-vegan-leather-luxurious-with-her-handbag-brand-von-holzhausen/#7f-4895f2247d

3. https://vonholzhausen.com/pages/about

4. https://www.thereformation.com/pages/sustainable-practices

est à même de garantir une économie d'énergie importante, au regard des pratiques moyennes de l'industrie. Elle peut également mener une politique qui permet de compenser le dioxyde de carbone et l'eau utilisée pour la fabrication.
Pour Yael Aflalo, « faire de la *fast-fashion* consiste à savoir ce que les gens veulent et le faire tout de suite, au lieu de penser à ce qu'ils voudront porter dans 18 mois[1] ». Elle produit en petites quantités, observe ce qui se passe et réajuste ses fabrications selon la demande.
« Au lieu de faire une énorme campagne de publicité pour convaincre les gens d'acheter une robe rouge parce que vous en avez acheté un million d'unités il y a un an, nous faisons ce que les gens aiment déjà ». Cette maîtrise totale de la chaîne de production n'est possible que parce qu'elle produit dans ses propres usines. 70 % de ses articles sont fabriqués dans ses ateliers de Los Angeles.

Une approche *slow fashion*, plus responsable

Parce que les DNVB sont des marques porteuses d'une vision différente de la consommation, elles peuvent exprimer un point de vue minimaliste, intemporel, revendiquer d'être moins dépendantes des tendances, moins mode.

• *Une nouvelle vision de la saisonnalité*

Pour Maggie Winter, cofondatrice de la marque **AYR**, par exemple, une mode valable six mois n'est plus pertinente. Elle a décidé de sortir de l'approche saisonnière classique. Les clients peuvent acheter les mêmes modèles toute l'année. Elle anime les collections en retirant directement ce qui ne

1. https://projectjust.com/brand_reformation/

fonctionne pas et ajoutant des nouveautés. Un réassort géré en toute liberté qui constitue selon elle « un changement de pouvoir géant en matière de culture de consommation. Du *top down*[1], dicté par les marques, c'est maintenant les clients qui prennent le contrôle de différentes manières[2] ».

• *La* Yono *stratégie : proposer des essentiels*

Certaines DNVB poussent encore plus loin le curseur avec l'idée d'acheter moins pour acheter mieux. Elles se concentrent sur une offre de produits essentiels ou *YONO* (*You Only Need One,* « un seul suffit ») participant au mouvement anti *fast-fashion.* Elles fondent leur argument sur des garanties de produits très longues, voire à vie. C'est le cas de **Tom Cridland**, marque éponyme du chouchou de la presse britannique. Son credo est la lutte contre l'obsolescence programmée. Son premier produit, un sweat-shirt garanti 30 ans, se veut l'antidote du *cheap*, du bon marché jetable.
Maintenir un niveau de qualité irréprochable est une absolue nécessité et Thomas Cridland fait tout pour que ses vêtements résistent vraiment au temps.
Il a mis au point une combinaison faite de technologies développées avec son fabricant italien de tissus premium, additionnée de savoir-faire traditionnel portugais. « Nos artisans et nos couturières font des vêtements depuis 1964 et ont encore des sweat-shirts fabriqués à la fin des années 1970 qui sont en très bon état, alors notre garantie de 30 ans n'est pas une astuce promotionnelle[3] » assure-t-il.

---

1. Du sommet (la marque) vers la base (les clients).
2. https://www.stitcher.com/podcast/glossy/the-glossy-podcast/e/52059555?autoplay=true
3. http://www.theepochtimes.com/n3/1985936-young-entrepreneur-battles-fast-fashion-with-the-30-year-jumper/

On retrouve le même discours de l'autre côté de l'Atlantique, chez **American Giant**, la marque *sportswear* 100 % coton américain qui voudrait « donner à tous accès à des produits de qualité ». Pour Bayard Winthrop, qui a lancé son entreprise en 2012 avec un simple *hoodie*[1] (sweat-shirt à capuche), « si on négocie avec la qualité, c'est terminé ». Il propose donc une garantie à vie. Si un client n'est pas satisfait par la qualité d'un produit **American Giant**, il peut le renvoyer et obtenir un remboursement intégral, « quel que soit l'article, quelle que soit la raison, à tout moment ».

• *Le* made in *comme mécanisme de contrôle*

L'impératif de qualité dicte souvent le choix du *made in*. Comme le dit Bayard Winthrop : « le *made in America* est un mécanisme de contrôle[2] ». Même si le coût de production est supérieur de 10 à 30 %, il permet de maintenir des standards élevés sur toutes les opérations de la *supply chain*.

C'est aussi un moyen d'afficher des arguments attractifs de marketing. Une production locale, proche des clients finaux, offre l'opportunité de créer des contacts directs avec la marque, pendant des visites d'atelier ou de sites de production, de leur donner une idée de ce qui se passe « derrière le rideau ».

Toutefois, comme le souligne Bayard Winthrop, le *made in* est un « business d'escargot ». Il demande un temps et une attention considérables et limite le potentiel d'une croissance rapide. Ne serait-ce que pour lancer une nouvelle

1. Sweat-shirt à capuche.

2. https://theglossypodcast.libsyn.com/american-giants-bayard-winthrop-im-not-afraid-of-amazon

catégorie de produit, il faut développer d'autres partenariats ou ouvrir de nouvelles usines, anticiper la demande le plus précisément possible pour ne pas créer de surstock.

Une situation parfaitement illustrée avec **Le Slip Français** qui, depuis sa création en 2011, a fait le pari du 100 % *made in* France[1] : du tricotage des fils de coton aux élastiques et à la confection en passant par les étiquettes. Guillaume Gibault, son fondateur, travaille avec 27 fournisseurs dont *Lemahieu* à Lille et *Eminence* près de Nîmes pour les sous-vêtements. Une option pas forcément facile à maintenir en phase de croissance avec un secteur ravagé depuis 30 ans par les délocalisations et les départs en retraite de la main-d'œuvre qualifiée.
Guillaume Gibault s'est mis en quête de nouveaux modes de production, notamment en poussant l'innovation et la robotisation. Son idée : adapter des procédés comme le tricotage circulaire utilisé notamment dans la fabrication de chaussettes à celle des sous-vêtements. Son projet, soutenu par l'État, a été sélectionné par le réseau R3ilab[2]

Côté cosmétique, des marques comme **Colour Pop** qui possède son usine de Los Angeles, ou **DECIEM: The Abnormal Beauty Company**, qui a investi dans son outil de production à Toronto, s'estiment en meilleure posture pour contrôler les risques liés à l'innovation et aux cycles de vie des produits.

Par essence, les *Digitally Native Vertical Brands* ne peuvent faire aucune concession sur la qualité de leurs produits.

---

1. https://www.lesechos.fr/industrie-services/mode-luxe/0211927640980-le-slip-francais-en-quete-de-nouveaux-modes-de-production-2076163.php

2. Réseau innovation immatérielle pour l'industrie.

Dans ce cadre, opérer des changements d'échelle sans modifier leur *business model* est un enjeu de taille.
C'est beaucoup plus difficile de maintenir un contrôle de qualité strict en phase de croissance. Il y a un vrai risque de retomber dans les travers du commerce traditionnel : fabriquer plus, plus vite, moins cher et de qualité inférieure, de manière à étendre sa présence rapidement. Leur défi, comme le dit l'investisseur Ben Lerer, est de « rester concentré sur le client et de ne pas devenir avide[1] ».

1. https://medium.com/lerer-hippeau-ventures/what-s-so-important-about-vertical-commerce-the-consumer-revolution-part-iii-465272a5f6be

9

LA JOAILLERIE

Le segment du luxe se réinvente, lui aussi, au travers du *business model* des *Digitally Natives Vertical Brands*. Ces marques dites « *post-luxury*[1] » s'en approprient tous les codes (créativité, qualité exceptionnelle des matériaux, savoir-faire traditionnels, quantités limitées), qu'elles combinent avec une approche technologique et innovante de la chaîne d'approvisionnement et des modes de distribution directes.

Les produits, faits pour durer, sont fabriqués selon les techniques artisanales anciennes, grâce aux partenariats noués avec les meilleurs fournisseurs et ateliers de fabrication du secteur.
De nouveaux entrants s'installent sur des marchés très fragmentés et relativement figés comme la joaillerie, les montres, les souliers et accessoires en cuir, ou encore les alcools et liqueurs.

La joaillerie a été l'un des premiers secteurs à se développer autour du modèle DNVB. Parmi les pionnières, des

1. Pour les marques dites « post-luxury », le luxe est quelque chose de rare, d'unique et disponible pour un petit nombre seulement, et non plus nécessairement synonyme de prix élevé.

marques comme **Blue Nile**, dès 1999, ou **Cool Diamonds** depuis 2000, sont venues perturber le marché de la vente de diamants. Leur *business model*, en ligne, sans stock, sans boutique, leur a permis de baisser les marges et de vendre des pierres taillées, montées ou non, à des prix plus accessibles que ceux de la joaillerie traditionnelle. Leur succès s'explique par l'appétence du marché pour les diamants, valeur refuge par excellence dont la demande excède largement l'offre, entraînant les prix à la hausse. Parce que les DNVB n'ont pas de stocks ni de boutiques et s'approvisionnent quasiment à la demande, elles sont capables de baisser leurs frais généraux et de proposer des pierres à des prix très inférieurs.

Dans le registre de la personnalisation, **Gemvara**, qui fait désormais partie de Richline, le groupe de Warren Buffett, propose depuis 2007 des bijoux précieux fabriqués à la demande. En France, **Gemmyo** est présente sur le marché de la joaillerie accessible depuis 2011. D'ailleurs, de nouvelles DNVB naissent partout dans le monde (**The Boyscouts** à Rotterdam, **House of Eleonore** aux Pays-Bas, **AUrate** à New York) à un rythme soutenu, malgré un marché relativement saturé. Elles se sont établies sur les segments de prix les plus accessibles, en dessous de *Tiffany*, *Cartier* et *Bulgari,* avec un même niveau d'offres.
Ces jeunes enseignes plaisent aux millenials[1], en quête d'un luxe abordable et d'une expérience différente. Selon le rapport *Swarovski's Gem Vision Trend Directions* 2017, cette génération est moins sensible que ses aînés aux marques prestigieuses. Ils se soucient plus d'authenticité, des questions écologiques et éthiques. Ce secteur ne fait pas exception, ils savent que les marques de bijoux traditionnels

1. La génération née après 1980.

pratiquent des marges excessivement déconnectées de la réalité (8 à 10 fois pour *Tiffany* par exemple), mais qui ne reflètent pas nécessairement la qualité. L'histoire de l'entreprise canadienne **Mejuri** est emblématique. Elle illustre bien comment les DNVB entendent réinventer les codes de la joaillerie fine. Noura Sakkijha, sa fondatrice, connaît parfaitement bien cet univers dans lequel sa famille exerce depuis trois générations.

Son idée repose sur un double constat : d'une part, le marché manque de transparence sur la provenance et les conditions d'extraction des gemmes. D'autre part, le message marketing est dépassé : traditionnellement adressé aux hommes, dans une vision classique où ce sont eux qui achètent des bijoux pour des femmes, surtout pour célébrer les grands moments de la vie, mariage, naissances ou anniversaires.

Noura Sakkijha souhaitait parler directement aux femmes, et leur proposer des pièces faciles à porter au quotidien. Ses bijoux sont fabriqués dans les mêmes ateliers que ceux des grandes maisons de luxe tout en garantissant des matières premières, or, pierres précieuses et gemmes issues du commerce équitable. Grâce à une distribution directe, ses prix sont accessibles sans que la qualité en soit pour autant affectée.

La créatrice reconnaît toutefois que l'argument prix-qualité est indispensable, mais insuffisant pour attirer les consommateurs d'aujourd'hui vers l'achat de bijoux. Ils sont plus intéressés par les voyages ou d'autres activités riches en expériences nouvelles. Elle a donc repensé le modèle de la joaillerie en partant de la perspective de cette génération, et en changeant radicalement la manière de leur parler : « c'est une marque sympa, pas inaccessible, et la facture ne sera pas dingue[1] » !

Mejuri s'adresse aux femmes actives, indépendantes et suroccupées avec lesquelles elle co-construit ses produits et sa marque. Sa proposition de valeur repose sur un renouvellement ultra-rapide des bijoux, avec un nouveau lancement chaque semaine. Elle veut que les femmes pensent aux bijoux comme elles le font pour les chaussures ou les sacs à main. Pour la création des pièces, la dimension artistique compte tout autant que le design : les bijoux doivent se porter toute la journée, y compris pendant les activités quotidiennes, et s'adapter aux modes de déplacements urbains, tels que le vélo. Elle privilégie donc les petites pièces plutôt que les grosses gemmes, l'épure plus que l'ostentation. Tout est fait à la main.

Pour être en mesure de supporter des lancements rapides, et de réagir en temps réel à la demande, Noura Sakkijha a mis en place une *supply chain* hyper performante et efficace. Elle a construit son système de collecte et d'analyse de données « maison ». Pour être au plus proche des fournisseurs et contrôler la fabrication, elle utilise des outils à la pointe de la technologie et des logiciels de design 3D. Le temps, entre la création d'un produit et sa mise en vente est ramené à 3 ou 4 semaines. Le modèle traditionnel repose sur des cycles saisonniers de fabrication et de mise en production beaucoup plus lents. Plutôt que de sortir des collections plus importantes une ou deux fois par an comme le font les marques de bijoux traditionnelles, Mejuri renouvelle perpétuellement son offre en proposant des micro-collections chaque

1. https://www.glossy.co/podcasts/mejuri-founder-noura-sakkijha-the-jewelry-industry-is-highly-fragmented

semaine. Une méthode qui lui permet d'évaluer en temps réel les pièces qui fonctionnent le mieux et d'en décliner des variations.

Elle est en mesure de fabriquer plus vite et d'être à l'écoute des réactions des clientes. La fabrication s'adapte en temps réel pour ne produire que ce qui est nécessaire, sans gaspillage et sans stock inutile.

Les acteurs historiques donnent une définition du luxe qui serait par essence inaccessible, pas seulement du fait des prix, mais aussi par une certaine distance entretenue avec la marque, vecteur de mystère et donc de désir. Pour les sociétés *post-luxury,* le luxe repose avant tout sur l'idée que plaisir et désir sont liés à une expérience personnalisée. Les clients ont la possibilité d'exprimer leur créativité et de retrouver leur sens de l'esthétique au travers de la marque dont ils sont en quelque sorte les co-créateurs.

10

UN MODÈLE DE DISTRIBUTION SANS INTERMÉDIAIRES OU *DIRECT TO CONSUMERS*

Des marques essentiellement digitales

En ce qui concerne la distribution, les *Digitally Native Vertical Brands* suppriment la partie revendeurs, grossistes et détaillants pour vendre exclusivement à partir de leur propre site Internet ou leur réseau de boutiques. Ce circuit court et direct sert plusieurs objectifs. Il permet de garder le contrôle sur les marges : un seul point de vente (le *e-shop*) et un seul stock réduisent les frais d'infrastructure tout en facilitant les opérations.

La distribution directe n'a pas pour seule vocation de réduire les frais de structure, elle doit également répondre à l'objectif fixé par les *Digitally Native Vertical Brands* de proposer en ligne une meilleure expérience d'achat que le commerce physique. À ce titre, l'expérience digitale de **Warby Parker** est l'un des meilleurs exemples. Le site n'est pas seulement une boutique en ligne, un *e-shop* pour montrer et vendre un catalogue de produits. Pour l'achat de lunettes de vue, la marque prend en charge toutes les étapes du parcours client sur son site. Elle a créé son propre examen de la vue, validé

par des professionnels internes ; les essais peuvent se faire par webcam ou grâce à une application développée pour l'iPhone X : « *prescription check app* » qui permet de mesurer à distance l'écart entre les pupilles. Finalement, elle simplifie le parcours fastidieux pour le client et lève tous les obstacles : attente d'un rendez-vous et déplacements chez l'ophtalmologue, puis chez un opticien.
Le site de **Glossier** est une autre parfaite illustration. Tout est conçu pour que les clientes n'aient pas besoin de se déplacer en magasin pour trouver le produit qui leur correspondrait le mieux. C'est la marque qui invente et développe ses propres moyens technologiques, de manière à servir l'expérience client de manière différente. Le *skin tone matcher* est un outil très apprécié pour trouver la nuance de fond de teint qui convient. L'application de *matching* (cherche la correspondance entre la couleur de peau et le produit qui s'en approche le plus) fonctionne simplement en téléchargeant une photo. Elle est très utilisée lors du premier achat où elle représente une aide à la décision convaincante. Comme le dit Emily Weiss, c'est moins coûteux et moins difficile de créer un comparateur de couleur en ligne que de devoir en installer dans chaque boutique et s'occuper de la maintenance des machines.
Le développement des technologies, des objets connectés, va amener les DNVB à proposer des sites de plus en plus riches en expérience. Dans les prochaines années, elles pourront aller encore plus loin, avec des expériences virtuelles, plus immersives, plus tactiles, qui susciteront davantage d'émotions.

Au-delà de l'expérience, les *pure players* (les acteurs qui exercent leur activité uniquement en ligne) bénéficient des dynamiques inhérentes à l'Internet. Le site web est aussi une plateforme d'activation au travers de laquelle la marque contrôle son storytelling, relaie directement ses messages et donne envie aux curieux d'y flâner, des raisons de revenir, d'acheter.

Comme en témoigne le fondateur d'**Outlier** : « On raconte mieux notre histoire en ligne, pourquoi nos produits existent, pourquoi les prix, on peut enrichir les informations autour des produits, de leurs caractéristiques et communiquer avec les clients[1]. »

Une distribution 100 % digitale facilite la relation, elle donne les moyens de connaître les clients, de les engager dans un dialogue, que ce soit entre la marque et eux, ou entre clients eux-mêmes. Laisser les acheteurs se répondre entre eux et les écouter ne coûte rien mais permet d'activer et de fidéliser la communauté, de se procurer des informations indispensables pour créer des boucles rétroactives d'amélioration, en continu, des produits et services.

Si, pour une marque traditionnelle, l'e-commerce constitue une extension naturelle de son activité, à l'inverse, pour une *Digitally Native Vertical Brand,* l'essentiel des ventes se fait en ligne et c'est le développement en *brick and mortar* (un magasin en dur) qui constitue le prolongement de l'expérience en ligne. L'Internet est la pierre angulaire de leur *business model.*

Le choix du développement physique

Les DNVB peuvent éprouver le besoin de se développer physiquement pour établir un contact avec leur communauté *IRL* (*In Real Life,* « dans la vie réelle »). Les motivations des unes et des autres sont très différentes. Dans le domaine de la mode en particulier, c'est important pour certains

1. https://pi.co/abe-burmeister/

clients de pouvoir toucher et essayer, avant d'acheter en ligne. En ce qui concerne, plus spécifiquement, les produits de consommation courants, des achats fréquents à prix bas, comme les rasoirs de **Dollar Shave Club**, ceux qui n'ont pas de carte de crédit ou d'accès à l'Internet ne doivent pas être oubliés et pouvoir acheter leurs produits dans des commerces de détail.

Toutefois, la raison essentielle tient en la nature humaine et son besoin, plus que jamais, de tisser des liens émotionnels que le digital ne peut pas combler entièrement. C'est un constat que formule le *retail prophet*, Doug Stephens[1] : « Dans une vie de plus en plus *data driven*, l'algorithme décide de nos choix, *Netflix* décide de ce que nous devons voir, *Spotify* de ce que nous devons écouter, *Facebook* avec qui nous devons socialiser. La boutique physique nous offre le loisir d'expérimenter par nous-même, lorsqu'elle propose quelque chose de différent, une surprise, une connexion avec quelqu'un qui est passionné par ce qu'il fait et vend. »

Pour les millenials qui préfèrent dépenser leur argent en expérience plutôt qu'en produits, montrer sur les médias sociaux où ils sont, avec qui ils sont, ce qu'ils font, est une forme de monnaie sociale (*social currency*) très appréciée. Ces clients sont attirés par le concept d'exclusivité. C'est ce qui explique le succès du showroom de **Glossier** « l'un des spots le plus instagrammable de Soho », selon tastethestyle.com, « qui donne envie d'aller dans le magasin pour prendre des photos, pas pour acheter du maquillage, pour du partage d'expérience, pour partager un moment. »

Lorsque les *Digitally Native Vertical Brands* franchissent le pas vers le physique, leur motif prioritaire n'est pas de créer

---

1. Doug Stephens: *Rengenering Retail: the Future of Selling in a Post-Digital World*, Figure 1 Publishing, 2017.

un canal de distribution additionnel, mais plutôt de trouver un canal d'acquisition client complémentaire, dans une optique marketing.
Ce choix est loin d'être un passage obligatoire. Établir une présence physique perturbe le modèle économique des DNVB. Cela entraîne des coûts relatifs élevés, qui pèsent sur les marges. Concevoir un concept exclusif, une expérience unique et mémorable, alignée sur les valeurs de marque, signifie davantage de personnels que dans une boutique classique, une attention soignée à la conception de l'espace intérieur et au merchandising[1]. Alors même que leur présence en ligne leur assure d'être omniprésentes, d'avoir leurs produits toujours disponibles à n'importe quelle heure et partout, et qu'il faut bien moins de personnes pour gérer un bien plus grand volume de ventes. « Pas besoin d'ajouter un vendeur dès qu'on vend 100 pantalons de plus », comme le dit Abe Burmeister d'**Outlier**. De plus, « il faut tenir compte des coûts élevés de location pour des emplacements de qualité, et de l'affluence en dents de scie », comme en témoigne Kiran Sumra, co-fondatrice de la DNVB anglaise **Western Assembly**. Même si la boutique éphémère constitue un outil marketing efficace, « le digital est notre *bread and butter*[2] », dit-elle encore « Sur le site, on peut offrir un service personnalisé, on analyse dès les premières pages vues le style d'un client, et on peut lui parler instantanément de ce dont il a envie. Aller à la rencontre de nos clients, permet de contextualiser la data, ou de nous rendre compte du tomber d'une silhouette[3]. »

1. Toutes les techniques qui permettent de présenter le produit de manière à séduire les clients et l'inciter à acheter.

2. *Littéralement « notre pain et beurre », employé ici pour dire « notre ordinaire »*

3. https://www.drapersonline.com/news/comment/retailer-insight-why-etailers-should-launch-bricks-and-mortar-stores/7021085.article

À leur avantage, avant de se lancer les DNVB disposent d'informations sur leurs clients et, grâce à l'exploitation des données qu'elles ont collectées, elles savent où vit la clientèle et les produits préférés localement. Elles peuvent déterminer les positions grâce à des techniques de triangulation algorithmiques, basées sur les données clients, leurs habitudes de vie et de shopping. Elles peuvent ainsi proposer une sélection différente et adaptée à chaque environnement.
Toutefois, afin de limiter les risques liés aux coûts à l'entrée, elles recherchent des moyens plus économiques, expérimentent des solutions test, sous forme de partenariats ou de boutiques temporaires, première étape avant d'installer des showrooms aux allures de *concept store*. Certes, ces formules sont toutes déjà bien connues dans l'univers retail, mais les DNVB relèvent le défi de renouveler le genre pour prendre à contre-pied l'uniformisation et la banalisation des points de vente. Elles exploitent toutes les formes de partenariats.

• *Les partenariats de marque*

>> *Les* showcases

La marque de mobilier suédoise **Hem** présente ses produits, en dehors de toute boutique, en fournissant d'autres start-up qui lui servent ainsi de vitrine. Ses meubles garnissent, entre autres, les bureaux d'*Instagram*, d'*Uber*, de *Pinterest* de **Casper** ou encore d'**Everlane. Hem** expose aussi ses produits lors de partenariats événementiels avec *WeWork* et *Artsy*.
De son côté, la marque de mobilier **Floyd** s'est associée à *Airbnb Host* pour lancer « *Stay Floyd* », un programme dans lequel certains hébergements proches de ses marchés clés (New-York, Los Angeles et San Francisco) sont équipés avec ses meubles. Comme l'explique Kyle Hoff, le cofondateur de la start-up basée à Detroit, « C'est une salle d'exposition dispersée, une manière de montrer comment les produits

complètent une myriade d'environnements différents tout en bénéficiant du travail des photographes professionnels d'*Airbnb* »[1].

Au travers d'un programme de partenariat avec *American Airlines,* **Casper** a développé une ligne de produits adaptés aux contraintes aériennes, afin d'améliorer le sommeil des passagers voyageant en première et en business classe. Ils découvrent et testent une série d'accessoires – matelas, couette, couverture de jour, coussin, coussin lombaire, pyjama, mules – au cours d'un long voyage ou d'une nuit complète. Un partenariat qui a impliqué une recherche approfondie, avec des tests et des développements de prototypes, prenant des mois, avant que les produits répondent aux exigences d'*American Airlines.* Démarré en décembre 2017, c'est pour **Casper** un moyen d'afficher son nouveau positionnement autour de « l'art du sommeil » et de se démarquer d'une désormais trop grande concurrence sur son produit *bedinbox.*

• *Les partenariats exclusifs*

Everlane, **Warby Parker** ou encore **Goop**, la marque fondée par l'actrice Gwyneth Paltrow, ont conclu des accords de partenariats de six semaines avec *Nordstrom*[2]. Elles contrôlent elles-mêmes leurs points de distribution sous forme de boutiques éphémères, dans différents magasins du *retailer.* De la même manière, **Jimmy Fairly** et ses lunettes *made in* France et **Sézane** sont présents au *Bon Marché,* au travers de *corners,* et **Gemmyo** a installé son espace éphémère au *Printemps.* Elles reconstituent leur univers de marque et leur

1. https://www.fastcompany.com/90151390/this-detroit-furniture-start-up-wants-to-dethrone-ikea

2. Nordstrom, Inc. est une chaîne de magasins aux États-Unis. Elle se consacrait à l'origine aux chaussures mais s'est diversifiée par la suite dans les accessoires, les vêtements, les sacs, la bijouterie, les cosmétiques et les parfums. Source : Wikipédia.

expérience client à l'intérieur de ces mini-points de vente. C'est ainsi que **Jimmy Fairly** a recréé son atelier, « Le Lab », où les clients peuvent composer leurs lunettes (monture et couleur des verres) en 30 minutes.
Pour les retailers, c'est l'occasion de proposer des produits en édition limitée, d'offrir à leurs clients un renouvellement constant de propositions et un service unique de personnalisation. Pour les jeunes marques, c'est l'occasion de se faire connaître auprès d'une population différente, d'une clientèle étrangère, de tester également de nouveaux marchés.
C'est d'ailleurs dans cette intention de tester le marché français que **Glossier** s'était installée quelques semaines, le temps d'un partenariat-surprise, chez *Colette* en septembre 2017.

- *Le pop-up store événementiel ou magasin éphémère*

Depuis l'an 2000 et le *Vacant Club*, imaginé par Russell Miller pour sa marque *Vacant,* de très nombreuses marques se sont approprié le concept de *pop-up* ou *concept store*, pour sa capacité à séduire et étonner sur une période très courte, grâce a des mises en scène soignées. La tendance s'est amplifiée ces dernières années, facilitée par l'importante disponibilité de locaux commerciaux laissés vides par la crise économique.
Les *Digitally Native Vertical Brands* les ont intégrés dans leur stratégie, car c'est probablement le meilleur moyen de se présenter pour une nouvelle marque, le plus facile à utiliser pour personnaliser l'expérience, proposer des exclusivités. Au travers du *pop-up*, elles vont pouvoir se définir, donner un aperçu de leur art de vivre, de leur culture de marque. C'est donc une déclaration d'intention qui doit avoir du sens et qui nécessite de choisir une approche originale pour que ça ne devienne pas cliché. Côté clients, parce qu'il est limité dans le temps, le *pop-up* provoque un sentiment d'urgence,

l'envie de ne rien manquer, ni l'expérience originale, ni les offres exclusives ou les collections spéciales qu'on va y trouver.
Côté marque, le *pop-up* fait partie intégrante de la stratégie marketing. En tant que boutique pilote, il constitue, d'une part, un excellent test de traction de marché, et permet de sonder une région ciblée, avant de prendre la décision d'ouvrir un showroom ou une boutique. D'autre part, il offre la possibilité d'accéder à d'autres types d'informations verbales, qui ouvrent une autre une perspective sur le client. Il permet de faire tester des produits et d'obtenir des *feedback*, en temps réel, immédiatement récupérés par les équipes de développement pour améliorer les produits.
Le *pop-up* génère un bouche-à-oreille immédiat, dont les retombées sont généralement visibles sur les achats en ligne, souvent dès les premiers jours. Non seulement les paniers moyens sont plus importants pour les clients qui ont vécu l'expérience mais, en plus, ils deviennent des ambassadeurs de marque très loyaux. Cependant, l'effet n'est pas durable dans le temps : il retombe, en moyenne, dans les trois à six mois qui suivent la période d'ouverture.
Les DNVB utilisent tous les modèles de magasins, éphémères, sédentaires ou itinérants, du kiosque au *foodtruck*[1]. Ainsi, pendant l'été 2017, la marque de chaussure **M.Gemi** a fait circuler un camion de glaces customisé pour présenter ses *sneakers*. Lors du « M.Gemi Andiamo Tour », les clients pouvaient essayer les chaussures faites à la main, en dégustant des goûters glacés dans un cadre *dolce vita, façon* Riviera italienne, et se détendre dans des chaises de plage rétro en profitant du soleil. Dans le même esprit, le *bedmobile Nap Tour*

1. Le *foodtruck* ou « camion d'alimentation » est à la base un concept de restauration nomade, utilisé pour d'autres types de produits, les lits dans le cas du bedmobile de Casper.

de **Casper** invitait les passants new-yorkais à tester ses matelas pendant un tour individuel en ville de 15 minutes, le temps d'une micro sièste. À la **Leesa Dream Gallery**, les visiteurs essaient les matelas et découvrent en même temps les œuvres de sans-abri, d'anciens sans-abri et d'artistes handicapés. Les pièces exposées sont disponibles à la vente en ligne sous forme d'originaux ou de tirages en édition limitée. Une partie des bénéfices est reversée à *ArtLifting*, l'association partenaire.

On le voit, il n'y a rien d'antinomique entre le *business model* DNVB et le développement physique tant que la marque garde le contrôle de son point de vente et l'entière relation avec ses clients. Toutefois, comme le souligne Jill Manoff, rédactrice en chef chez Glossy Media, « dans le modèle *direct-to-consumer*, les grosses boutiques et les baux à long terme sont des exceptions[1] ». Si l'on a vu récemment quelques DNVB emblématiques faire ce choix, c'est loin d'être la grande majorité des cas. Et pour elles encore, le choix peut être poussé par deux stratégies très différentes.
Le premier cas concerne des entreprises qui, ayant dépassé les premières phases de croissance, sont à l'équilibre financier et assez matures pour démarrer leur deuxième phase de développement. Parmi elles, on trouve **Bonobos** et son équivalent canadien, **Indochino**, **Everlane**, ou **Reformation**, qui font toutes partie de la première génération, sont déjà très bien implantées en ligne et peuvent se reposer sur une solide culture et une communauté établies. Toutes ont pris leur temps avant d'établir une présence physique sous forme de boutiques permanentes.
Pour Andy Dunn de **Bonobos** ou pour Yael Afflalo, la fondatrice de **Reformation**, le bon moment, c'est d'attendre

1. https://www.forbes.com/sites/richardkestenbaum/2018/03/14/this-is-what-young-new-brands-are-talking-about-now/#6fbeebb17644

que les clients les réclament. Dans ce cas, le nombre de boutiques est limité, et le rythme d'ouverture très progressif. Les marques privilégient les showrooms et autres formes de boutique sans stock. Ainsi, depuis 2009, **Reformation** n'a ouvert que sept espaces, privilégiant une rentabilité à long terme et un développement lent et durable.

De la même manière, lorsque Michael Preysman décide, en décembre 2017, sept ans après la création de sa marque, d'installer un *flagship store*[1] à New York, cela répond à une certaine logique. Il entend, alors « faire partie de la vie de gens de manière plus significative » dans un espace représentant sa société. Mais, parce qu'il avait juré aux débuts d'**Everlane** qu'il n'ouvrirait jamais de boutiques, certains y ont vu une preuve de la limite du modèle tout digital. Comme le titrait *Vogue US*[2] « *Everlane's New Store in Nolita Is proof that real-life shopping isn't going anywhere* » (la nouvelle boutique d'Everlane est la preuve que le shopping dans la vie réelle n'est pas prêt de disparaître).
Preysman avait passé les deux années précédentes à expérimenter différents types de formats et concepts afin de trouver la bonne approche pour les futurs magasins **Everlane**. Auparavant, il avait, entre autres, imaginé un concept de *Shoe Park*, dans le quartier de Soho à New York : les clients devaient laisser leurs chaussures à la porte pour accéder à un showroom rempli d'un mur à l'autre de paires de chaussures Everlane made in Italy de toutes tailles. Les acheteurs ont été encouragés à essayer une paire, tout en dégustant un

1. Le *flagship* ou boutique amirale est un magasin emblématique de la marque, généralement plus grand, souvent le premier qu'elle ouvre ou le premier dans un nouveau pays.

2. https://www.vogue.com/article/everlane-opens-first-permanent-store-new-york?mbid=nl_VogueRunway120117_vogue-runway&CNDID=39113685&spMailingID=17882351&spUserID=MTM2MzQ1NTY3Njg0S0&spJobID=1123105541&spReportId=MTEyMzEwNTU0MQS2

café ou un cocktail. Une expérience amusante mais économiquement intenable.
Même constat pour la « *Cashmere Cabin* », un *pop-up* où les clients ont pu partager des cours de tricot tout en buvant du vin ou du chocolat chaud. Même s'il a été très apprécié du public new-yorkais, cela n'est pas un modèle d'affaires à long terme. C'est à l'issue de ces tests que Michael Preysman a décidé qu'**Everlane** « devait avoir des magasins, si elle voulait se développer à l'échelle nationale et mondiale ».

Le deuxième cas de figure correspond à des marques beaucoup plus jeunes, généralement surévaluées et sur-financées depuis leur première phase de démarrage et qui sont entrées dans des logiques financières de performance qui dépendent d'une stratégie de croissance soutenue. La décision d'ouvrir des boutiques à un rythme élevé est imposée par les fonds qui les financent et qui exigent des retours sur investissement rapides pour limiter leur risque.
C'est typiquement le cas d'**Allbirds**, la société de baskets écologiques lancée en 2016, qui connaît la croissance la plus rapide jamais observée dans l'univers de la chaussure. Depuis sa création, elle a déjà réalisé quatre levées de fonds pour un total de 27,45 millions de dollars et ouvert deux boutiques, à New York et San Francisco.
On l'observe également cette tendance sur le marché du *bedinbox,* désormais saturé. De trop nombreux nouveaux entrants, avec des propositions assez similaires, se concurrencent sur le marché américain. Poussés par des financements démesurés, ils se retrouvent souvent confrontés à des objectifs financiers difficiles à atteindre sans présence physique.
C'est ainsi qu'un bon nombre de ces entreprises finit par être présent chez les grands retailers : *Target* a investi 170 millions de dollars dans **Casper** pour pouvoir vendre

ses matelas dans ses magasins et en ligne, **Leesa** a conclu un partenariat avec *Westelm*, **Tuft&Needle** avec *Amazon*, qui utilise la technologie Alexa pour répondre aux questions et reproduire l'expérience client.

Le développement d'un réseau de boutiques en propre

C'est une toute autre logique que de développer un réseau de boutiques en propre. Très peu de *Digitally Native Vertical Brands* s'y risquent et **Warby Parker** fait figure d'exception. La marque s'est fixé l'ambition de devenir un géant international de la lunette en moins de 10 ans, avec une distribution répartie également entre *on* et *offline* (sur le e-shop et en boutique physique).
Depuis l'ouverture de son premier magasin à New York en 2013, **Warby Parker** compte plus de 65 boutiques aux États-Unis et au Canada. Elle prévoit d'en ouvrir une trentaine d'ici fin 2018, portant le nombre total de ses points de vente à 100. Les synergies entre boutiques physiques et sites web sont intéressantes. David Gilboa, cofondateur de la marque, les considère comme des publicités géantes qui incitent les clients à acheter en ligne et qui favorisent le bouche-à-oreille. Par ailleurs, les boutiques sont nécessaires pour accompagner le changement de mode d'achat initié par la marque, il y a huit ans. Aujourd'hui encore, le marché de la vente de lunettes de vue en ligne ne représente que 3 % des ventes mondiales. Suivant les clients, la tolérance au risque est différente. Si certains trouvent plus pratique d'acheter en ligne, depuis leur ordinateur ou leur téléphone, pour d'autres les achats ne se déclencheront qu'après un contact physique avec la marque. Avoir un magasin à proximité constitue également une forme de réassurance.

Cependant, financer l'expansion physique de son commerce nécessite des fonds considérables (la marque a levé au total 290 millions de dollars depuis sa création). Ses investisseurs semblent compter sur une forte croissance, mais **Warby Parker** ne sera profitable, pour la première fois de son histoire, qu'en 2018. Déployer un réseau de boutiques physiques est une option qu'ont également suivi l'australien **Shoes of Prey** et le Canadien **Kit and Ace**... avant de faire marche arrière et de revenir au modèle *pure player*.

Shoes of Prey, considérée comme le pionnier de la mode personnalisée, avait commencé à déployer, à partir de 2015, un réseau physique au travers de partenariats avec le retailer *David Jones* à Sidney et *Nordstrom* aux États-Unis. Très enthousiaste au début de l'aventure, sa fondatrice Jodie Fox a finalement jugé le bilan plutôt négatif. Dans une interview donnée à l'*Australian Financial Review*[1], elle explique que le modèle *pure player* est plus rentable, pour un développement international, tout en offrant de meilleures opportunités. Ce « recul tactique » pour revenir aux racines du modèle économique, est significatif. Il rappelle, dit-elle, « que la voie qui mène d'une start-up à croissance rapide à une entreprise mature est rarement fluide et souvent incertaine. L'hypothèse n'a pas fonctionné car elle ne correspondait pas aux réalités du commerce physique ». La marque réalisait 15 % de ses ventes dans ses « studios », mais celles-ci pesaient pour 25 % de ses coûts de structure.
Marche arrière aussi pour le canadien **Kit and Ace**. La marque d'*athleisure* (un mix entre sport et loisir), lancée par le fondateur de la marque de vêtements de yoga *Lululemon*, Chip Wilson et sa famille, avait elle aussi opté pour une expansion

1. http://www.afr.com/technology/shoes-of-prey-is-shutting-down-its-david-jones-and-nordstrom-design-studios-20161014-gs2bgt

internationale rapide. En 2016, deux ans seulement après son lancement, la société avait déjà ouvert 61 magasins dans cinq pays et comptait 700 employés. Elle planifiait d'ouvrir une trentaine de boutiques supplémentaire dans le monde avant 2019 pour finalement décider de se recentrer sur ses activités en ligne et fermer tout son réseau, à l'exception de ses neuf showrooms au Canada.

Globalement, le constat est le même : le modèle traditionnel fait grimper les prix et limite la portée des produits. Le modèle *direct-to-consumer* permet d'atteindre davantage de clients, d'être plus proche d'eux, et de se développer de manière plus naturelle. À chaque marque de trouver le type de croissance et de développement qui lui convient le mieux. Comme le rappelle Elaine Stead, directrice des investissements de Blue Sky Venture Capital, un fonds qui finance des DNVB : « Pour une start-up, ce n'est jamais linéaire et lisse, les fondateurs doivent réussir à bien naviguer dans les hauts et les bas, car ils peuvent changer de direction »[1].

---

1. https://www.forbes.com/sites/richardkestenbaum/2018/03/14/this-is-what-young-new-brands-are-talking-about-now/#6fbeebb17644

11

DÉFIER LE STATU QUO : UN NOUVEAU REGARD SUR LE RETAIL

Quelle que soit leur stratégie, les *Digitally Native Vertical Brands* ont en commun une volonté de remettre en question la finalité de la boutique physique. Elles questionnent le modèle de « l'espace de vente », qui n'a pas changé depuis 100 ans et dont le but est toujours le même : stocker et distribuer des produits. Pour cette nouvelle génération de créateurs d'entreprises, il est très clair que la boutique physique, vue sous cette forme, ne présente plus aucun intérêt. Le magasin doit être reconsidéré non plus simplement pour distribuer des produits mais pour créer de la valeur en partageant de l'expérience au travers des produits et des gens. Dans cet espace, qui doit être bien plus qu'un lieu de vente, il s'agit de construire des histoires et de tisser un lien fort entre chaque client considéré individuellement et la marque.

La question centrale est celle de l'expérience avec les marques. De quelle manière vont-elles rendre ce moment de connexion spéciale, c'est-à-dire, avant toute chose, se soucier des clients et les traiter avec la cordialité qu'ils méritent ?

Pour Andy Dunn, l'achat en boutique est totalement à repenser. Son constat : « L'expérience est déplorable. Les vendeurs sont surtout occupés à plier et replier les vêtements et à gérer les stocks. Leur utilité est marginale[1] ».
C'est également ce qu'exprime David Gilboa quand on l'interroge sur les boutiques **Warby Parker** : « Nous ne pensons pas que le retail soit mort, nous pensons que le retail médiocre est mort[2]. »
C'est en décorrélant la boutique de la notion de transaction, que les DNVB contestent les hypothèses fondamentales du retail, entraînant au passage un changement total de mode de pensée sur la monétisation de l'espace physique. Les mesures de performance traditionnelles d'un magasin, vente par m^2, taille du panier ou encore ventes par employés, ne saisissent pas toute la valeur de ces boutiques. Selon Doug Stephens, il serait plus pertinent de parler désormais « d'expérience par m^2 ». Si les magasins cessent d'être vitaux pour la distribution de produits, ils deviennent de plus en plus cruciaux pour la distribution d'expériences. Cela implique que les marques disposent de nouveaux moyens pour quantifier et qualifier leur succès et leur productivité, et en particulier qu'elles sachent suivre le parcours global d'un client et lier une visite en magasins à des achats en ligne.
Leur réflexion n'est cependant pas née de nulle part. Elles ont puisé leurs sources d'inspiration dans ce que la culture retail avait de meilleur. Force est de constater qu'elles sont parvenues à apporter de la nouveauté et de la fraîcheur : on

1. https://www.businessoffashion.com/articles/intelligence/how-bonobos-changed-the-way-men-shop-for-pants

2. David Gilboa interviewé par Diane Lincoln Estes pour le podcast Making Sen$e PBS NewsHour.

n'imagine plus un *retail tour*[1] sans passer par l'un où l'autre de leurs *pop-up stores*. Tandis que l'industrie retail semble agoniser, leurs magasins sont autant de bouffées d'oxygène.

➪ Les sources d'inspiration

• *L'Apple Store selon Steve Jobs*

Steve Jobs n'a jamais aimé les commerces dédiés à l'informatique dans lesquels, selon lui, on ne faisait aucun effort pour comprendre la spécificité de ses machines. Obsédé par le contrôle, en particulier sur les sujets liés à l'expérience client, il a toujours été motivé par l'idée d'ouvrir ses propres magasins pour vendre ses produits. Selon Brent Schlender et Rick Tetzeli, auteurs de *Becoming Steve Jobs*[2], il consacrait beaucoup de son temps, lors de ses vacances en famille, en France ou en Italie, à visiter les boutiques de luxe, *Hermès, Saint-Laurent, Gucci* ou *encore Prada*. Il n'achetait rien mais relevait un maximum d'informations possibles, regardait l'architecture, observait le choix des matériaux, ou comment l'organisation générale du magasin motivait les clients à dépenser des sommes parfois indécentes, posant des questions aux vendeurs sur l'espace accordé à chaque produit, sur les mouvements des clients dans la boutique. Essayant de comprendre comment ces marques faisaient pour vendre des produits avec une énorme marge en les présentant de manière belle et informative à la fois.

---

1. Un *retail tour* est une visite organisée qui permet de découvrir des points de vente remarquables pour leur architecture, leur aménagement ou par leur caractère innovant et les nouvelles technologies qui y sont déployées.

2. Brent Schlender et Rick Tetzeli : *Becoming Steve Jobs*, Marabout, 2015.

Pour créer la boutique *Apple* idéale, il a recruté les meilleurs professionnels du retail. En 1998, Steve Jobs fait appel à Mickey Drexler, alors PDG de *Gap*, un passionné de design lui aussi. Et en 2000, il embauche Ron Johnson, vice-président de *Target*, pour l'aider à définir sa vision des magasins.

L'idée maîtresse était d'offrir une expérience inoubliable aux visiteurs. Steve Jobs avait pensé l'*Apple Store* à la fois comme lieu de promenade, de découverte, d'apprentissage et d'achat, un endroit où l'expérience à vivre primerait sur les produits eux-mêmes, où l'on interagirait avec le produit sans voir les stocks.

Les emplacements devaient être choisis au plus près des gens, dans les artères principales des grandes villes ou dans des centres commerciaux plutôt que dans des endroits reculés en périphérie où se trouvaient à l'époque la plupart des vendeurs de matériel informatique.

Une ambiance singulière, visible au travers de grandes baies vitrées, devait donner envie aux passants d'entrer, juste pour voir, et une expérience des produits *Apple* aussi agréable que possible pour ceux qui les découvraient pour la première fois. L'enjeu était surtout de créer un espace suffisamment attractif pour attirer les amateurs de Windows, le système d'exploitation dominant le marché. Selon Ron Johnson, le « magasin serait l'expression physique de la puissance de la marque » et véhiculerait ses valeurs et son image : ludique, pratique, branché, créatif.

C'est Ron Johnson qui est l'origine du concept de *Genius Bar*, un espace-conseil propice pour tisser une relation humaine et amicale avec le client, et de *personnal training*, un abonnement annuel qui donne droit à un nombre illimité de formations pour mieux appréhender le matériel Apple.

Dans un post, qu'il a publié en 2011 sur le blog « *Future of Retail* » de la *Harvard Business Review*[1], Ron Johnson explique qu'il existe de nombreuses « composantes façonnant cette expérience, ce contact avec le client », la plus importante est assurément que les employés ne soient pas « concentrés sur la vente ». « Leur travail est de comprendre ce dont vous avez besoin, et comment ils peuvent vous aider, même si c'est un produit qu'*Apple* ne distribue pas. »

Milliard « Mickey » Dresler est, lui aussi, l'un des artisans du premier *Apple Store*. Ce vétéran du retail, passé par *Macy's, Bloomingdale's* et *Ann Taylor*, a gagné le surnom de *King of Retail* pour la manière dont il a changé le destin de *Gap* à la fin des années 1990, en verticalisant radicalement le *business model* à la manière d'*Apple*. « J'ai quitté le secteur des grands magasins parce que je ne supportais pas de ne pas contrôler mon propre produit, de la façon dont il est fabriqué à la manière dont il est vendu », dit-il. « Steve est juste comme ça, c'est pourquoi je pense qu'il m'a recruté. »

Dans sa biographie officielle de Steve Jobs, Walter Isaacson[2] écrit que « [Drexler] était l'une des rares personnes au monde qui réussissait et en savait autant que Jobs en matière de design, d'image et de désir de consommation ».

La sensation ouverte, minimaliste, spacieuse et aérée des magasins *Gap* a été une grande source d'inspiration pour le premier *Apple Store*. Selon Walter Isaacson, Mickey Drexler a joué un rôle énorme en suggérant à Steve Jobs de faire construire, secrètement, un prototype complet d'une boutique, et d'y tester le parcours client avant de se lancer. Son argument était que « Johnson et Jobs avaient besoin de voir physiquement et d'expérimenter le magasin avant d'appuyer sur la détente ». C'est là qu'ils ont expérimenté

---

1. https://hbr.org/2011/11/what-i-learned-building-the-ap
2. Walter Isaacson : *Steve Jobs*, éditions Jean-Claude Lattès, 2011.

leurs idées de design d'expérience, de simplification fonctionnelle du processus, comme le paiement électronique. Grâce à ce magasin-témoin, Ron Johnson a eu l'idée que les *Apple Stores* ne devraient pas être agencés en fonction des gammes d'ordinateurs, ce qui était initialement prévu, mais en fonction des désirs et des besoins des clients. « Par exemple, il devrait y avoir une vitrine vidéo avec différents modèles de Mac et PowerBook affichant iMovie, pour montrer à l'utilisateur comment importer des vidéos et les éditer. »

Mickey Drexler contribue activement aujourd'hui à forger le regard et les compétences de la génération DNVB. Il a été l'un des premiers investisseurs et membres du conseil d'administration de **Warby Parker**. En tant que mentor informel de David Gilboa et Neil Blumenthal, le « prince marchand », ainsi qu'ils l'appellent, les a conseillés pour la conception de leurs quatre premiers magasins. Fidèle à un design simple, il a éliminé tout ce qui pouvait être gênant pour le client dans son parcours d'achat classique, explique David Gilboa : « les petits miroirs vaniteux posés sur les comptoirs des opticiens traditionnels, les lunettes enfermées dans des vitrines, les collections prétentieuses ». À la place, il a suggéré d'ajouter des photomatons et des miroirs en pied pour que les gens puissent se regarder ensemble et partager leurs photos, transformant l'achat de lunettes en activité amusante et sociale.
Attentifs à l'ambiance, ils ont réfléchi à une esthétique chaleureuse, proche de l'univers de la bibliothèque publique de Stockholm. La conception, confiée à Anthony Sperduti, reflète la marque et la qualité des lunettes au travers du design et du choix des matériaux, le marbre classique et les détails en laiton. « Il y a un charme de vieille école dans les échelles de la bibliothèque du magasin, des luminaires

surmontés de bois et des lampes de table en laiton ». Sous le côté rétro cool, il y a une sensibilité qui reflète la « Drexler Influence » bien qu'un peu plus subtilement, note Lydia Dishman de *Forbes*[1].

Mickey Drexler est également président d'**Outdoor Voices**, depuis août 2017, une DNVB dans laquelle il a investi au travers de son fonds, Drexler Venture, aux côtés du patron d'*APC*, Jean Touitou et d'Andy Dunn. Là aussi, il fait profiter la marque de sa philosophie retail, selon laquelle une expansion prudente, un design simple et des transactions facilitées, plus un bon storytelling et une dose d'avant-gardisme, sont les clés gagnantes.

• *Les règles de l'hospitalité de Danny Meyer*

Danny Meyer a construit l'un des groupes de restaurants les plus réputés et les plus respectés au monde, L'Union Square Hospitality Group (comptant entre autres le Gramercy Tavern, 11 Madison Park, une chaîne de burgers – Shake Shack, et The Modern, le restaurant du MoMA). Ils sont connus et réputés pour leur accueil chaleureux, aussi bien orchestré et chorégraphié que dans les grandes maisons gastronomiques, mais débarrassé de toute rigidité. Chaque restaurant est complètement unique. Pour ses Shake Shack, Danny Meyer prône une expansion lente, plutôt rare dans un modèle de chaîne de restauration. Il n'en crée un nouveau que s'il est convaincu qu'il sera encore meilleur que le précédent, si le voisinage en réclame l'ouverture et seulement s'il dispose d'une équipe

1. https://www.forbes.com/sites/lydiadishman/2013/09/18/three-reasons-why-mickey-drexler-can-help-scale-warby-parker/#3eb918b2f1bf

et d'un encadrement solides, qui puissent gérer le restaurant avec l'art et la manière requis.
Dans ses mémoires, *Setting the Table : The Transforming Power of Hospitality in Business*[1], publiées en 2006, l'entrepreneur développe les principes de *l'enlightened hospitality*, un art de recevoir les clients qui s'applique à tous les secteurs d'activité. « Comprendre la distinction entre service et hospitalité a été à la base de notre succès. » Comme il l'explique, le service correspond à l'exécution technique pour délivrer un produit quand l'hospitalité est liée à ce que l'hôte va ressentir. « Tout dépend de la façon dont les gens se sentent. C'est aussi simple que ça, et c'est le plus dur. »

D'après son expérience, Danny Meyer a développé une philosophie du succès à long terme qui repose sur trois règles :

- La priorité aux employés

Il privilégie les cinq parties prenantes de son entreprise dont il inverse intentionnellement l'ordre de prise en considération. Selon lui, il faut donc d'abord répondre aux besoins des employés, puis des invités, suivis par la communauté, les fournisseurs et, enfin, les investisseurs, dans cet ordre. En mettant ses employés au premier plan, il peut compter sur eux pour prendre soin des clients. Contrairement à la devise populaire selon laquelle « le client a toujours raison », Danny Meyer affirme que la meilleure façon de garantir une expérience client exceptionnelle est de donner la priorité à ses employés. « Si vous êtes dévoué à votre personnel et que vous pouvez leur promettre beaucoup plus qu'un salaire, quelque chose en quoi croire, dit-il, vous obtiendrez alors

1. Danny Meyer: *Setting the Table: The Transforming Power of Hospitality in Business*, Harper Collins Publishers, 2006.

le meilleur service pour les clients ce qui, à long terme, vous procurera le meilleur rendement pour vos investisseurs. » Quand on prend vraiment en compte le fait que le client vient en second, on finit par attirer des employés plus forts, ce qui augmente les chances de performances techniques et émotionnelles. « C'est comme ça que j'ai trouvé cette hiérarchisation contre-intuitive », dit Danny Meyer[1].

• La règle du « quotient hospitalité » 51-49

Lors de la sélection de nouveaux employés, Danny Meyer recherche des candidats dont les points forts sont répartis à 51 % et 49 % entre le quotient émotionnel et l'excellence technique. « J'aime les appeler « hospitalitariens », des gens qui sont naturellement gentils, empathiques et curieux, qui ont une bonne éthique de travail et qui sont nourris par le sens de l'hospitalité. » Ce qu'il recherche avant tout, ce sont des personnalités optimistes, « qui voient le verre à moitié plein », prévenantes, non seulement intelligentes, mais « d'une curiosité insatiable à apprendre pour apprendre », et empathiques, « une prise de conscience de ce que ressentent les autres et de ce que vos actions font ressentir aux autres. » « Vous pouvez enseigner des compétences techniques, mais vous ne pouvez pas former les employés émotionnellement, explique encore Danny Meyer. Mais vous ne pouvez pas enseigner aux gestionnaires comment embaucher selon un ensemble de compétences émotionnelles spécifiques ». Toutefois, « on ne peut libérer toute son empathie », écrit-il, « que si l'on maîtrise parfaitement bien tous les aspects techniques de son travail et que l'on domine les savoir-faire. C'est pourquoi la formation technique n'est complète que

1. https://www.inc.com/carolyn-cutrone/danny-meyer-speaks-at-inc-business-owners-council.html

lorsqu'elle devient une seconde nature et libère toute son efficacité pour le client ».

• Se distinguer par le sens de l'hospitalité

Dans le monde banalisé d'aujourd'hui, la meilleure idée peut-être copiée du jour au lendemain. Puisque les idées n'ont plus autant d'importance qu'auparavant, il est indispensable de se démarquer de ses concurrents par une expérience qui favorise le lien. Un service de qualité ne suffit plus, désormais, pour être le meilleur, il faut être le favori des gens. Comme le dit Danny Meyer, « nous sommes dans une nouvelle ère commerciale, une économie de l'hospitalité, et non plus à l'ère du service ; si vous avez simplement un produit de qualité supérieure, ou si vous tenez vos promesses, cela ne suffit pas pour vous distinguer d'une autre entreprise. D'autres peuvent le faire aussi bien que vous ».

« Le service est un monologue : nous décidons des normes de service. L'hospitalité est un dialogue : écouter, répondre aux besoins d'un client et les satisfaire. Il faut un excellent service et le sens de l'hospitalité pour être au sommet ».

Pour lui, il faut non seulement savoir satisfaire le client, mais aussi savoir le ravir. Dans ses restaurants, comme Danny Meyer l'écrit dans son autobiographie, il recueille autant d'informations que possible sur ses hôtes. Si un client y dîne pour la première fois, le personnel est alerté. S'il s'agit d'un client régulier, les préférences (aime la table du coin, allergique aux mollusques et crustacés) et toute erreur de service antérieure (saumon trop cuit le 16/07) auront été saisies dans une base de données. « Plus vous accumulez d'informations, plus vous avez de chances d'établir des liens significatifs qui font que les gens se sentent bien et vous donnent un avantage commercial. »

Dans une interview croisée avec Neil Blumenthal, PDG de **Warby Parker**, donnée à *Fast Company*[1], Danny Meyer explique comment les technologies lui inspirent une nouvelle manière de prendre soin des clients pour leur offrir un meilleur confort « Deux types d'employés sont équipés avec l'Apple Watch : les gestionnaires et les sommeliers. Un *ping* doux peut, par exemple, aller du directeur à la réception pour l'informer que la table 62 est prête. Ou quand un serveur passe une commande d'une bouteille de vin, le sommelier, qui porte une montre, reçoit un *ping* et peut vous apporter cette bouteille et économiser 8 minutes. [Notre] système permet de prévenir que la table 42 vient de payer sa note, et ils peuvent faire un *ping* au vestiaire qui tient les manteaux prêts, à la porte d'entrée ».
C'est dans cette recherche d'amélioration constante du confort des clients que Neil Blumenthal envisage l'emploi des technologies en boutique. « Afin de faire sortir les gens du *back-office* pour s'occuper des clients en leur libérant du temps », dit-il. « Nous avons construit un système maison, qui fonctionne à partir d'iPad mini. Nous avons passé beaucoup de temps à créer des fonctionnalités qui nous permettent d'éliminer les interactions de faible valeur et d'amplifier les interactions de grande valeur. Demander à quelqu'un son adresse de facturation, c'est une interaction de faible valeur et, franchement, vous préféreriez ne pas parler à un être humain à ce sujet. On préfère s'engager à vous aider à choisir la bonne paire de lunettes qui mette en valeur votre visage. »

Danny Meyer était l'invité du club de lecture de **Glossier** (*Glossier Book Club*) en janvier 2018. Selon Emily Weiss,

1. https://www.fastcompany.com/3066372/neil-blumenthal-and-danny-meyer-on-the-state-of-customer-service

fondatrice de la marque, « les principes et les meilleures pratiques de l'hospitalité qu'il décrit dans son livre s'appliquent à toutes les entreprises, ce qui est vraiment fascinant.[1] » « L'hospitalité inspire tellement l'expérience chez Glossier », écrit-elle sur son compte Instagram. Cela me rappelle à quel point l'hospitalité simple apporte de la valeur à la vie quotidienne et combien elle est importante et quel échec ce peut être pour une marque qui ne soutient pas et ne valorise pas cet aspect de l'entreprise, de la vie.[2] »

Une nouvelle proposition centrée client

Andy Dunn et à sa suite toute sa génération, se sont nourris des modèles de design d'expérience de l'*Apple Store*, des remises en question de Steve Jobs, et inspirés de ce que l'industrie du luxe offrait de meilleur. Ils ont redécouvert un art de vendre, par le partage d'expériences et un service de grande qualité. Chacun expérimente, teste, et on retient ce qui convient le mieux. On invente des boutiques hybrides, qui reconsidèrent totalement l'usage de l'espace pour remettre l'accueil, l'essayage et le conseil au centre, plutôt que le produit.

• *L'option hybride sans inventaire*

Le modèle hybride a été inventé par Andy Dunn, dans un double objectif: se concentrer sur l'expérience, tout en gardant un équilibre dans l'équation financière.
Selon lui, l'hypothèse de base sur laquelle l'industrie du retail s'est construite ne fonctionne plus. Désormais, nous

1. https://www.byrdie.co.uk/emily-weiss-glossier-founder-interview--5a6f2bb6d8189

2. https://www.instagram.com/p/Bjv1afRghVr/

nous sommes habitués à être livrés, et nous n'avons plus besoin de cette satisfaction instantanée qui consiste à sortir du magasin avec un paquet à la main. Pour Dunn, la seule gratification instantanée, c'est un service personnalisé. Il a donc créé un nouveau type de magasins, en phase avec les trois piliers de sa marque : *Fit Fun and Service* (« des tailles parfaitement ajustées, du plaisir et du service »).

Dans ses « *Guideshops* », comme il les nomme, on essaie des échantillons et les vendeurs sont des stylistes personnels, appelés « Ninjas ». Ils reçoivent sur rendez-vous, de manière à prêter le meilleur niveau d'attention à chaque client, prendre le temps d'échanger, d'offrir une bière, de transmettre la culture produit, et d'expliquer les coupes et les matériaux. Cette expérience de vente est pensée aussi pour ceux qui ne savent pas comment assortir les couleurs et les vêtements ou qui ne connaissent pas leur taille. Les clients peuvent commander sur place ou sur le site, où ils retrouveront toutes les suggestions et recommandations automatiquement ajoutées à leur profil en ligne.

Les commandes sont expédiées de la même manière que celles de l'*e-shop*, depuis le même entrepôt. Le modèle des *Guideshops* offre l'avantage d'éliminer les soucis d'inventaire et de gestion des stocks en boutique. Il permet, en plus, d'optimiser l'espace et d'obtenir une meilleure rentabilité au m^2 que les commerces traditionnels.

« Ce sont de petits magasins expérientiels axés sur les services, où vous disposez d'un service individuel et où vous pouvez accéder à un assortiment incroyablement large. Comme on ne sort pas avec le produit, certaines personnes disent que nous ne vendons pas dans nos magasins. En réalité, nous vendons beaucoup car, comme l'explique Andy Dunn, les clients passés par le *Guideshop* renvoient moins de produits et achètent plus régulièrement. »

Ce modèle est l'option favorite des DNVB, c'est celui qui fait sens. La plupart ont adopté la formule du showroom sans stock, dans lequel on peut essayer, souvent uniquement sur rendez-vous, ce qui leur permet d'accorder un traitement VIP à leurs hôtes. Cette formule les libère des problématiques de logistique du retail traditionnel. Pour la grande majorité, elles ne gèrent que des stocks de présentation qui servent à montrer les produits aux clients. Les assortiments correspondent aux préférences de la clientèle locale. La marque se concentre sur des best-sellers et les quelques pièces plus difficiles à acheter sans essayage, les jeans à la mode, les bagues de fiançailles dans la joaillerie. Elles ne gardent pas ou peu de stocks dans les points de vente physique. Les achats sont concrétisés *online,* en boutique ou de retour chez soi, grâce à un système d'information centralisé.

Les vendeurs ne sont pas poussés à vendre mais à répondre aux questions sur les produits qu'ils connaissent parfaitement. Charge à eux de faire remonter les commentaires qualitatifs, pourquoi une personne a aimé un produit ou pas. C'est ainsi que fonctionne le showroom de **Cuyana**, une marque qui propose un vestiaire d'essentiels pour femmes depuis 2013, ou encore, le *fit shop* de **M.Gemi**.
Depuis le lancement de la marque en mars 2015, le chausseur a connu une croissance rapide, générant des millions de ventes en ligne, qui lui ont permis de recueillir un immense volume de données, et de noter que c'était à New York et à Boston qu'étaient ses principaux marchés. Il était donc logique pour **M.Gemi**, d'ouvrir des *fit shops* dans ces endroits. Ils donnent aux clients existants une opportunité d'entrer dans le monde de la marque et de voir les chaussures de près, tout en gagnant de nouveaux acheteurs. Sa présidente, Cheryl Kaplan, estime que les boutiques ont un rôle

important à jouer, pour essayer et toucher les produits, mais pas nécessairement comme un lieu de vente de chaussures. « La clé, c'est de rendre l'expérience *online-to-offline* aussi transparente que possible ». Si un nouveau client vient dans le magasin pour essayer cinq paires de chaussures, un styliste créera un compte en ligne et placera ces cinq paires de chaussures dans le panier, afin que le client n'ait pas besoin de les chercher lorsqu'il se rendra sur la boutique en ligne. Dans l'autre sens, lorsqu'un client existant entre dans le magasin, un styliste peut accéder à son compte afin de connaître la taille, le style et les préférences de cette personne. « Il saura que vous avez un oignon ou que votre pied gauche est plus grand que votre droit, dit Cheryl Kaplan. Ce sont des choses qu'un styliste personnel saurait. »

• *Reformation, le magasin intelligent*

Chez **Reformation**, la boutique physique est le moyen de réaffirmer sa mission et de réécrire les règles de l'expérience shopping de la *fast-fashion*. Selon sa fondatrice, Yael Aflalo[1] : « La plupart des magasins sont super désordonnés, vous ne pouvez jamais trouver votre taille, vous devez attendre pour essayer, l'éclairage des cabines d'essayage est horrible. J'avais l'impression qu'il n'existait pas d'expérience premium dans le retail. Nous voulions donc fusionner l'Internet et *IRL* (*In Real Life*) pour créer un magasin où nous aurions envie d'aller nous-mêmes. »
Elle a donc utilisé un mix entre les idées de ses fans et la technologie pour créer une expérience nouvelle dans son magasin de San Francisco ouvert en février 2017. Chaque détail de la boutique colle avec les racines *eco-friendly* de la marque, avec

1. https://www.businessoffashion.com/articles/intelligence/do-digital-brands-need-physical-stores

ses murs en terre battue et ses cintres en matériaux recyclés. Les technologies sont utilisées pour faire un magasin intelligent, pas comme gadgets. Les clients choisissent d'abord sur des écrans tactiles les vêtements qu'ils veulent essayer, puis les modèles sont automatiquement disposés dans l'espace d'essayage. Un écran additionnel est placé dans chaque cabine pour ajouter des choix de tailles, couleurs ou styles différents. Les vêtements viennent se placer dans la « garde-robe magique » derrière une porte de la cabine dont l'éclairage et la musique sont personnalisables. Plutôt que de saturer l'espace principal en montrant les vêtements dans toutes les tailles, seules les tenues les plus vendues sont exposées. La majorité de l'espace de la boutique est dédié à l'essayage et se compose de cabines luxueuses et confortables.

Des lieux de fidélisation de la communauté

Dépassant largement la fonction strictement marchande, le lieu de vie physique de la marque, qu'il soit éphémère ou permanent, s'empare d'une fonction sociale dans le but de partager et de renforcer le lien entre les membres de la communauté. *Pop-up* ou showrooms sont vus comme une destination vers une expérience mémorable. Un lieu spécial dans lequel la marque développe un lien émotionnel, une intimité avec les clients, démontre sa personnalité et se fait sponsor d'activités.

Une démonstration tangible de la personnalité de marque

Le passage du monde virtuel au monde réel est l'occasion d'exposer de manière tangible la personnalité de l'entreprise. Chez **Glossier**, la marque « meilleure amie » par excellence, la relation se traduit par une approche décontractée, des

espaces à taille humaine, pas intimidants, une manière de communiquer informelle. Pas de discours d'experts mais on prend la cliente par la main, pour la faire entrer dans un groupe de filles qui partagent ce qu'elles savent. On ne vend pas des produits, on parle à des humains.
Emily Weiss n'envisage pas ses *pop-up stores* comme une source de revenus, ils sont là pour renforcer la communauté. « Notre métier, c'est d'abord de réinventer l'expérience beauté *online*. En *off*, on amène la marque à la vie, on active la communauté. Ça n'est pas fait pour montrer les produits, mais pour construire une histoire commune. C'est une sorte de *clubhouse*, presque un lieu de pèlerinage où les filles viennent partager leur amour de la marque.[1] »

- Le quotient émotionnel du magasin

Cette capacité du lieu à susciter une expérience unique, c'est ce que Maggie Winter, fondatrice de la marque de vêtements **AYR**, nomme le « quotient émotionnel d'une expérience en magasin ». Les émotions peuvent changer les comportements, et quand une marque arrive à ce que les clients se sentent bien, appréciés et considérés, elle active un lien de fidélité et d'attachement.
Pour sa société, Maggie Winter a fait le choix d'un showroom situé juste à côté de son studio, de manière à pouvoir y passer chaque jour et parler avec ses clientes. L'espace ne ressemble pas à une boutique traditionnelle, dont le concept semble dépassé, *old fashion,* « avec ses montagnes de vêtements qui se ressemblent et des vendeurs qui ne sont pas fiers des produits, le tout à -30 % en permanence ». Pour ses clientes, Maggie Winter a imaginé un petit boudoir de fille,

1. « Every Customer's an Influencer: Glossier and Outdoor Voices » | Disrupt NY 2017. Table ronde de Katie Roof sur le développement de la communauté et de la marque, l'optimisation de la chaîne d'approvisionnement et de l'expansion avec Tyler Haney de Outdoor Voices et Emily Weiss de Glossier.

un lieu informel, des canapés accueillants, un univers doux, propice pour « apprendre les uns des autres, jour après jour et être soi même ». Elle y reçoit une clientèle locale, essentiellement, et sa communauté *Facebook*, « pour une immersion dans la philosophie de la marque ».

• Un lieu d'interaction sociale.

« Converser », « apprendre », « échanger des expériences » : sous ses mots utilisés par les DNVB, on comprend que la boutique est d'abord destinée à la diffusion de la culture et de l'univers de marque, avant d'être pensée comme un espace transactionnel.

C'est un vrai changement de paradigme qu'embrasse cette génération, à l'exemple de **Frank and Oak**, un *pure player* basé à Montréal, depuis 2102. « On n'écrit pas une histoire de vêtements, mais une proposition d'art de vivre[1] » clament ses deux fondateurs, Ethan Song et Hicham Ratnani.

Lorsqu'ils ont ouvert leur premier pop-up à Montréal, c'était pour raconter leur histoire et organiser des rencontres entre membres d'une communauté qui partage ensemble les mêmes aspirations entrepreneuriales et créatives.

Par la suite, le pop-up est devenu un showroom, avec styliste personnel, *barista*, et *barber shop*. L'esprit de la marque est également diffusé au travers de « Pop up tours » au cours desquels les clients se réunissent autour d'Ethan Song et partagent leurs idées sur la façon de créer un business et une marque culte. « Dans nos pop-up, c'est nous qui invitons les clients. Quand on connaît ses clients, c'est comme si on les invitait chez soi, à la maison, pour une conversation, dit Ethan Song. C'est important de créer un monde autour de la marque ».

1. Toutes les citations d'Ethan Song sont tirées d'une conférence qu'il a donnée en juillet 2014 pour The Gathering. https://youtu.be/j3TtgNM3OLQ

Lors de pop-up tours, les fans sollicitent des rendez-vous, témoigne Ethan Song. « Les gens qui ont envie d'en être ont même peur de manquer ça, alors que si c'est pour un lancement de marque, ou pour travailler la notoriété et l'image, les gens s'inscrivent mais sont peu motivés à venir, on est obligé de compter sur le public de passage, les chalands. On sait où s'installer, au cœur de notre communauté, où notre efficacité est différente ».

Amener une marque à la vie au travers d'activités permet de transmettre et de faire vivre son esprit. C'est l'opportunité de créer une expérience riche, contextuelle et dynamique, unique pour chaque individu.

Outdoor Voices est une marque d'*active-wear* qui se définit comme plus récréationelle que compétitive, comme une amie qui encourage, donne des bons plans, plus que comme un coach. Elle propose des activités qui résonnent avec son identité de marque et donnent une raison de rejoindre la communauté.

Les boutiques abritent une salle de yoga et servent de points de départ pour des joggings ou un club de promenades de chiens par exemple.

Outdoor Voices organise des « *dog jog* » (des joggings pour chiens... et leurs maîtres), des courses payantes, et reverse une partie des bénéfices à la cause animale. Les participants humains et canins reçoivent des tee-shirts pour les uns et des bandanas pour les autres. Les différentes activités engagent efficacement la communauté et génèrent des contenus qui transmettent l'énergie de marque, des « prêts à selfie », irrésistibles, qui vont jouer le rôle d'amplificateur sur les médias sociaux.

Les DNVB sont une évolution de l'e-commerce. Ni *marketplace*, ni boutique en ligne, le commerce digital est plus proche des gens, plus holistique. Comme tout nouveau *business model*, elles ont besoin d'inventer une nouvelle infrastructure, souple, réactive et évolutive, dans un esprit de partenariat qui bénéficie à tous : aux marques qui peuvent poursuivre leur but, aux fournisseurs qui travaillent dans le respect de valeurs communes, et finalement dans l'intérêt des clients.

Toutefois, c'est un modèle qui repose sur des marges faibles et de petits volumes. Raconter son histoire digitale et créer une expérience de shopping restreint les possibilités de développement physique. Transposer son univers au physique dans une dizaine de boutiques semble possible pour une DNVB bien établie. Au-delà, le risque de stock est trop important. À moins de retomber dans l'impasse d'avoir des produits de base le moins cher possible pour couvrir l'investissement, de sacrifier la qualité et de revenir au concept traditionnel de boutiques qui débordent de produits.

PARTIE # III
UNE CULTURE ET UN ÉTAT D'ESPRIT START-UP

« Parce que les mêmes personnes et les mêmes décideurs dirigent tous les aspects de l'organisation, les DNVB ont tendance à adopter une approche plus holistique de leur fonctionnement. Elles ont une approche de base qui imprègne tout, du produit à la chaîne d'approvisionnement, à l'expérience client au contenu et au-delà[1]. »

Ben Lerer – Lerer Hippeau

« Les start-up ne peuvent pas être vues comme des versions à échelle réduite des grandes entreprises. Elles ont besoin de process et d'outils adaptés pour être performante[2]. »

Steve Blank
(entrepreneur, professeur à Stanford
et à la Columbia Business School de Berkeley)

1. https://medium.com/lerer-hippeau-ventures/what-s-so-important-about-vertical-commerce-the-consumer-revolution-part-i-1c21ff07d2c8

2. https://steveblank.com/2014/03/04/why-companies-are-not-start-ups/

12

UN MIX TECH-RETAIL

Les DNVB ne sont pas de jeunes entreprises de mode ou de luxe comme les autres. Elles ont pour spécificité d'être des start-up dont la culture d'innovation, l'organisation autour de la data et les méthodes marketing sont les mêmes que celles des start-up technologiques. C'est ce mix technologie et retail, inventé par Dunn, qui est tout à fait original. Pour réussir, elles doivent dès le début être en mesure de construire une marque forte, une expérience web et mobile, tout en coordonnant à la perfection les activités de *supply chain* et de distribution. Leurs clients habitués aux standards d'*Amazon* ont des attentes élevées auxquelles il leur faut répondre, sans pour autant avoir à leur disposition le même nombre d'ingénieurs et les mêmes ressources. C'est une composante sous-estimée mais cruciale de leur succès. Le produit principal n'est pas technologique mais elles ne peuvent parvenir à leur finalité sans penser d'abord comme une entreprise technologique.

La composition des équipes reflète parfaitement cette forte dominante technologique. Comme le dit Vishaal Melwani de **Combatant Gentlemen** : « Nous avons plus d'ingénieurs dans nos équipes que de collaborateurs avec des profils mode ou merchandising. C'est intentionnel. Tous nos développements sont faits maison, par des ingénieurs IOS qui développent nos interfaces et applications ».

Chez **Dollar Shave Club**, sur les 190 collaborateurs qui servent 3 millions de clients, 45 sont des ingénieurs. Soit un quart de l'entreprise qui travaille à plein temps sur la technologie. Et selon Jason Bosco, directeur de l'ingénierie (plateforme et infrastructure), c'est la raison de sa croissance phénoménale. « L'équipe marketing a construit une marque et une expérience de produits de consommation pour le XXIe siècle, mais l'équipe technologique a construit une brique qui permet de faire évoluer les opérations de 0 à 3 millions de souscripteurs, rapidement, efficacement en quatre ans »[1].

Une DNVB est une marque digitale construite autour d'une plateforme web et mobile, portée par une approche orientée data et *software*, entièrement managée en interne, sur-mesure.

L'externalisation des opérations n'est pas envisageable. Andy Dunn l'a appris à ses dépens lorsque le site de **Bonobos** s'est effondré, en 2011, en plein *CyberMonday*. Le site est resté en panne pendant deux semaines. « C'était de ma faute, explique Dunn. Nous avions une équipe d'ingénieurs quand nous avons commencé, mais nous l'avions démantelée et nous avions externalisé notre technologie depuis deux ans. Nous n'aurions pas dû la sous-traiter complètement, après cela, il m'a fallu trop longtemps pour embaucher notre nouveau chef de l'ingénierie et repartir.[2] »

---

1. https://blog.peoplemaven.com/an-interview-with-jason-bosco-vice-president-of-engineering-at-dollar-shave-club-11a1becf36b6

2. https://www.gsb.stanford.edu/insights/andy-dunn-passion-prerequisite

Une DNVB est une start-up

> « Une start-up, ou jeune pousse, est une jeune entreprise innovante à fort potentiel de croissance qui est souvent financée par des levées de fonds. Elle est organisée par des personnes qui cherchent à concevoir un nouveau produit ou service dans des conditions d'extrême incertitude.[1] »

Les *Digitally Native Vertical Brands* se développent en s'appuyant sur les mêmes piliers que les start-up technologiques : une combinaison de données et d'innovation. Elles suivent les mêmes méthodologies de développement de produits et de marketing dans l'objectif de stimuler une croissance rapide. Comme toutes les start-up, les DNVB sont des organisations temporaires à la recherche d'un *business model* adapté, reproductible et rentable. Elles le restent tant qu'elles n'ont pas trouvé de *business model* fixe, puis, si elles n'ont pas échoué, elles deviennent des entreprises plus classiques ou se font racheter. Toutefois, être une start-up c'est avant tout un état d'esprit, une vision incarnée par son fondateur et qui agit sur un marché en création ou dans un contexte incertain.

Comme toute start-up, une DNVB remplit ces quatre conditions :

- une forte croissance potentielle et une capacité à maintenir une forte rentabilité malgré la montée en charge, ce qu'on appelle la « scalabilité ». En parallèle, elle doit aussi être capable de générer une très forte traction en attirant beaucoup d'utilisateurs et en faisant parler d'elle,

1. Source : https://fr.wikipedia.org/wiki/Entreprise

- l'utilisation d'une technologie nouvelle,
- un besoin de financement massif,
- un marché nouveau dont le risque est difficile à évaluer.

L'activité est pilotée par la data

Une donnée, ou data, est une information sous forme brute ou non organisée, tels que des alphabets, des chiffres ou des symboles. Il peut s'agir de n'importe quel caractère, y compris des images, du son ou de la vidéo, qui se réfèrent ou représentent des conditions, des idées ou des objets. Les données sont rassemblées et traduites dans un but précis, généralement une analyse.

Dans le monde digital, la data n'est pas une option, c'est une nécessité. La plupart des outils traditionnels de gestion ne sont pas conçus pour ce milieu d'extrême incertitude dans lequel se développe une start-up. C'est surtout un avantage stratégique comme le dit « le pape » du management Peter Drucker : « If you can't measure it, you can't manage it » (si vous ne pouvez pas le mesurer, vous ne pouvez pas le gérer). Grâce à la l'analyse de ses datas, une DNVB est à même de piloter et optimiser scientifiquement toutes ses activités.

Les sources de données sont internes à l'entreprise et également externes. Les données externes dites *open data* (données d'organismes publics disponibles au plus grand nombre, par exemple, des datas de localisation ou de météo) sont souvent partagées gratuitement.

La collecte et l'analyse des datas sont vitales pour une DNVB. Nées sur l'Internet, elles ont accès naturellement à un nombre considérable de données, dans un volume bien supérieur à ce que l'on peut collecter dans le commerce de retail physique.

Le site web constitue la source principale de données. Dès qu'un visiteur arrive sur leur site, des données sont collectées. On est en mesure de suivre son parcours, le temps passé sur chaque page, par exemple, et de récupérer des informations et coordonnées personnelles, telles qu'une adresse électronique. À chaque fois que ce visiteur reviendra sur le site, il fournira sans le savoir de nouvelles informations à la marque, sur ses préférences en termes de couleur ou de forme, des informations précises sur ce qu'il aime, qui pourront être analysées et croisées pour lui proposer une expérience toujours plus personnalisée.
En revanche, un certain nombre d'informations échappent aux DNVB. Elles n'ont pas accès, par exemple, à tout ce qui relèverait de l'expérience des vendeurs en boutique : Quel type de client entre spontanément dans le magasin ? Quels sont ses comportements d'achats ? (ses réactions physiques, ses émotions, ses commentaires). Pour quelles raisons renonce-t-il à un achat ? (le prix, un problème de coupe, ou parce que le tissu du vêtement est inconfortable ?). Les DNVB doivent donc recueillir toutes les informations, de manière à pouvoir mettre en place des techniques de substitution, être à même de reconstituer le parcours client et l'affiner sans cesse sur la durée.

• *De la data à la data analyse*

Le processus de traitement de la donnée suit trois étapes, la collecte, la classification et la visualisation.
Une organisation *data-driven* collecte sans arrêt un volume massif de datas et de mesures. Cependant, tant que les données ne sont pas mises en contexte, elles ne sont d'aucune

utilité, ni pour un humain, ni pour un ordinateur. Pour être transformées en informations exploitables, les données doivent être traitées et nettoyées. Par exemple, on corrige celles qui sont incomplètes ou incohérentes, on supprime les doublons et toutes les informations non pertinentes.
Les *data scientists* peuvent ensuite extraire et manipuler des données précises, objectives, fiables et actualisées.
Une data de qualité est primordiale pour pouvoir être traitée convenablement et produire des résultats fiables. Les *data scientists* passent ainsi 80 % de leur temps à chercher, nettoyer et préparer la data et 20 % à créer des modèles, analyser, visualiser et tirer des conclusions.
Afin que la data soit utile et actionnable, les *data scientists* doivent la transformer, la filtrer et l'agréger, pour ensuite créer des outils qui permettent d'automatiser le traitement des données. Puis ils utilisent des algorithmes (des outils d'analyse statistique) qui vont identifier des tendances, des comportements, des signaux forts et des signaux faibles.
Pour faciliter la lecture et l'interprétation des résultats, une dernière étape consiste à conceptualiser les analyses, sous des formes graphiques, pour que tous puissent explorer les données sans l'aide d'experts internes. La *data visualisation* fournit des informations claires, accessibles à tous, elle permet d'échanger et de partager, elle donne du sens à des analyses complexes, de manière souvent très créative. Ainsi, chaque collaborateur peut extraire les informations qu'il juge pertinentes et chacun est donc en mesure de déclencher les actions adaptées pour atteindre les objectifs.

• *Une culture d'entreprise autour centrée autour de la data*

L'entreprise *data-driven* repose sur une culture du partage de données et la mise en commun des informations. Chaque composante de l'organisation alimente le système pour élargir sa portée au maximum et forme collectivement « une chaîne de valeur analytique », selon l'expression de Brent Dykes, expert en *Business Intelligence*[1].

Car collecter et analyser la data ne suffit pas à créer une culture d'entreprise. Il faut en plus que chacun accède facilement aux données, en acquiert le réflexe. Charge à l'équipe de *data scientists* de créer un alignement clair et cohérent de toute l'entreprise, une définition partagée des concepts clés et des indicateurs de performances. Pour reprendre l'image de Carl Anderson, l'auteur de *Creating a Data Driven Organization*[2] et *ex-Chief Data Officer* de **Warby Parker** : « C'est comme si un patient avait en permanence avec lui un dossier complet de tout son passé médical à disposition, antécédents et risques, plutôt que des dossiers dans chacun des services dans lequel il serait passé au cours de sa vie. »

Le *Chief Data Officer* et son équipe ont pour mission d'évangéliser et de porter la culture data à tous les niveaux de l'entreprise, relayés par des décisionnaires clés qui savent l'utiliser et l'interpréter et encouragent chacun à émettre des hypothèses qui seront testées et expérimentées *online* et *offline*. La *data team* fournit un contexte dans lequel données objectives et métriques rigoureuses soutiennent chaque décision. Elle met en place une stratégie communément comprise et partagée avec des KPI (*Key Performance Indicators* ou « Indicateurs clés de performance ») accessibles et clairs, afin que toute la structure porte la croissance.

Parlant de l'outil *LookML* de Looker élaboré pour **Warby Parker** – un outil interne de traitement de la data qui prend

1. https://blogs.adobe.com/digitalmarketing/analytics/reporting-vs-analysis-whats-the-difference/

2. Carl Anderson: *Creating a data-driven organization*, O'Reilly, 2015.

en charge la découverte, l'analyse et l'automatisation ainsi que la diffusion des données dans toute l'entreprise – Carl Anderson assure « qu'une fois mis en place, il permet au plus grand nombre de collaborateurs de devenir intimes avec la data et crée un langage commun qui améliore la prise de décision rapide. (...) Chaque équipe a une meilleure conscience de ce qu'elle peut apporter pour contribuer au succès de **Warby Parker**, et comment chacun peut modifier positivement des KPI[1] essentiels. »

Les outils de pilotage de l'activité

Une organisation *data-driven* active en permanence trois outils de pilotage : l'alerte, le reporting et l'analyse. L'alerte est basée sur une donnée « chaude », traitée en temps réel.

Le reporting (ou analyse descriptive) est informatif. Il repose sur l'observation du passé, les grandes tendances, les variations et changements. Il permet de définir le ou les KPI ou objectifs à atteindre clairs, partagés et atteignables, et de les mettre à jour très régulièrement.

L'analyse prédictive transforme la data en perspectives nouvelles. La première étape (l'apprentissage) consiste à entraîner le modèle (*machine learning*) à partir de méthodes statistiques connues pour construire le modèle prédictif. La seconde étape (prédiction) permet de prévoir les résultats en utilisant le modèle « intelligent », d'anticiper des comportements futurs, pour finalement arriver à objectiver des décisions stratégiques.

1. *Key Performance Indicators* ou « indicateurs clés de performance » (ICP)

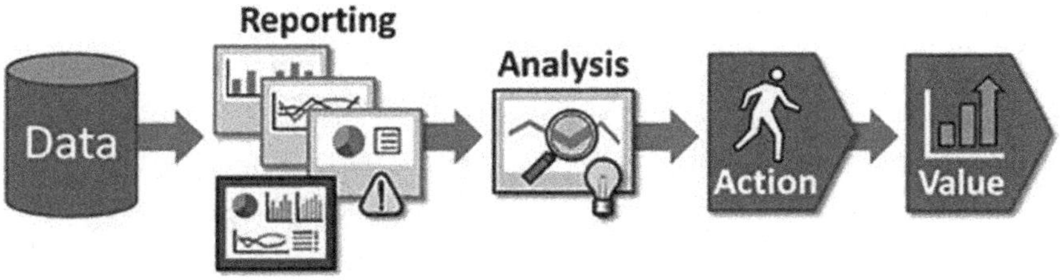

Schéma de la chaîne de valeur analytique selon Brent Dykes[1] (2010), cité par Carl Anderson « Dans une organisation data-driven, la data nourrit les reporting qui stimulent une analyse approfondie. Ils informent et objectivent la prise de décision, influencent la stratégie, créant de la valeur ajoutée et des effets d'impact. » © Brent Dykes

Comment les DNVB utilisent la data pour piloter toutes leurs activités

Lorsqu'ils sont combinés, les outils et approches de la data science et de la data analyse génèrent de la valeur ajoutée dans toutes les activités des *Digitally Native Vertical Brands*, de la détection des tendances à la gestion optimisée de la *supply-chain*, ou encore pour adapter la bonne offre média et personnaliser les messages.

Carl Anderson fournit quelques exemples d'application de la data. Il explique comment elle peut, entre autres choses, aider à concevoir les outils de recommandation et de personnalisation, ou les programmes de fidélité, améliorer le service et générer des *insights* clients, construire une vision 360° des clients, ou encore traiter les problèmes de fraude ou le parcours professionnel d'un salarié[2].

1. Brent Dykes est directeur de la stratégie data chez Domo, auparavant il a été « Evangelist » de la data analyse chez Adobe. Il est l'auteur de *Web analytics action hero: using analysis to gain insight and optimise your business,* Adobe Press, 2016. Il écrit régulièrement pour *Forbes*. En 2011, il a reçu le prix du contributeur le plus influent de la Digital Analytics Association (DAA).

2. In : http://www.p-value.info/2014/04/data-science-in-e-commerce.html

La plupart des sites d'e-commerce ont un moteur de recommandation qui permet de proposer aux clients le bon produit au bon moment à partir du catalogue produits, afin de les amener plus facilement à passer commande. L'algorithme prédictif sur lequel repose le moteur de recommandation de certaines DNVB est beaucoup plus perfectionné que celui des moteurs standards. Il est capable de faire des recommandations de produits personnalisées, de *cross-selling,* ou ventes croisées, qui consiste à pousser des articles en lien avec le produit acheté (par exemple lors de l'achat d'une paire de lunettes, on proposera en même temps un produit de nettoyage des verres), ou d'*upselling,* qui consiste à proposer des produits alternatifs, plus haut de gamme que celui consulté.
Les programmes de fidélité sont une source de données extrêmement précieuses. Ils peuvent générer de nouveaux comportements d'achat et fournir des idées pour des segments entiers de clients qui ne sont pas dans le programme de fidélité lui-même.

• Améliorer le service client
Le service qui s'occupe du suivi des relations avec les clients ou futurs clients, traite les retours et les plaintes, génère une multitude de données provenant d'appels téléphoniques, de messages et d'interactions par courrier électronique et de mesures (combien de temps pour répondre au téléphone, pour résoudre un problème... ?). Les *data scientists* peuvent améliorer la gestion du service grâce au traitement et à l'analyse du langage naturel utilisé pour la prévision du comportement utilisateur (extraction de mots-clés et modélisation des sujets pour comprendre les types de plaintes et de problèmes rencontrés).

• Générer des insights clients

Les DNVB cherchent avant tout à délivrer une expérience client supérieure aux standards habituels du e-commerce. Elles ont donc l'absolue nécessité de connaître parfaitement leurs clients, et de savoir comment les placer au centre de toutes les décisions. Les *datas scientists* utilisent des outils d'analyse avancés pour acquérir une connaissance très fine des clients. Ce sont eux qui explorent les *feedback* et effectuent régulièrement des enquêtes auprès des consommateurs afin de savoir ce qu'ils pensent de la marque et ce dont ils ont besoin. Ces commentaires constituent un matériau brut dont les *data scientists* extraient les pistes d'amélioration de l'offre et de l'expérience client.

• Construire une vision à 360° des clients grâce à l'analyse web

Les *data scientists* peuvent apporter un éclairage sur les sujets d'analyse web et en particulier sur les questions de référencement (par exemple comment les gens arrivent sur le site). Ils contribuent à forger une vision holistique des clients au fur et à mesure qu'ils interagissent sur les canaux mobiles, web ou magasins physiques en aidant les équipes dédiées par la collecte de données, par leur visualisation et en leur fournissant des analyses avancées.

• Traiter les problèmes de fraude

La fraude est malheureusement très courante et les stratégies employées par les voleurs sont variées et souvent sophistiquées. Cela peut aller de l'utilisation de cartes de crédit volées, d'articles non renvoyés ou de paquets retournés mais qui ne contiennent pas le produit d'origine. Encore une fois, il est possible d'utiliser les données pour développer des modèles ou des systèmes de surveillance ou d'alerte.

• Rationaliser les processus R.H.
De plus en plus, les DNVB cherchent à affiner leur processus de recrutement, spécialement pour les profils technologiques les plus rares. Les *datas scientists* peuvent construire un profil type qui convient tout à fait à l'entreprise ou rationaliser le processus d'entretien en mettant au point les questions déterminantes à poser aux candidats par exemple.

La data alimente l'ensemble des process, avec un potentiel d'auto-apprentissage (*machine learning*) qui accroît le pouvoir des données sur chaque processus de l'entreprise. Comme le souligne Carl Anderson : « Ce type d'organisation centrée sur les datas a la capacité de se sophistiquer constamment par elle-même. »

L'exemple de Bonobos

C'est grâce à la data qu'Andy Dunn et Brian Spaly ont pu construire une marque digitale hyper efficace, au plus proche des clients.
Ils ont commencé dès le lancement de **Bonobos** à structurer tout ce qui concernait les données transactionnelles du site web : les analyses des commandes, les taux de ventes par article ou les taux de retours.
Mais le modèle d'analyse s'est révélé insuffisant pour accompagner leur croissance ultra-rapide (en 2012, **Bonobos** générait un chiffre d'affaires de 12 millions de dollars) et surtout leur extension en *brick and mortar* via un partenariat avec la chaîne de magasins *Nordstrom* et l'ouverture des *Guideshops.* David Glueck est recruté en 2012, en tant que vice-président en charge des datas sciences et de l'ingénierie, pour construire le système « maison ». L'outil

doit être capable d'agréger des données venant de sources très diverses : d'une part des données provenant des différents points de contact avec les clients (boutique en ligne, mobiles, boutiques physiques) et, d'autre part, celles provenant des parties prenantes internes (ventes, service clients, marketing, direction financière...).
Pour ajouter à la complexité, un même client peut entrer en contact avec la marque depuis son ordinateur professionnel, mais avec une adresse personnelle. Une même personne peut se servir de plusieurs adresses e-mail ou de plusieurs cartes de crédit par exemple. Une visite en boutique peut se conclure par un achat en ligne et inversement.
Autant de sources disparates et sans lien entre elles, qu'il faut connecter dans un système de gestion global auquel chacun doit avoir accès et que tous puissent interroger facilement.
L'enjeu est de parvenir à consolider un profil à 360° de chaque client ou *Central User ID* grâce au suivi et à l'analyse de toutes les données liées à un client sur tout le cycle. Grâce à cela, **Bonobos** est en mesure de proposer une expérience et des contenus personnalisés et pertinents. La société peut faire des recommandations de produits similaires ou complémentaires par exemple. Ou encore, elle peut déterminer des fréquences et des horaires pour effectuer des campagnes d'e-mailing appropriées à chaque type de clients.
En parallèle, **Bonobos** est en mesure d'établir des schémas types, communs à différents clients. Lorsqu'une personne visite le site web pour la première fois, on peut voir en analysant rapidement comment il passe d'un produit à l'autre, d'une page à l'autre, quel schéma connu il reproduit. En fonction des éléments de contexte, l'algorithme va pouvoir réagir très rapidement en posant un parcours adapté, de manière à ce que chacun ait une bonne première impression au cours de sa première visite.

C'est sur cette connaissance fine de chaque client, cette vision holistique, que s'appuient les DNVB pour tester et améliorer continuellement toutes leurs actions. L'observation et l'analyse sont utilisées pour effectuer de petits changements qui finalement modifient et influencent grandement les comportements des visiteurs.

L'exemple de Glossier

La créatrice du blog *Into The Gloss*, Emily Weiss, a utilisé ce support comme plateforme pour lancer sa marque de cosmétique. Grâce à cette base de lectrices, **Glossier** a remporté un succès immédiat et connu une croissance phénoménale. Les deux sites se sont développés en parallèle, chacune des équipes concentrée à construire l'expérience et la relation clients de son côté et à comprendre leurs comportements, mais sur chaque site indépendamment sans avoir le moyen de relier le comportement des utilisateurs entre les deux domaines et créer des dynamiques de croissance. Par exemple, elles ne pouvaient pas savoir si une cliente qui lisait un article du blog *Into The Gloss* sur un produit irait acheter un produit en rapport sur **Glossier**.

Après avoir unifié les deux plateformes, mi-2015, les équipes ont pu accéder à des analyses cross domaines et bénéficier d'effets de levier. Les données de parcours clients nourrissent leurs outils d'analyse et génèrent de nouvelles idées marketing. « Désormais, comme le dit Bryan Mahoney, Directeur Technique de **Glossier**, nous savons que les gens qui naviguent à la fois dans *Into The Gloss* et sur le site de **Glossier** sont 40 % plus susceptibles d'acheter que ceux qui ne font que parcourir **Glossier**. Qui plus est, nous savons exactement combien de lecteurs d'*Into The Gloss* ne vont jamais sur **Glossier** et nous avons créé de nouvelles campagnes pour les encourager à consulter nos produits ».

Les équipes savent quels articles d'*Into The Gloss* génèrent le plus de conversions sur le site de **Glossier**, et quels produits sur **Glossier** sont les plus populaires parmi les lecteurs du blog.
À présent, lorsqu'elles lancent un nouveau produit, elles savent, en fonction des habitudes de lecture de leurs clients, s'ils seront intéressés par le produit, et comment elles pourront les atteindre d'une manière personnalisée et pertinente dans leurs campagnes d'e-mails.
En plus des données générées par les deux sites, toutes les informations provenant des outils de messagerie, des applications de paiement et des médias sociaux sont centralisées dans un cloud unique. Leur équipe analyse régulièrement ces données pour repousser les limites de ce qui peut être fait dans l'espace e-commerce.

C'est ainsi que **Glossier** a pu créer un nouveau mode relationnel fluide, personnalisé, interactif, dans lequel chaque contact avec une cliente est l'occasion d'avoir une conversation qui ait du sens[1].

Peu de petites sociétés utilisent les données de manière aussi systématique que les *Digitally Native Vertical Brands* pour rationaliser la prise de décision. La valeur ajoutée de ce pilotage *data-driven* et du management prédictif de l'activité est l'un des aspects fondamentaux de ce *business model* pour repenser la vente au détail sur l'Internet.

1. http://grow.segment.com/Glossier_Segment_Case-Study.pdf

13

INNOVATION ET NOUVELLE PROPOSITION DE VALEUR

L'innovation est au cœur du projet des *Digitally Native Vertical Brands*. C'est un élément constitutif de leur essence de start-up. Comme l'écrit Éric Ries, auteur de nombreux ouvrages sur le modèle des start-up, « L'innovation est un élément essentiel de la définition d'une start-up. Dans tous les cas, elle est à la recherche d'une nouvelle source de valeur pour ses clients et se préoccupe de l'impact de ses produits sur elle[1] ».
La combinaison du modèle vertical, de plateformes intégrées associées à la puissance du cloud et aux nouvelles technologies, donne naissance à une dynamique d'innovations et de transformations inédites, propre à un mode de compétition digitale. Cette dynamique d'innovation repose sur leur compréhension du monde et du moment présent, qui les portent à revisiter toute la chaîne de valeur, de manière à apporter quelque chose de nouveau, « ajouter leur grain de sel » et soutenir un point de vue. Elles formulent une proposition unique, en cassant les codes et routines de consommation, pour prendre le leadership sur un segment de marché

1. *Ibid.*

uniformisé, ennuyeux ou mal desservi, et renouveler l'intérêt des consommateurs.
La combinaison digital, technologies et data, offre des champs d'investigation infinis et autant nouvelles propositions à formuler.

Comment les DNVB renouvellent le marché de la beauté

Cette dynamique est particulièrement visible sur le marché de la beauté où, partant du postulat que les produits génériques ne fonctionnent pas pour tout le monde, certaines DNVB se sont emparées avec pertinence des nouvelles technologies, de l'intelligence artificielle et du *deep learning* pour proposer des produits totalement individualisés, conçus spécifiquement pour chacun.
Libérées de la contrainte des stocks grâce au modèle tout digital, elles n'ont plus la nécessité de se concentrer sur les quelques produits qui procurent les meilleures ventes. Elles peuvent sortir du système *one fits all* (un seul qui doit convenir à tout le monde) qui prévaut dans le monde des entreprises de cosmétique traditionnelles. Elles sont en mesure de satisfaire la diversité des demandes et des problématiques particulières.
Cette approche repose sur un mix agrégeant aux métiers de la recherche et développement cosmétique, des équipes technologiques qui prennent en charge les algorithmes, les interfaces et les bases de données.
En offrant aux clients la possibilité de personnaliser leur commande sur leurs boutiques en ligne, au travers de questionnaires, elles génèrent un apprentissage exponentiel des comportements et des habitudes. Elles sont en mesure de prendre en compte des données très fines sur les préférences

des clients, d'émettre des recommandations personnalisées et de fabriquer à la demande, puis de livrer les commandes en un minimum de temps, généralement en quelques jours.

• *La beauté capillaire à la demande*

Dans l'univers du *Hair Care* (les soins capillaires), des *Digitally Native Vertical Brands* comme **Prose** ou **Function of Beauty** offrent des options de personnalisation en utilisant l'intelligence artificielle pour identifier les besoins des cheveux et du cuir chevelu.

La marque **Prose**, fondée par une équipe d'anciens dirigeants de *L'Oréal* et *Phyto,* propose des produits de soins capillaires frais et sur-mesure. L'expérience **Prose** commence par une consultation holistique que les clients peuvent prendre en salon, avec leur coiffeur, ou online avec l'assistance d'un professionnel qui va évaluer les besoins du cuir chevelu et des cheveux, en tenant compte des habitudes de vie et de l'exposition environnementale (pollution, UV, humidité...). La consultation a pour but de garantir que seuls les ingrédients utiles sont proposés pour traiter et nourrir efficacement les cheveux. Toutes les formules sont garanties sans tests sur les animaux, non toxiques et exemptes de sulfates, de parabens, de colorants, de phtalates ou d'OGM. Chaque formulation exclusive tient compte des préférences personnelles de chaque client (végétaliennes, sans gluten ou sans parfum). L'équipe interne de chimistes et d'ingénieurs de **Prose** a intégré 76 ingrédients naturels hautement efficaces (de la peau de grenade, de l'huile de sacha inchi, des cellules souches végétales, de l'acide hyaluronique, des huiles essentielles de géranium et de citronnelle, entre autres). L'équipe a également développé un algorithme basé sur 85 points de données pour créer des formules exclusives et personnalisées

avec plus de 50 milliards de combinaisons, qui sont fraîchement mises en flacon sur commande à New York.
Prose est non seulement un service de soins capillaires innovant et hyper-sur-mesure pour ses clients, mais réinvente aussi une manière de vendre des produits pour la nouvelle génération de coiffeurs et salons indépendants, en leur permettant de co-créer les solutions capillaires uniques dont leurs clients ont besoin. Comme le dit Arnaud Plas, cofondateur et PDG de **Prose**, « les produits sont fabriqués sur mesure et ne peuvent pas être trouvés ailleurs ».
Une manière pour **Prose** de lutter contre l'utilisation abusive de l'étiquetage « qualité professionnelle » que l'on trouve désormais sur des produits de masse, vendus en supermarché ou sur *Amazon*. Selon Kirsten Green, fondatrice et directrice générale de Forerunner Ventures qui a dirigé la première levée de fonds (5,2 millions de dollars) : « Les produits de qualité professionnelle traditionnels, qui ont été banalisés, peuvent maintenant retrouver leur valeur grâce au pouvoir du sur-mesure ».

Côté capillaire toujours, Zahir Dossa, PDG de **Function of Beauty**, a travaillé sa proposition autour de produits totalement individualisés et précis grâce à l'intelligence artificielle et la robotisation. Selon lui, « apprécier l'aspect individuel des clients est très important, mais [il pense] aussi que c'est super nécessaire : c'est la direction que prend l'industrie en général ».
Un questionnaire en ligne permet de déterminer avec précision son type de cheveux (plusieurs nuances entre raides et frisés, secs et gras, fins et épais). Puis, on choisit parmi différents objectifs, avec des combinaisons inédites (on peut, par exemple, cumuler le renforcement cheveux avec une protection contre la chaleur et anti-frisottis). Toute cette information est filtrée grâce à un algorithme qui « transforme

toutes ces entrées en sorties très précises de combinaisons d'ingrédients », explique Dossa. **Function of Beauty** est à même d'offrir 450 millions de combinaisons différentes en fonction du type de cheveux, des objectifs et du choix de parfum. Si l'on ignore ce dont on a besoin, **Function of Beauty** propose un *chat* instantané avec un chimiste spécialisé, pour aider à évaluer et déterminer les objectifs de chaque futur client.

Zahir Dossa a travaillé avec deux diplômés du MIT : un ingénieur, Joshua Maciejewski, et une chimiste cosmétique, Hien Nguyen. Ensemble, ils ont mis au point un algorithme capable de déterminer des formules ultra-précises combinées à une machine robotisée pour créer chaque formule et remplir les bouteilles. Selon Zahir Dossa, « La machine permet de gérer 100 ingrédients différents et des combinaisons infinies. Il y a des humains impliqués dans la chaîne d'embouteillage, mais pour pouvoir remplir automatiquement chaque flacon individuellement et à grande échelle, il est impossible d'être aussi précis que les machines. » C'était une nécessité, pour lui, de développer des solutions robotiques. Certaines personnes sont totalement fidèles à leur shampoing habituel, mais de plus en plus de gens ont besoin de changer un élément en fonction de la saison ou de leur style de vie. La technologie **Function of Beauty** permet un nombre infini de réglages et un produit toujours parfait à des prix relativement bas. Les flacons sont personnalisés avec le nom des clients, la couleur et le parfum de leur choix. Les produits sont écologiques, sans paraben, triclosan, sulfate ou phtalates.
Zahir Dossa est également co-auteur avec Francisco Szekely de *Beyond the Triple Bottom Line: Eight Steps Toward a Sustainable Business Model*[1]. Ils y expliquent comment développer un

1. Francisco Szekely and Zahir Dossa: *Beyond the Triple Bottom line: Eight Steps Toward a Sustainable Business Model*, The MIT Press, 2017.

business model durable en huit étapes : de l'exploration d'une vision à l'établissement et la mise en œuvre d'une stratégie, en passant par la promotion de l'innovation.

- *Les soins de la peau personnalisés*

Proven, **Curology** ou la française **Laboté** intègrent, elles aussi, les technologies de pointe pour offrir des produits de soin de la peau personnalisés.

Proven, co-fondée par Ming Zhao et Amy Yuan, deux anciennes de Stanford, est « une marque de beauté inclusive qui crée des produits de soins personnalisés en s'appuyant sur les analyses de la plus grande base de données de beauté au monde ». D'après Ming Zhao, « Cette base de données englobe plus de 8 millions d'avis sur les produits de beauté, plus de 100 000 produits de beauté sur le marché et 20 000 ingrédients de beauté et plus de 4 000 articles scientifiques ou de revues scientifiques sur la peau et les ingrédients[1]. » La base de données comprend des informations sur les fournisseurs, l'origine des ingrédients et leur efficacité. Experte en physique computationnelles[2], Amy Yan a mis au point un moteur de recherche basé sur une intelligence artificielle qui récupère continuellement les données dans la base et grâce à l'apprentissage automatique, est en mesure d'établir des liens entre différentes catégories de produits, d'ingrédients et d'évaluations. Là encore, l'expérience client commence par un questionnaire qui lui

1. https://techcrunch.com/2018/02/22/proven-wants-to-sell-ai-distilled-custom-skincare/

2. La physique computationnelle est un domaine pluridisciplinaire, à la fois théorique et relevant de la physique et des mathématiques appliquées, de l'ingénierie avancée, et du calcul à haute performance. Source : Francesco Andriulli, spécialiste et enseignant-chercheur à l'Institut Mines Telecom Bretagne. Amy Yan est titulaire d'un post-doctorat en génie chimique de Stanford et d'un doctorat en physique computationnelle de l'Université de Caroline du Sud.

permettra de renseigner son profil unique. L'aspect humain reprend le dessus car l'information est fournie ensuite à un expert chimiste-cosmétique qui crée la formule sur-mesure. « À partir de nos données, nous savons que de nombreux produits ont des ingrédients qui ne correspondent pas bien à certains types de peau et peuvent effectivement causer des dommages, a déclaré Ming Zhao. Pour nous, non seulement nous pouvons ajouter divers ingrédients bénéfiques à des doses élevées pour les personnes qui en ont besoin, mais nous retirons aussi activement des ingrédients qui ne leur conviennent pas.[1] »

Egalement dans le registre des soins de la peau, **Curology** adopte une approche assez similaire et utilise la technologie numérique en complément de l'interaction humaine pour le traitement plus exclusivement des problèmes d'acné. Fondé par un dermatologue, David Lortscher, **Curology** facilite la connexion entre le patient et le médecin grâce à une application de diagnostic à distance dont l'idée lui est venue, dit-il, lorsqu'il pratiquait au Nouveau-Mexique et que ses patients devaient faire une ou deux heures de route pour venir le consulter.

Le processus de **Curology** commence avec une série de questions détaillées sur le type de peau et les objectifs, ainsi que sur les antécédents médicaux. Ensuite, les utilisateurs sont connectés avec un des 25 dermatologues de **Curology** qui conçoit la formule personnalisée pour cibler les besoins uniques de soins de peau du patient. Grâce au chat en ligne et aux téléchargements de photos, les utilisateurs discutent ensuite de leurs progrès avec leur médecin.

1. https://www.huffingtonpost.com/entry/beauty-artificial-intelligence_us_5a82f175e4b01467fcf1af76

De son côté, Lucile Battail, fondatrice de **Laboté**, a consacré deux ans de recherche pour mettre au point ses soins de peau sur-mesure. Car, comme les produits alimentaires, les crèmes sont des formules actives qui se détériorent avec le temps, « pas si différentes de la mayonnaise », dit-elle. Elle n'a retenu que les ingrédients utiles et éliminé les conservateurs pour élaborer des produits frais, qui s'utilisent rapidement. Les clientes répondent à l'indispensable questionnaire de bilan cutané sur le site Internet (ou rue Madame, à Paris, où se situe la boutique laboratoire). Ensuite, un algorithme détermine une formule en fonction du type de peau, puis une technicienne va réaliser le produit sur mesure, en une quinzaine de minutes, en tenant compte des préférences de texture et de parfum sélectionnées par les clientes. La commande est expédiée, accompagnée de recommandations personnalisées. Le fonds Otium a investi un million d'euros dans **Laboté** qui a également reçu un prêt d'amorçage de Bpifrance de 50 000 euros pour soutenir le lancement de la marque. Car c'est une constante : l'investissement de base est très lourd pour développer des idées scientifiques et en faire des business rentables.

Finalement, ces DNVB utilisent la technologie non pas pour remplacer l'humain mais pour étayer son diagnostic et proposer des soins ou des produits sur mesure, efficaces, adaptés aux besoins et aux usages. Elles sont en passe de changer définitivement notre rapport aux produits : désormais, le sur-mesure n'est plus l'apanage du luxe mais une nouvelle norme que tous les acteurs du secteur devront intégrer rapidement. Car, choisir son soin parmi des millions de combinaisons semble avoir un impact psychologique important pour certains types de client(e)s qui trouvent une gratification personnelle dans le fait d'avoir l'impression d'utiliser un produit quasi unique, fait spécialement pour eux. Ce qui, en fait, est une illusion dans la mesure où statistiquement, il est fort probable que ces marques vendent très majoritairement une poignée de combinaisons seulement, et les autres seulement de temps en temps, voire pas du tout. Par rapport à un choix de six à dix compositions différentes, le sur-mesure n'apporte probablement pas grand-chose en termes d'efficacité ou de qualité réelle. La différence s'établit davantage entre qualité réelle ou service rendu réel d'une part, et qualité perçue ou perception de la pertinence du service d'autre part.

• *Une nouvelle expérience de parfum sur-mesure*

Côté parfum, il faut se tourner vers la start-up new-yorkaise **Hawthorne Labs** qui, depuis 2017, propose des parfums dont les compositions correspondent à la chimie corporelle de chaque individu. Brian Jeong (ancien de l'université de Wharton, où il s'est spécialisé en algorithmique et biométrie) et Phillip Wong (ancien de la marque de mode *Hood by Hair*) ont développé leur concept au sein du laboratoire de chimie de l'UCLA, avec une double intention : simplifier le choix et l'expérience d'achat pour la génération digital native et mettre à sa disposition des parfums de qualité exceptionnelle, composés des ingrédients utilisés pour la parfumerie de niche mais à un prix plus abordable. Considérant que les acheteurs réalisent plus de 50 % de leurs acquisitions en ligne et que le marché des parfums et de l'eau de Cologne est saturé d'options, **Hawthorne Labs** résout le dilemme en offrant une proposition spécialement élaborée pour chaque client, suivant deux variations : *Work*, eau de Cologne légère conçue pour être portée dans un environnement de travail, et *Play*, dans le cadre des loisirs ou des rendez-vous intimes. Comme l'explique Brian Jeong : « L'objectif principal est de créer les parfums classiques de notre génération, des fragrances de très haute qualité, pour le gars qui ne veut plus porter le parfum de son père. **Hawthorne Labs** lui donne un moyen simple, rapide et abordable d'obtenir de nouveaux parfums qui seront adaptés à ses goûts et sans casser la banque ».

La toute jeune **Sillages Paris** se propose elle aussi de mettre fin aux parfums standardisés avec des fragrances de qualité et personnalisables. Maxime Garcia-Janin, son fondateur, ancien de chez *Christian Dior Parfums* et *L'Oréal*, joue sur un ton volontairement décalé et provocateur, dans un positionnement anti-système, « sans fioritures », bien pensé pour plaire aux millennials. Maxime Garcia-Janin s'est entouré d'étoiles montantes de la parfumerie pour valider ses différentes compositions. Avec, entre autres, Alex Lee, auteur des parfums Agarbathi et Paithani, pour la collection Trade Routes de *Penhaligon's* ou Mylène Alran qui a signé Fleur de Parfum pour *Chloé* et participé à la collection Parco Palladiano de *Bottega Veneta*.

Comment les DNVB utilisent les technologies pour inventer de nouvelles propositions de valeur

• *Créer une expérience sans interruption*

L'industrie du maillot de bain se voit chahutée elle aussi par les DNVB. Globalement, ce secteur était saturé, mais sans résoudre les problématiques spécifiques rencontrées par les consommateurs : un calendrier de mise en vente inadapté à la démocratisation et à l'augmentation des voyages tout au long de l'année. Traditionnellement, les ventes débutent au mois de février avec des stocks qui s'amoindrissent pour finir en juillet.

Lancé en avril 2017, **Andie Swim**, « le Warby Parker du maillot de bain, selon Glossy[1], a travaillé sur la problématique de saisonnalité avec une approche à la fois créative et scientifique. Ses fondatrices, Melanie Travis et Tess De Paula, toutes deux aguerries aux techniques du « marketing technologique » ont mis au point un algorithme pour croiser les modèles des compagnies aériennes et déterminer quand et où leur cible partait en vacances, avec les cycles de disponibilité sur le marché des maillots. À partir des pics et des creux, elles ont déterminé un calendrier moins traditionnel et proposé des lancements de collections spécialisées toute l'année autour d'événements comme les « lunes de miel » ou pour le Festival de musique de Coachella. Grâce à une expérience *home try-on* (essayage gratuit à la maison) les clientes peuvent essayer trois maillots dans le confort et l'intimité. L'actrice Demi Moore a participé à hauteur de 2 millions de dollars au fonds d'amorçage d'Andie Swim, en mars 2018. « J'ai été attirée par l'approche d'Andie, qui place les femmes au premier plan, dit-elle. Acheter un maillot de bain peut être stressant et prendre beaucoup de temps pour beaucoup de femmes, mais Andie [Swim] propose le maillot de bain parfait et une expérience incroyablement simple, facile et confortable.[2] »

- ***Créer un environnement d'achat totalement adapté aux besoins des clients***

Combatant Gentlemen tient sa promesse de marque « s'habiller plus intelligemment ». Cette compagnie a, par

1. https://digiday.com/marketing/startup-spotlight-andie-swim-rethinking-market-one-piece-swimsuits/

2. https://wwd.com/fashion-news/fashion-scoops/demi-moore-investment-andie-swim-seed-round-swimwear-1202633068/

exemple, mis au point une application iOS[1], afin de transformer l'expérience d'achat traditionnelle : un algorithme calcule les tailles qui conviennent le mieux dans chaque style de costume, puis les ajustements de longueur de manches et ourlets, à partir de l'IMC[2] complété du tour de cou et du tour de taille.

Imran Rahman, directeur des opérations de **Combatant Gentlemen**, a créé un algorithme qui combine le système de recommandation d'*Amazon* et le modèle d'analyse prédictive de *Netflix*. Il calcule les données et analyse ce que les acheteurs veulent et apprécient. « Nos clients n'apprécient pas de faire du shopping, mais ils ont une idée précise de ce qu'ils aiment. Souvent, ils veulent des variantes des dernières tendances ou ce qu'ils ont vu sur d'autres personnes ». L'idée est de proposer un environnement d'achat totalement adapté aux besoins des clients. La *Combat Gent App* suggère un choix de tenues en fonction du teint du client, de la météo de sa région, de ses habitudes personnelles d'achat et des événements à venir dans son calendrier. Sur la page de téléchargement de l'app, on peut lire « qu'elle ne suggèrera pas un sweat-shirt pour aller à un rendez-vous galant au soleil de Miami, et qu'elle ne proposera pas non plus l'achat d'un blazer bleu si cet article a été acheté récemment.[3] »

Pour répondre aux deux principales questions « quoi porter avec mon costume ou avec quelle couleur l'assortir ? », l'algorithme contient des informations issues de la science

1. www.macworld.com/article/3032692/ios/combatant-gentlemen-new-app-will-find-you-the-perfect-outfit.html. iOS, anciennement iPhone OS, est le système d'exploitation mobile développé par Apple pour plusieurs de ses appareils. (Wikipédia)

2. L'Indice de Masse Corporelle = poids (kg)/taille(m)^2

3. http://grow.segment.com/Glossier_Segment_Case-Study.pdf

de la couleur, *RGB color model*[1], basée sur la théorie de la couleur monochrome.

Pour Scott Raio, directeur technique et cofondateur de **Combatant Gentlemen**, « Le mobile n'est pas juste un outil de vente. Ce que nous voulons, dit-il, c'est offrir une expérience sans interruption, qui délivre le maximum de valeur pour notre client final. C'est crucial pour la progression de notre société et de nos technologies.[2] »

- ***Répondre aux attentes du public en termes d'usages, d'esthétique et d'éthique***

Côté mode, par exemple, Tim Brown, ancien footballeur professionnel, a fondé sa marque **Allbirds** sur l'idée d'un seul produit original : créer une nouvelle catégorie de baskets en matériaux totalement naturels, fabriquées avec la laine mérinos des moutons de son pays, la Nouvelle-Zélande.

Son choix se porte sur cette laine car c'est une ressource inépuisable aux qualités incroyables : elle réduit les odeurs, régule la température, évacue l'humidité. Pour développer son textile « révolutionnaire », Tim Brown fait équipe avec Joey Zwillinger, un ingénieur de San Francisco, expert en biotechnologies. En partenariat avec des ateliers italiens, ils ont mis au point un tissu de laine, spécialement conçu pour la chaussure, avec l'intention d'utiliser des matériaux premium sans le prix premium. **Allbirds** propose une alternative au synthétique bon marché et requiert 60 % en moins d'énergie à produire. Les semelles sont en ricin, un arbrisseau tropical source de polyuréthane vert certifié B-Corp

1. Le modèle de couleur RGB renvoie aux trois couleurs primaires (*Red-Green-Blue*, soit le rouge, le vert et le bleu) dont les différentes combinaisons permettent de produire une multitude de couleurs.

2. http://lapalmemagazine.com/2016/03/combatant-gentleman-the-personal-stylist-in-your-hand/

(qui respecte scrupuleusement les normes sociales et environnementales). La société a bénéficié pour sa R&D de subventions de la Nouvelle-Zélande et a été soutenue par l'industrie de la laine. La marque propose aussi, depuis le mois d'avril 2018, un modèle d'été, fabriqué à partir de fibres d'eucalyptus. Comme l'explique Joey Zwillinger : « Les eucalyptus requièrent très peu d'eau et poussent comme une mauvaise herbe partout en Australie et en Nouvelle-Zélande. Ce sont des plantes qui consomment principalement du carbone. La pulpe de la plante est transformée en fibre avant d'être tissée en un tissu très souple et aéré[1] ».

Pour garantir le succès de sa chaussure, **Allbirds** propose un essai pendant 30 jours : « C'est un nouveau type de produit, les gens doivent essayer de le comprendre ». Toutes les paires retournées, et qui ont été portées, sont données à l'association Soles4Souls.

Tim Brown a installé son entreprise à Bay Area (San Francisco), qui concentre les ressources en innovation et un éco-système de financement plus dynamique pour soutenir la croissance de sa start-up. La *cool runner,* chaussure simple sans logo, y est devenue un élément de l'uniforme cool de l'élite du capital investissement de la Silicon Valley. La marque a remporté un succès instantané, très révélateur des nouveaux usages et comportements. Elle s'inscrit à contre-courant de l'idée que les millenials n'aiment pas travailler. Dans la réalité, les jeunes travaillent tout le temps et ils ont une vision très différente de leurs aînés, et de ce à quoi doit ressembler un vêtement de travail. Comme le note Tim Brown, leur idée du confort est très en avance sur les propositions des marques traditionnelles. Sa sneaker a catalysé ce changement culturel avec une proposition qui prend

1. https://www.newyorker.com/magazine/2018/03/26/when-your-shoes-are-made-of-wood-pulp

en compte les attendus en termes d'usage, d'esthétique et d'éthique.

Toujours dans le domaine de l'habillement, on peut également citer les chemises hydrophobes de la marque australienne **Threadsmiths**, les chaussures aux formes, motifs et couleurs personnalisés de la marque américaine **Rothy's**, tricotées en six minutes grâce à leur technologie assistée par ordinateur Knit 3-D. Ou encore la marque canadienne **Kit and Ace** qui innove en permanence pour développer des tissus performants exclusifs, à la fois luxueux et inspirés des principes des vêtements de sport, en ajoutant des propriétés techniques à des fibres nobles. Son *Qemir*™[1] par exemple est un mélange de cachemire, viscose et élasthanne de manière à obtenir un *Technical Cashmere*™, lavable et séchable en machine, sans s'élargir, rétrécir ou décolorer. Le Technical Silk™ est une soie travaillée pour s'étirer comme du stretch, faite pour durer dans le temps ; **Kit and Ace** a fait partie du classement annuel des 50 entreprises les plus innovantes au monde pour 2016 selon *Fast Company*[2]. La ligne de vêtement de nuit, de la marque américaine **Lunya**, est conçue pour aider à reconstruire et recharger le corps pendant le sommeil. Les vêtements sont fabriqués à base d'un tissu en coton pima, intégrant des minéraux *Celliant*, qui absorbent et convertissent la chaleur corporelle en énergie infrarouge. Recyclée dans la peau et les tissus, elle améliore le repos pendant la phase de sommeil paradoxal.

L'ameublement est un autre marché sur lequel les DNVB expriment leur potentiel d'innovation. Elles travaillent à

1. Prononcé Come'ere

2. https://www.fastcompany.com/company/kit-and-ace

simplifier l'expédition et les retours, comme la marque américaine **BedinBox Mattress** par exemple qui la première en 2006 a mis au point un procédé de compression de matelas à mémoire de forme, de manière à pourvoir envisager la livraison dans une boîte de taille réduite. Le procédé, amélioré par **Casper**, s'est répandu comme une traînée de poudre dans le monde.
On assiste également à une explosion de DNVB qui, comme la marque australienne **Brosa** ou l'américaine **Greycork**, se positionnent en concurrentes d'*Ikea* pour proposer des meubles de meilleure qualité, plus design et ergonomiques. **Greycork** propose une gamme complète de mobilier à monter sans outil.

La R&D concerne, dans ce domaine aussi, la mise au point de matériaux recyclés. **Pentatonic** est au mobilier ce que **Allbirds** est aux *sneakers*. Les fondateurs de **Pentatonic**, Jamie Hall et Johann Boedecker, ont mis au point un procédé de moulage par injection pour transformer en meubles les déchets d'aluminium, de verre, de nourriture et de plastique. **Pentatonic** achète 90 % de ses déchets en Angleterre et en Allemagne, où la société à ses bureaux, les 10 % restants sont des écrans usagés de smartphones provenant de Taïwan. Selon le site web de la marque, une chaise AirTool avec un siège en feutre Plyfix, est fabriquée à partir de 96 bouteilles en plastique et de 28,4 canettes en aluminium, de vieux contenants alimentaires et des déchets industriels. 1 436 canettes en aluminium et 190 CD ou DVD sont utilisés pour fabriquer une table AirTool Foil. La marque garantit n'utiliser aucun additif, ni colle, ni résine. Ses meubles sont conçus pour être emballés et livrés à plat. Les clients peuvent revendre des pièces de leurs meubles à **Pentatonic** lorsqu'ils n'en ont plus l'usage, afin qu'ils puissent être recyclés et réintroduits dans la chaîne d'approvisionnement, suivant les principes de l'économie circulaire.

Les *Digitally Native Vertical Brands* s'attachent à relever de nouveaux défis, dans tous les domaines, que ce soit la mode, la maison ou la beauté, ainsi que dans ceux de l'alimentation et de la santé. Ce n'est qu'un début. Grâce à la data, au perfectionnement de la 3D et des objets connectés, entre autres, on va assister à une démultiplication des innovations adaptées au commerce digital, qui impliqueront des changements en profondeur des comportements d'achat.
Véritables fabriques d'innovations, portées par état d'esprit disruptif, les DNVB repoussent les frontières pour mieux servir les clients. Toutefois, leur efficacité à créer des produits qui correspondent exactement aux besoins et désirs du marché tient à leur maîtrise des techniques marketing de développement produits et de commercialisation propres aux start-up : le *growth marketing*.

14

LE MARKETING DES START-UP OU *GROWTH MARKETING*

Le growth marketing est une adaptation du marketing à l'environnement digital, qui combine des technologies et une nouvelle approche de l'acquisition et de la rétention client.

• *L'origine du terme* growth marketing

La naissance du *growth marketing* est liée l'évolution et au développement de l'Internet. Aux débuts du web, dans les années 1990, il y avait encore relativement peu d'acteurs sur le marché et peu de concurrence entre les produits. Les premiers moteurs de recherche suffisaient à guider directement les clients vers l'offre. Les premiers réseaux sociaux et blogs sont apparus en 2004. Le web est alors devenu collaboratif, le rapport aux clients a changé, influencé par l'intelligence collective. Depuis, l'Internet est devenu un univers hyper-compétitif, passant de 77 millions d'utilisateurs en 1996 à 3,77 milliards d'internautes aujourd'hui, soit 50 % de la population mondiale[1].

1. http://www.internetworldstats.com/emarketing.htm

Le marketing s'est adapté à chacune des phases d'évolution de l'Internet. Les start-up technologiques ont, elles aussi, eu besoin de se faire connaître de leurs clients. Par nécessité, des développeurs, dont ça n'était pas le domaine de compétence, ont inventé une manière non-conventionnelle de faire du marketing, non pas comme une fonction, mais comme une tâche.
Au coeur de la culture de la Silicon Valley se sont forgées de nouvelles stratégies à appliquer pour assurer une croissance hyper rapide, efficace et moins coûteuse que le marketing classique : le *growth hacking* ou *growth marketing*.

Alors qu'il était responsable du développement de *Dropbox*, en 2010, Sean Ellis[1], a inventé ce terme pour décrire un processus de croissance basé sur l'acquisition très rapide de clients grâce à l'utilisation de méthodes innovantes, évolutives, auto-reproductibles, traçables et mesurables.

• *Principes du* growth hacking

Le *growth hacking* vise à améliorer l'efficacité du marketing. Là où celui-ci fonctionne en silos, en séparant marketing produit et communication-promotion, et suit méthodiquement un plan pré-établi, le *growth hacking* fait travailler ensemble les compétences produit, communication et analyse.

Le *growth hacking* est fondé sur trois principes :
- pousser et réactiver sans arrêt la croissance,
- recueillir et analyser en permanence toutes les données et mesures, puis faire évoluer le produit en conséquence,

1. Sean Ellis, PDG de Qualaroo, auteur de *Hacking Growth*, Crown Business, 2017, et créateur de growthhackers.com. Il a inventé le terme en rédigeant une fiche de poste pour un recrutement.

• utiliser tous les outils à disposition pour promouvoir son produit avec un faible budget, plutôt que d'élaborer des campagnes marketing coûteuses.

• *Le temps des* growth hackers

Le *growth hacking* n'est pas une pratique figée mais, au contraire, une matière en mouvement constant que chacun apprend par expérimentation, au contact des autres et en inventant son style personnel. Parmi les pionniers, certains ont acquis un statut de star avec des hacks mythiques[1]. Ils ont popularisé le *growth hacking* à travers des *blogs* et des livres, créant une communauté passionnée de *growth hackers*. Quelques-uns sont passés, sans barrières, de la technologie à la mode, faisant ainsi migrer les pratiques de ce marketing technique dans les DNVB. Ryan Holiday, auteur d'un des premiers ouvrages sur le sujet[2] et ancien directeur du marketing d'*AmericanApparel* fait partie de ceux qui ont énormément contribué à populariser le *growth hacking* et à le faire sortir des seules start-up technologiques. Aaron Ginn, growth product manager d'**Everlane** est également l'un des premiers fondateurs du mouvement. Pour lui, « le *growth hacking* est davantage un état d'esprit, un *mindset,* qu'un ensemble d'outils. »

• *Structuration de la discipline*

Dave McClure, créateur du fonds d'amorçage *500 start-up*, a simplifié et théorisé la discipline en proposant une

1. Le premier hack mythique de l'histoire et celui de Hotmail et sa signature de mail «PS: I Love You. Get Your Free Email at Hotmail». Cette simple «astuce» a permis à Hotmail d'enregistrer 3 000 créations de compte par jour pendant des mois et d'atteindre très rapidement un million de clients.

2. Ryan Holiday: *Growth Hacker Marketing: A primer on the Future of PR, Marketing, and Advertising*, Portfolio Penguin, expanded edition, 2014.

modélisation du parcours client popularisée sous le nom de « Startups Metrics for Pirates: AARRR! »[1]. Il subdivise la stratégie de croissance rapide en cinq leviers/étapes optimisables indépendamment.

- *Méthodologie AARRR & croissance*

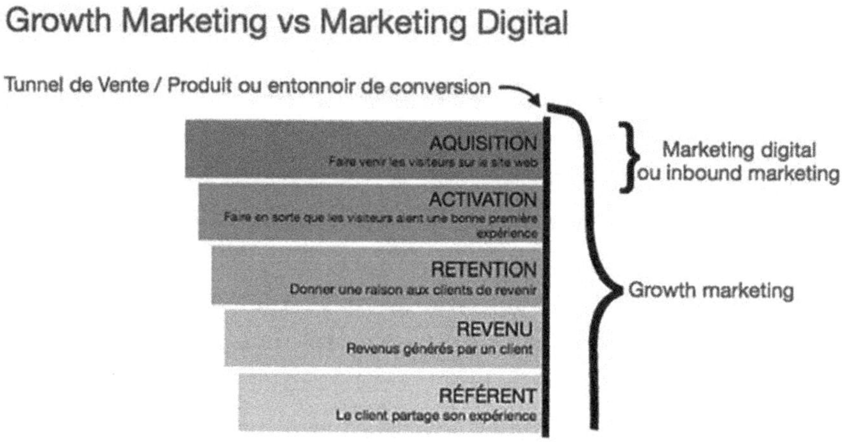

Le growth hacker s'assure que le visiteur revienne sur le site, le marketing traditionnel se concentre sur l'acquisition de nouveaux clients.

Acquisition: attirer l'attention des utilisateurs potentiels, les « prospects », et les faire venir sur le site grâce à la proposition de valeur ou service.
Activation: transformer les visiteurs en utilisateurs ou clients, obtenir qu'ils réalisent leur première action, s'inscrivent à la newsletter et remplissent un panier par exemple.
Rétention: retenir, faire revenir les clients, rendre l'utilisation du service régulière et habituelle.

1. https://www.youtube.com/watch?v=irjgfW0BIrw Conférence Ignite donnée à Seattle en 2007 au cours de laquelle Dave McClure a présenté son fameux modèle AARRR.

Revenu: les revenus générés par un client, qui prennent en compte la fréquence d'achat et le *churn* ou taux d'attrition[1]
Référent: le client partage son expérience avec d'autres, il devient ambassadeur de la marque.

On affecte à chaque étape du process AARRR un ou plusieurs indicateurs de performance afin de mesurer l'efficacité des outils employés et proposer ainsi des scénarios pour tester des hypothèses d'amélioration. Toutes les données sur les clients sont suivies à chaque étape et analysées dans le but d'identifier de nouvelles opportunités. On peut ainsi monétiser et optimiser chaque étape du parcours.

• Le suivi ou *tracking* des données
Le *tracking* consiste à organiser la collecte systématique et le stockage des données de navigation de chaque visiteur afin de décrire son parcours (pages consultées, clics de souris ou actions clavier). Les données collectées sur l'ensemble des supports digitaux de la marque (site e-commerce, site mobile, applications mobiles) constituent la matière première de ce que l'on appelle la web-analyse.

• *Un cercle vertueux de croissance*

Dans une stratégie de *growth hacking*, il s'agit avant tout de nouer des liens intimes avec les clients à travers chacune de leurs actions. Puis à maintenir et amplifier ces liens grâce à des cycles courts d'itération, tout en mesurant en permanence les données, de manière à enclencher une boucle de croissance vertueuse tout au long du parcours : acquérir un nouveau client revient plus cher que de le fidéliser, lorsqu'il

1. Le taux d'attrition, ou *churn rate* en anglais, est un indicateur qui permet de mesurer le phénomène de perte de clients ou d'abonnés.

devient référent, il amène lui-même de nouveaux clients, ce qui mécaniquement diminue le coût d'acquisition de base. On estime qu'il coûte de 5 à 25 fois plus cher d'acquérir un nouveau client que d'en fidéliser un ancien. Selon une étude de Bain & Company, « une amélioration de 5 % des taux de rétention aurait un impact positif sur les résultats et générerait une croissance de 25 à 95 %. Même selon des estimations prudentes, la rétention est un puissant mécanisme de croissance[1] ».

On passe d'un processus de vente à une gestion du cycle de vie client s'inscrivant dans une relation durable. Les marques proposent une expérience commune, se construisant au fil du temps, contribuant à la création et à l'entretien d'un capital de confiance et de loyauté dont le bénéfice sera mutuel.
Concrètement, elles cherchent perpétuellement comment attirer un prospect vers leur site, transformer sa visite en achat, le stimuler pour le fidéliser et en faire un ambassadeur efficace qui les recommande auprès de ses amis.

• *Le* Net Promoter Score

Le *Net Promoter Score*SM (NPS®) est un indicateur de fidélité client développé en 2003 par le consultant Fred Reichheld de Bain & Company en collaboration avec l'entreprise Satmetrix. L'objectif était de déterminer un score uniforme et facilement interprétable pour la satisfaction client, et pouvant être comparé dans le temps ou entre différents secteurs d'activité. Le NPS® est le meilleur indicateur pour prédire la fidélité et la valeur à long terme d'un client. Il indique la propension ou probabilité qu'un client

1. http://www.bain.com/Images/BB_Prescription_cutting_costs.pdf

recommande un produit ou une marque à un ami, et mesure également le degré de satisfaction et de loyauté des clients pour le produit. Le score va de 1 à 10 (ou de 1 à 100). Un score inférieur à 8 signifie que la marque a plus de détracteurs que de promoteurs ; avec un score entre 8 et 10, elle peut compter sur des promoteurs enthousiastes.
C'est la mesure la plus efficace pour savoir ce que les clients pensent réellement des produits et pour les *Digitally Native Vertical Brands* c'est un élément clé de leurs stratégies de rétention et de pilotage de la croissance.
Comme le dit Andy Dunn : « Le NPS® est un excellent raccourci pour comprendre à quel point vos clients sont satisfaits de votre produit. Plus les produits sont performants et plus ils correspondent aux attentes des clients, plus il est facile de les fidéliser. Si le score est correct (au-dessus de 8), mécaniquement il entraînera deux autres facteurs clés de succès : une équipe inspirée qui travaille avec plaisir et une marque populaire qui se développe organiquement grâce au bouche-à-oreille[1] ».

À côté du NPS®, le *Customer Acquisition Cost* (CAC) et le *Life Time Valu*e (LTV) sont deux variables qui permettent de suivre la bonne progression d'une DNVB. Le CAC représente le coût total d'acquisition d'un nouvel acheteur : les coûts marketing et de communication, les coûts de commercialisation ou référencement, les frais généraux. Le LTV représente la valeur à vie d'un client, c'est-à-dire le montant total des revenus qu'un client moyen génère pour l'entreprise.
La rentabilité d'une DNVB est intrinsèquement liée à la corrélation entre ces deux variables. La clé pour faire fonctionner le business d'une DNVB est d'équilibrer les coûts

1. https://www.youtube.com/watch?v=8gOcBZ7Tn_0

d'acquisition avec la valeur à vie d'un client. Les stratégies pour y parvenir sont dépendantes de deux facteurs : la valeur du produit vendu et la répétition d'achat. Celles qui proposent des produits coûteux que les clients ne sont pas susceptibles d'acheter fréquemment (une valise à 295 dollars, un matelas à 1 000 dollars) doivent être rentables dès la première vente et essayer de fidéliser les clients en déployant de nouvelles gammes d'accessoires et de produits. Celles qui vendent des articles peu coûteux (rasoirs, brosses à dents, chaussettes) doivent essayer d'amener les clients répéter les achats, ce que beaucoup essaient de faire grâce aux abonnements. C'est pour cette raison que les DNVB consacrent toute leur énergie à améliorer l'efficacité de leurs processus de fidélisation. C'est plus rentable à long terme que de se focaliser seulement sur l'acquisition client. Pour Bayard Winthrop, fondateur d'**American Giant**, « Le secret de la rétention, c'est d'être intransigeant sur la qualité des produits et services. Un client déçu ne reviendra pas[1] ».

• *L'équipe* growth marketing

Dans la pratique classique du marketing, deux équipes travaillent séparément : l'une à créer un produit, l'autre à le faire adopter par le marché, à convaincre les futurs clients et à le vendre. Dans une start-up, au contraire, la stratégie de croissance se construit autour d'une équipe pluri-disciplinaire[2] et transversale qui partage la vision de l'entreprise et des objectifs communs à atteindre. L'équipe

1. https://www.youtube.com/watch?v=gfqAYzWXPUk&list=PLaAYwuPVTZPF76O76npKo-bsXb0zAJ4eW

2. https://medium.com/swlh/how-do-you-choose-the-best-growth-team-model-632ad5a85be9

growth marketing construit en même temps le produit, son marché et les actions de communication.
Le *Chief Growth Officer* (le plus souvent, c'est l'un des fondateurs qui joue ce rôle à la création de la start-up) s'assure que les métriques spécifiques choisies par l'équipe sont appropriées pour atteindre les objectifs fixés. Il cherche les données et *insights* clés montrant des changements de comportement chez les clients, et les signaux faibles très en amont pour corriger le produit ou les actions. Il doit donc non seulement maîtriser l'analyse de la data, mais aussi posséder une expertise dans le domaine du retail, une connaissance approfondie de l'optimisation d'un panier moyen, de l'*e-merchandising* et de la *pricing dynamique*[1].

1. L'e-merchandising regroupe l'ensemble des techniques qui consistent à optimiser les fonctionnalités de recherche, de présentation de produits et de procédures d'achat pour augmenter les ventes sur un site marchand. L'e-merchandising vise à optimiser le taux de transformation et le panier moyen. (source : marketing.com).

Le pricing dynamique repose sur des techniques de traitement analytiques avancées permettant de construire des algorithmes très réactifs de fixation de prix.

15

DÉVELOPPEMENT DE PRODUITS GUIDÉ PAR LES CLIENTS

Marketing traditionnel vs *Growth Marketing*

Dans une démarche de growth marketing, le développement de produit est un processus d'amélioration continue et de production dynamique, basé sur un dialogue permanent entre les clients et la marque.

Le développement de produit via le *crowdsourcing design* (design participatif) s'effectue au travers d'une approche centrée autour du client, regardé comme coproducteur plutôt que comme un simple acheteur final. Ainsi que le préconise Ryan Holiday, « le plus tôt son influence se fait sentir dans le *process*, le mieux c'est.[1] » On s'appuie sur une cible précise que l'on implique continuellement à toutes les étapes de la création.

Si les techniques de *crowdsourcing* sont déjà connues et utilisées par le marketing d'innovation par exemple, elles

1. https://learn.ryanholiday.net/courses/growth-hacker-marketing/lectures/3908

interviennent surtout en amont, dans les phases d'études de marché, et pour le développement de produits. En revanche, une fois que le produit est mis sur le marché, on le considère comme abouti et donc figé. À l'opposé, dans une vision *growth marketing*, on considère que le produit est toujours en devenir. Il n'est jamais statique, mais intégré dans un processus d'amélioration continue et d'échanges itératifs, à l'instar d'un produit technologique que l'on améliore sans cesse par des versions successives.

De la même manière, au lieu d'envisager le développement de produits d'abord, puis dans un second temps les aspects liés à la promotion, le *growth marketing*, centré sur une stratégie de croissance organique, pense les deux étapes en concomitance.

• *Le* product/market fit

> Le product/market fit est la rencontre parfaite entre le produit et le marché.

On doit l'expression au pionnier du web, Marc Andreessen, qui est aussi à l'origine des concepts de navigateur, de l'Internet social ou encore de cloud. Il dirige aujourd'hui son propre fonds d'investissement en capital risque qui a investi dans Slack, Pinterest et Airbnb entre autres. Cette expression apparaît pour la première fois en 2007, dans un article titré « Product/Market Fit » et publié sur le site de l'Université de Stanford, dans le cadre d'un cours intitulé « Business Management for Electrical Engineers and Computer Scientists ». On y lit en exergue que : « The only thing that matters is product/market fit » (la seule chose qui compte est le *product/market fit)*, c'est-à-dire l'adéquation parfaite entre un marché et un produit[1]. Ce *product/market fit* n'est pas juste un mix favorable entre les conditions de marché et la bonne cible, c'est la rencontre entre un bon produit et un désir ou un besoin.

Le *growth marketing* part du principe que l'on n'éduque jamais un marché. Au lieu de créer un nouveau produit en essayant d'anticiper sur ce que veulent les clients, puis de les persuader de l'adopter à l'aide de campagnes publicitaires et de promotions, on s'attache fondamentalement à répondre à un problème, ou à une absence de proposition existante sur le marché, et à apporter une solution qui paraisse évidente et indispensable pour le futur acheteur. En apportant la bonne réponse, un bon produit aura plus de chance d'être adopté par des clients et ainsi de générer de la croissance.

C'est ainsi que les fondateurs d'**Outlier** ont inventé une nouvelle catégorie de produits : l'*urban techwear.* L'idée est partie d'un constat d'Abe Burmeister et de Tyler Clemens, tout deux dingues de cyclisme : il était impossible de trouver des vêtements se prêtant à la pratique du vélo et avec lesquels on puisse aussi aller travailler. Ils ont donc dans un premier temps imaginé un pantalon, puis une collection de 80 pièces en matières très techniques, adaptées à la pratique du sport mais dont le design leur permet d'être également portées au bureau.
L'histoire peut sembler anecdotique, mais c'est le point de départ pour concevoir une offre adaptée à une catégorie de la population qui ne trouve pas de solutions satisfaisantes sur le marché : des hommes qui vont au bureau en vélo et

1. https://web.stanford.edu/class/ee204/ProductMarketFit.html "Product/market fit means being in a good market with a product that can satisfy that market" [Le Product/market fit signifie être sur le bon marché avec un produit qui puisse satisfaire ce marché], 2007.

passent la journée à s'imaginer de nouveau à l'extérieur. Et c'est d'ailleurs une certaine idée de cette liberté que cette marque incarne, liberté de mouvement et liberté d'être soi. À partir d'un problème personnel, ses créateurs sont allés à la rencontre d'un marché délaissé prêt à entendre une nouvelle proposition. Comme le résume Abe Burmeister :

> « Si vous concevez des produits pour une personne imaginaire, vous allez résoudre des problèmes imaginaires.[1] »

Les méthodologies liées au développement de produit

Les techniques et process pour créer un produit parfaitement en phase avec le public reposent sur des méthodologies spécifiques, utilisées à l'origine pour le développement de logiciels informatiques. Ce sont des adaptations, entre autres, de la culture de gestion de produit dite *agile* et de la culture *Lean Startup* dont les *Digitally Native Vertical Brands* se sont emparées et qu'elles ont réussi a transposer, de manière tout à fait originale et novatrice, aux objets de consommation courante.

Les méthodes agile et Scrum

Les approches de gestion de produit dites agiles (définies dans le Manifeste pour le développement Agile de 2001[2]) sont un ensemble de pratiques de pilotage et de réalisation de projets qui prennent le contre-pied les approches en cascade traditionnelles, prédictives et séquentielles.

Elles partent du principe que spécifier et planifier dans les détails l'intégralité d'un produit avant de le développer est

1. https://www.gq.com/story/outlier-pants-for-the-end-of-the-world
2. http://manifesteagile.fr

contre-productif. Une expression détaillée et validée du besoin avant la réalisation laisse peu de place au changement. Le client est au centre du développement. Il est impliqué dans la réalisation du début à la fin du projet. Ses *feedbacks* réguliers permettent d'appliquer aussitôt les changements nécessaires.
Cette méthode vise à accélérer le développement d'un produit qui, historiquement, était dans le domaine de la conception de logiciels.
Le principe de base consiste à proposer une version minimale, puis à intégrer des fonctionnalités supplémentaires par processus itératifs composés de tests, développements, intégrations et améliorations à répéter autant de fois que possible selon le besoin. Ces approches sont collaboratives : la communication et la cohésion de l'équipe passent avant les outils et processus.

Scrum[1] est la méthode agile la plus populaire. Elle met l'accent sur le travail d'équipe, créatif et adaptatif, pour résoudre des problèmes complexes. Elle est construite sur des *sprints*, une série de développements assez courts, généralement deux semaines, à l'issue desquels l'équipe présente ce qu'elle a ajouté au produit. Le *product owner* (ou directeur de produit) le définit et coordonne l'équipe animée par un *Scrum master* dont le rôle est plus spécifiquement de stimuler le groupe de développement.

• *Le* Lean Startup, *méthode d'innovation continue*

Inventé et popularisé par Eric Ries dans son ouvrage de 2011[2], le *Lean start-up* est une méthodologie pour la création de

1. « Mêlée » au rugby.

2. *The Lean Startup: How today's Entrepreneurs Use Continuons Innovation to create radical successful businesses*, Currency, 2011.

start-up et le développement de produits innovants, centrée autour du client. Le *Lean start-up* reprend certains principes du *Lean manufacturing* théorisé et mis en pratique dans les usines de Toyota au Japon dans les années 1950. Elle s'appuie également sur les fondamentaux du *Customer Development Process,* conceptualisés par Steve Blank[1]. Penseur, enseignant et entrepreneur respecté de la Silicon Valley, il est l'inventeur d'un processus à contre-pied de l'approche classique de la création de produits. Selon lui, l'entreprise qui cherche à innover ignore souvent tout de son client et de ses besoins. Au lieu de démarrer par le développement de produits et de chercher ensuite quel usage il pourra avoir pour les clients, il préconise de débuter par le développement des connaissances sur les clients (ou ceux que l'on pense être les clients).

La méthode *Lean* consiste à transformer des idées en produits, à évaluer la réaction des clients, puis à tirer des enseignements qui lui permettront de décider si l'entreprise doit persister ou pivoter (c'est-à-dire changer de direction pour adapter les produits à la demande des clients). Centrée sur la validation rapide des idées (v*alidated learning*), la méthode repose sur un management de l'innovation en boucle d'apprentissage, appelée aussi boucle de feedbacks. Les trois étapes – générer une idée/produire/mesurer – se répètent jusqu'à trouver la bonne proposition de valeur.

Le *Lean start-up,* c'est :

- construire et mesurer pour apprendre,
- apprendre pour valider les pistes,
- améliorer le produit ou pivoter.

1. Steve Blank est un serial-entrepreneur et professeur reconnu pour son apport au *Customer Development*. En mai 2013 il signe dans la *Harvard Business Review* un article titré : « Why The Lean Start-Up Changes Everything » qui définit les principes du mouvement dont il avait jeté les bases dans son livre *The Four Steps to the Epiphany: Successful Strategies for Products that Win*, K&S Ranch Press, 2005 puis 2013 pour la deuxième édition.

C'est une technique de production qui contient sa propre évolution et son développement organique. Les bénéfices de la méthode viennent de ce qu'elle limite les coûts et les pertes de temps et d'énergie, en livrant un maximum de qualité. Au lieu de passer de longs mois en développements pour finalement s'apercevoir que le produit ne répond à aucune demande, elle permet de vérifier qu'il répond bien à une attente du marché, génère et aide à développer un engouement des futurs clients avant de lancer la production. Grâce à ce dialogue itératif on peut, d'une part, recueillir un grand nombre de commentaires et, d'autre part, anticiper les problèmes liés à l'expérience utilisateur, essentiels au succès du produit ou du service.

Ces méthodes imprègnent tellement les DNVB qu'elles engendrent un nouveau vocabulaire pointant sur ce mix totalement disruptif. Ainsi, dans une interview donnée à *Forbes* en juillet 2016, Roman Kirsch, le fondateur de **Lesara**, une marque berlinoise de *fast-fashion,* a pour la première fois parlé d'*Agile Retail* pour décrire le *business model* des DNVB[1]. Kirsch construit ses collections non plus en partant de l'observation de défilés et du suivi de nouvelles tendances culturelles, mais en s'appuyant uniquement sur des analyses automatisées et en temps réel pour découvrir les tendances spécifiques de style souhaitées par chaque consommateur individuellement et à l'échelle mondiale. Il est capable d'identifier ces tendances et de mettre en vente les vêtements dans un temps record de dix jours. Soit un délai d'exécution qui surpasse ses principaux concurrents, *Zara* et *H&M*, de près d'un mois entier. Grâce à une technologie développée

1. https://www.forbes.com/sites/julianmitchell/2016/07/11/this-27-year-old-founder-is-transforming-high-fashion-into-a-billion-dollar-tech-industry/#775cee014efd

en interne, il peut fabriquer 50 000 pièces originales chaque année.

Quant à Paul Munford, il a choisi le titre de *Lean Luxe* pour son site consacré au *Digitally Native Vertical Brands*, lancé en juillet 2016, avec l'ambition « d'offrir une couverture médiatique et proposer une analyse ciblée et cohérente de ce nouveau groupe qui remodèle fondamentalement les normes de l'industrie. »

Les étapes du développement de produit

> « Savez-vous quelle est la pire décision que vous puissiez prendre ? Commencer avec un produit dont personne ne veut ou dont personne n'a besoin[1]. »
>
> Ryan Holiday dans « Growth Hacker Marketing »

• *Rechercher des futurs clients, formuler et valider des hypothèses*

Alors qu'avec les techniques de marketing classique, l'étude de marché présuppose que le produit est déjà défini, le *Lean start-up* développe sa connaissance du marché et du produit, dans une double démarche simultanée d'apprentissage. Comme l'indique une étude CBInsights[2], 42 % des start-up échouent parce qu'elles développent des produits qui ne répondent pas à un besoin du marché. Elles suivent une intuition en pensant savoir ce que le client est censé vouloir et elles ignorent les futurs utilisateurs, ou ne tiennent pas

1. https://learn.ryanholiday.net/courses/growth-hacker-marketing/lectures/3908

2. https://www.cbinsights.com/research/start-up-failure-reasons-top/?utm_source=CB+Insights+Newsletter&utm_campaign=5f077fe3fd-ThursNL_04_11_2018&utm_medium=email&utm_term=0_9dc0513989-5f077fe3fd-89761673

suffisamment compte de leurs commentaires. En d'autres termes, une bonne idée ne suffit pas, il est surtout nécessaire de trouver une idée qui fonctionne et de parler aux futurs clients. Entretenir une conversation continue avec eux contribue à assurer de meilleures chances de succès. Avant d'essayer de chercher une solution, la première phase consiste à savoir si certaines personnes ont conscience du problème que les entrepreneurs vont essayer de résoudre, si l'idée résonne et pourquoi. Pour y répondre, il faut trouver de vrais futurs utilisateurs, les identifier et définir de manière claire comment ils se sentent concernés par la question posée, la comprennent, en parlent et pourquoi ils achèteront le produit. Cette étape ne consiste pas à leur demander ce qu'ils veulent, mais comment on peut les aider à répondre à une attente. Certains parmi eux auront mis en place leurs propres solutions, indirectes des systèmes D, qui pourront enrichir la réflexion.

L'objectif est d'identifier les *early adopters*[1] et non un client ordinaire, tout en résistant à la tentation de penser « grand ». Avec un budget inexistant ou limité, on ne vise pas une population large et vague, mais un segment très fin. Ainsi que le préconise Ash Maurya qui a développé une méthode qui détaille le *Lean start-up* de manière moins théorique et plus opérationnelle : « On ne peut pas imaginer créer et positionner un produit en s'adressant à tout le monde. Même en ayant pour objectif de créer un produit grand public, on doit commencer en ayant un type de clients particulier à l'esprit[2] ».

1. Les précurseurs, les premiers à adopter une technologie, un service ou un nouvel usage.

2. Ash Maurya : *La méthode Running Lean, transformez votre idée en succès*, Diateino, 2014. [*Running Lean: iterate from plan A to a plan that works*, O'Reilly, 2013]

À ce stade, la validation consiste à formuler des hypothèses et vérifier si l'idée de départ recueille un intérêt. C'est plus une proposition de valeur qu'un produit.

- *Construire le produit*

Le *Lean start-up* propose de partir de la première idée, validée rigoureusement, pour explorer les comportements et préférences réelles des prospects, en leur proposant des modèles concrets, pour le voir réagir en situation. Le but est d'exécuter les changements en fonction de leurs commentaires, de plus en plus vite, de manière à pouvoir pivoter autant de fois que nécessaire pour trouver le *must have*[1], un « essentiel » dont on ne peut plus se passer. Ce processus rapide et itératif permet de créer un produit qui, au final, sera plus intéressant, moins dans la norme, qu'un produit imaginé « en chambre ».

L'exemple d'**Away** montre bien comment le processus de *crowdsourcing* (la génération d'idées en faisant appel à la collaboration du public) basé sur l'intelligence collective, génère de la valeur. L'entreprise a été fondée en 2015 par Jen Rubio et Steph Korey, deux anciennes de **Warby Parker**, avec l'idée de secouer le marché du bagage. L'origine du projet remonte à une expérience personnelle désagréable survenue à Jen Rubio, dont la valise s'était cassée alors qu'elle était en transit à l'aéroport. En quête du bagage idéal pour la remplacer, elle a interrogé son entourage, sans trouver de consensus, et constaté par elle-même que l'industrie du bagage était totalement incompréhensible : d'un

1. « Dans le domaine des produits ou services, un « must have » désigne une fonctionnalité ou un service décrit comme indispensable par les consommateurs. » Source : marketing.com

côté des valises de luxe inabordables et de l'autre une offre illisible de produits bas de gamme plus ou moins équivalents et peu solides.
L'intention des deux associées était donc de lancer un produit unique, de qualité *premium*, à un prix accessible pour de jeunes actifs voyageant fréquemment. Dans un premier temps, Jen Rubio et Steph Korey ont essayé de comprendre comment ces jeunes professionnels voyageaient, interrogeant des proches, des amis et des amis d'amis. Pour la phase de prototypage, elles avaient déjà constitué une communauté de 800 personnes, étudiants, PDG, consultants et artistes qu'elles avaient interviewées en suivant un processus solide construit sur la base de questionnaires et de focus groupes. Le questionnaire reposait non pas sur leur idée du produit idéal, mais sur tout ce qui pouvait causer un éventuel désagrément pendant le voyage.
L'ensemble des *insights* recueillis leur a permis de déterminer un certain nombre de qualités attendues portant sur le produit lui-même, en particulier sur la solidité, l'imperméabilité et l'attention portée aux roulettes, et d'autres sur l'usage, visant à faciliter le déplacement lui-même. Notamment, elles se sont rendu compte que trouver une solution pour charger son téléphone pendant un voyage pouvait être une source d'anxiété. Elles ont cherché comment résoudre ce point.
Après un an de développement, elles ont lancé un premier produit, vendu 225 dollars : une valise à roulettes en coque dure incassable[1], intégrant une batterie et deux ports USB permettant de recharger cinq fois son téléphone, un système de compression du linge qui augmente la contenance, un sac détachable et imperméable pour le linge sale,

1. En polycarbonate Bayer Makrolon, le matériau le plus solide et résistant sur le marché.

des roulettes silencieuses pivotantes à 360°, un espace pour un MacBook et un cadenas aux normes des douanes américaines.

Les échanges avec les clients potentiels leur ont donné des clés de compréhension. Ce qui leur fait dire : « On n'a pas fait des bagages intelligents, mais des bagages réfléchis[1] ». En même temps, elles ont affiné le positionnement d'**Away** autour de l'univers du voyage, bien plus stimulant pour leurs futurs développements et pour la création de contenu qu'un positionnement de simple fabricant de valises.

Selon Kelly et Will Watters qui, eux aussi, s'appuient systématiquement sur le *customer developement* pour mettre au point leurs collections, les avis spontanés sont plus pertinents que les avis et les goûts des acheteurs de grands magasins, et plus sûrs. Ces deux anciens moniteurs de ski du Colorado ont décidé de créer leur marque de vêtements d'*outdoor*, **Western Rise**. Ils étaient frustrés par l'offre disponible sur le marché des vêtements de sport « à usage unique ». Dès le départ, ils se sont appuyés sur les méthodes de *crowdsourcing*. Ils ont utilisé les médias sociaux pour créer une communauté en ligne d'ambassadeurs, d'influenceurs et de clients auprès desquels ils peuvent tester des idées de produits, des tissus et des couleurs. Ainsi qu'ils en témoignent : « Nos clients sont vraiment à l'origine de la manière dont nous imaginons et concevons nos produits. On expérimente, on apprend avec nos clients, on améliore et on recommence. C'est plus que de vendre des choses aux gens, c'est vraiment être en relation constante dès la conception du produit et même après la livraison, c'est là qu'on apprend le plus.[2] »

1. https://spherical.co/blog/away-jen-rubio/

2. https://companyweek.com/company-profile/western-rise

- *Tester et mesurer : POC et Produit Minimum Viable*

La meilleure façon d'accéder à un *product/market fit* est de commencer par tester un *Minimum Viable Product* (MVP ou Produit Viable *a Minima*) le plus vite possible, et de l'améliorer en fonction des commentaires, contrairement à ce que font la plupart des entreprises qui travaillent de longs mois en secret et lancent un produit final seulement lorsqu'elles pensent qu'il est parfait. Le MVP n'est pas un prototype[1], qui est un modèle original possédant toutes les qualités techniques et toutes les caractéristiques de fonctionnement du nouveau produit, mais une « solution de vérification », aussi minimaliste que possible. Son utilité est de présenter le concept aux clients potentiels pour les faire réagir, d'en valider la viabilité commerciale et de vérifier l'existence d'un marché et de clients pour le produit.
L'objectif d'un MVP est donc d'apprendre du marché, des retours des éventuels acheteurs, afin de valider et d'invalider des hypothèses avant de lancer un produit. Un MVP s'attachera à valider la valeur fondamentale du produit et à répondre à la question : « s'il ne devait y avoir qu'une seule chose qui ferait acheter mon produit, qu'est-ce que ça serait ? »[2]

Pour un produit à dimension technologique, on parle également de *Proof of Concept (*POC ou « preuve de concept »). Un POC est une démonstration de faisabilité conçue purement pour illustrer la fonctionnalité d'un ou plusieurs principes à intégrer dans un système. Il permet d'en valider la faisabilité technique. En confrontant le produit ou le service à la réalité du terrain et de ses utilisateurs sur une plus petite échelle,

1. Selon la définition de l'OCDE
2. https://blog.ycombinator.com/minimum-viable-product-process/

le POC permet également de le rectifier ou de l'améliorer, et de lever le doute sur sa pertinence. POC et MVP sont donc complémentaires.

Tester un produit discrètement sur une petite communauté a l'avantage de créer un intérêt initial pour le produit, de nouer des liens et un sentiment d'engagement. C'est souvent ce premier cercle de futurs clients qui seront les meilleurs ambassadeurs de la marque et déclencheront le bouche-à-oreille en parlant autour d'eux de leur expérience, en recommandant les produits à leur famille et à leurs amis. Comme l'écrit dit Eric Ries, « souvent le Produit Minimum Viable n'est qu'une expérience qui permet aux clients de s'inscrire dans une communauté ».

- *Le principe du fac-similé :* Fake it until you make it!

Le MVP doit donner une idée du produit final, permettre d'expérimenter une solution rapidement en fabriquant un fac-similé qui peut revêtir diverses formes. Ce peut-être une page Facebook, une *landing page* (une page web unique) ou tout simplement un produit concurrent réadapté pour les besoins. C'est l'idée de l'expression « *Fake it until you make it* » : prétendre avoir un produit fini pour mesurer l'engagement du public.

C'est cette dernière méthode qu'a utilisée Nina Lamia, étudiante en entrepreneuriat à la Harvard Business School, alors qu'elle apprenait à appliquer le Lean start-up et le Minimum Viable Product au retail, en faisant preuve de créativité. « À l'origine, raconte-t-elle, je pensais que mon MVP devait correspondre au produit que j'avais l'intention de vendre. Dans mon cas, cela aurait exigé beaucoup de temps et d'investissements, trouver un styliste et un fabricant qui accepte une commande d'une quantité minime. J'ai appris que je pouvais obtenir des informations précieuses sur les clients en utilisant des produits concurrents pour obtenir des commentaires. J'ai trouvé des produits concurrents qui étaient similaires à la ligne que je voulais créer et d'autres, assez différents. L'utilisation des commentaires des clients et le fait de regarder les clients interagir avec les produits de divers concurrents m'a aidé à affiner le concept de mon produit. »

« Après avoir reçu des commentaires des utilisateurs sur les produits concurrentiels déguisés, j'ai trouvé une styliste sur *Etsy* (une plateforme d'e-commerce pour acheter et vendre des produits artisanaux et vintage) et j'ai travaillé avec elle pour réaliser une pièce unique en fonction de mes premiers retours clients. J'ai utilisé ce prototype pour obtenir d'autres commentaires des clients.[1] »

• *Évaluer le produit indispensable, la solution incontournable : le test* must have *ou* market fit test

Sean Ellis utilise un premier test très simple pour mesurer si les futurs clients vont aimer ou pas un produit[2]. Il se résume à la question : « À quel point seriez-vous déçu si le produit n'existait pas demain ? » Les premiers utilisateurs ont quatre réponses possibles (Très déçu/Assez déçu/Pas déçu (ça ne m'est pas tellement utile) / Pas de réponse (je ne l'utiliserai pas).

L'interprétation du résultat est tout aussi simple : si 40 % ou plus des répondants sont « très déçus », alors le produit peut être considéré comme un *must have* et on peut alors accélérer

1. http://launchingtechventures.blogspot.com/2013/02/the-lean-start-up-minimum-viable.html

2. venturehacks.com/articles/sean-ellis-interview

le tempo de la croissance. Entre 25 et 40 %, il sera nécessaire de repenser soit le produit, soit le vocabulaire associé pour le décrire. S'il y a moins de 25 % de « très déçus », c'est que le produit ne rencontre pas son public et qu'il doit être transformé ou repensé avant d'être lancé sur le marché. C'est là qu'intervient le pivot. Le produit se change, se réinvente, mais pas la cible qui aura toujours son problème à résoudre : la priorité est de satisfaire les clients.

Plus la base de bêta-testeurs est large et plus le test sera efficace. Il sera encore plus réussi si l'on cible des testeurs actifs, ceux qui sont réellement passionnés, plutôt que des testeurs dormants qui n'utilisent pas le produit.

Le groupe des « très déçus » constitue le socle sur lequel on s'appuie pour modifier le produit. Une compréhension fine de leurs habitudes et de leurs besoins, nourrie par la data, permettra d'obtenir des informations supplémentaires de manière à préparer les actions futures. De plus, rester focalisé sur les *feedbacks* de ce groupe permet de ne pas s'éparpiller en voulant satisfaire tout le monde et d'avoir un produit au final trop générique.

« Sa recommandation [de Sean Ellis] a toujours été de décider de ne pas développer le business s'il n'y avait pas suffisamment de personnes vraiment passionnées par la solution[1] ». On peut décider de le faire quand même, mais c'est prendre le risque de découvrir au bout de quelque temps que le public ne veut pas du produit et surtout le démarrage sera beaucoup plus long, de un à deux ans avant que le bouche-à-oreille ne commence à fonctionner.

1. Interview donnée par Sean Ellis au blog de Venture Hack le 14 décembre 2009. La vidéo n'est plus disponible mais on peut accéder à la transcription http://venturehacks.com/articles/sean-ellis-interview

Comme le montre l'histoire de **Chubbies**, il est parfois élémentaire de réaliser un test de marché pour comprendre le potentiel d'attractivité d'un futur produit. L'idée de départ des quatre cofondateurs de la marque était de renouer avec la tradition du short court qui puisse se porter avec une veste et une cravate dans un esprit vintage. Bien que très simple, elle repose sur des codes culturels forts : un gentleman ne porte pas de shorts qui couvrent les genoux jugés disgracieux, ils déséquilibrent la silhouette que les poches alourdissent. Le short court est à l'opposé du cargo short conçu pour transporter les outils de charpentiers, ou du bermuda, héritage des armées britanniques, qui constituait la base de l'uniforme des troupes basées sous les tropiques, en particulier aux Bermudes. La proposition pouvait donc constituer une réponse à un double problème d'ordre culturel et esthétique pour une niche très particulière.
Afin de tester leur idée, les quatre amis ont d'abord customisé des shorts récupérés dans des friperies ou au fond des placards de leurs pères et oncles. L'idée ayant remporté un petit succès, ils font faire quelques paires de shorts et, avec leurs vingt premiers fans, les portent à la fête nationale du 4 juillet. Tous habillés en rouge, blanc et bleu, ils envahissent en même temps les plages du lac Tahoe. Tom Montgomery, aujourd'hui directeur du marketing de la marque, raconte qu'ils ont immédiatement vu l'impact du vêtement et aussi son effet clivant ; certains étaient totalement enthousiastes, d'autres le trouvaient indécent. « C'est là que nous avons vraiment compris à quel point le produit était fantastique en termes de résonance », dit-il. « Les shorts ont touché la même corde sensible, ils nous rappellent nos pères et les weekends.[1] » Tous les shorts qu'ils avaient apportés avec eux

1. http://www.businessinsider.fr/us/chubbies-founders-on-why-they-started-a-mens-short-shorts-company-2015-6/

ont été vendus dans la journée, prouvant que l'idée fonctionnait. Ces premiers *feedbacks* ont été précieux pour construire une marque, non pas autour d'un produit mais autour d'un art de vivre, célébrant les joies du weekend.
Faisant leur le modèle de développement de *Facebook*, ils sont partis à la conquête des campus d'université, en commençant par leurs camarades de fraternité de Stanford (Kyle Hency, Tom Montgomery et Preston Rutherford appartiennent aux *AK Psi*, Rainer Castillo au *Sigma Nu*), tissant un réseau qui leur a permis d'être adoptés rapidement et reconnus comme une *Bro Brand*, une marque qui véhicule la culture des Fraternités universitaires américaines, une certaine image de jeunesse et de réussite sociale.

• *De la vitesse, mais pas de précipitation*

Aller trop vite peut toutefois constituer un risque pour la start-up. Neil Blumenthal a attribué une grande partie du succès de **Warby Parker** au fait que ses partenaires et lui ont travaillé pendant un an et demi avant même de lancer l'entreprise. Il estime que les gens corrompent un peu la méthodologie *Lean start-up* et du MVP en pensant qu'ils ont juste besoin de se lancer rapidement avec un produit convenable et que le marché les informera s'ils doivent investir plus ou moins. « Je crois complètement dans le *Lean* et le MVP, dit-il, mais je pense que les gens fixent le seuil pour un minimum viable trop bas.[1] »

Le produit et les technologies doivent être suffisamment « prêts » au moment du test de *product/market fit* pour permettre une expérience de qualité et faire en sorte que la proposition de valeur soit suffisamment claire pour les

1. https://www.inc.com/graham-winfrey/warby-parkers-neil-blumenthal.html

premiers utilisateurs. L'approche innovante doit être visible à ce stade, à la fois dans le produit mais aussi dans l'expérience et les messages marketing. Le premier lancement doit créer la meilleure expérience client possible, de manière à être le plus contagieux possible. Arriver trop tôt peut être désastreux. Si la qualité est jugée médiocre, la marque souffre et risque d'entacher définitivement la réputation de l'entreprise.

La vigilance est de mise pour chaque nouveau produit. Lorsque la marque devient grand public, les clients se montrent beaucoup moins indulgents. Même sous la pression de la demande des clientes, Emily Weiss refuse de privilégier le gain de temps au détriment de la qualité. Interrogée sur la date de sortie de son futur écran solaire, particulièrement attendu par le public, elle répond être consciente de la confiance que lui témoignent ses clientes lorsqu'elles réclament de nouveaux produits. « Puisque nous sommes une petite entreprise, dit-elle, nous pouvons être très agiles et satisfaire ces besoins dans des délais plus courts. Mais nous voulons être très prudents. Je regarde des marques patrimoniales comme *Estée Lauder* ou *Clinique* avec tellement de respect. Leurs clientes sont fidèles et utilisent le même produit, comme la lotion *Dramatically Different Moisture* depuis des années. Nous prenons beaucoup de soin dans le développement de nos produits afin qu'ils résistent vraiment à l'épreuve du temps. Donc, pour nous, ce n'est pas une question de vitesse ; il s'agit de bien faire les choses. Ce n'est pas une course. Nous avons grandi exceptionnellement vite et fait des erreurs. Mais, finalement, il vaut mieux faire attention. Il y a certaines choses pour lesquelles on doit juste prendre son temps, et créer un produit en fait certainement partie.[1] »

1. https://www.wmagazine.com/story/emily-weiss-glossier-into-the-gloss-hair-makeup

Emily Weiss a construit une marque à part grâce à son habileté à écouter et parler directement à ses clientes. Plus elle augmente le niveau des *feedbacks* en continu, plus elle peut innover et créer des produits pertinents. Au sein du *Glossier Focus Group*, staff et clientes collaborent en ligne pour combiner leurs expertises.
« On fait tout en ligne pour collecter des informations de différentes sources et que les clientes expriment ce qu'elles veulent et ce qu'elles pensent. La création de produits est un mélange d'art et de science. Parfois on part de nos convictions, parfois on répond à une forte demande des clientes. Le *Boy Brow* est une idée hyper-intuitive qui part de nous, et le gel nettoyant est une réponse à une question posée sur le blog *Into The Gloss* : quel serait le nettoyant de vos rêves ? On a reçu des milliers de commentaires, d'idées de textures, d'idées originales qui ont abouti au *Milky Jelly Cleanser.* À chaque fois, on se demande quel est le canal idéal ? Qui est la personne avec qui nous voulons parler ? Est-ce que nous voulons atteindre les 1,25 million de lectrices de *Into the Gloss*, ou les 125 meilleures clientes qui font partie du *Slack*[1] privé de **Glossier** ? Quelles bases de la communauté interroger pour obtenir les réponses que nous souhaitons ? »[2]

C'est parfois tout le modèle économique de la *Digitally Native Vertical Brand* qui est basé sur le *crowdsourcing*. Une marque comme **Shinesty** fait appel aux idées et suggestions de sa communauté au travers de son *Mad Lab.* Elle y soumet aux votes les produits qu'elle imagine mais qu'elle ne produira que si un nombre de personnes suffisant les précommandent.

1. Slack: acronyme de Searchable Log of All Conversation and Knowledge (qu'on peut traduire par Accessible à toutes les conversations et connaissances) est une plate-forme de communication collaborative propriétaire ainsi qu'un logiciel de gestion de projet.

2. *Ibid.*

Ce minimum garanti de commandes lui permet de couvrir systématiquement ses frais de production. Les membres de la communauté **Shinesty** peuvent donner libre cours à leur imagination pour créer des vêtements plutôt originaux, aux imprimés totalement fantaisistes. Les deux fondateurs de l'entreprise, Chris White et Jens Nicolaysen, ont commencé par écumer les friperies du Colorado pour trouver des vêtements décalés comme les pulls de Noël, qu'il revendait sur son campus. Leur succès leur a permis de lancer un site web et de proposer des vêtements assez excentriques, totalement *anti-mass market*, qu'on imaginerait davantage portés pour des fêtes à thème qu'au quotidien. Shinesty est « une marque qui fait rire les gens », dit Chris White[1]. Pourtant, la marque a connu rapidement un énorme succès, dont la chaîne MTV s'est emparée. Depuis juillet 2017, elle diffuse une série documentaire « Get Yo Shine On » (« Surpasse toi ») basée sur l'histoire des fondateurs de la marque.[2]

Le *business model* de **Julep**[3] repose entièrement sur l'*open-innovation* et le *design thinking*[4]. En exploitant cette capacité à innover rapidement et de manière peu coûteuse, la marque américaine de cosmétiques peut lancer plus de 300 nouveaux produits par an, soit dix fois plus que les entreprises traditionnelles. Depuis son lancement en 2007, **Julep** s'appuie sur son groupe de base de 5 000 clientes passionnées. Elles assistent tous les mois aux présentations

1. https://companyweek.com/company-profile/shinesty

2. https://www.imdb.com/title/tt7192290/

3. https://digit.hbs.org/submission/julep-defining-beauty-by-numbers/

4. Le Design Thinking est une approche développée à Stanford dans les années 80. Elle a pour but d'appliquer la démarche d'un designer pour répondre à un problème ou à un projet d'innovation. Cette manière de réfléchir et d'innover s'appuie en très grande partie sur des retours d'utilisateurs.

de produits, échangent et co-créent au sein de l'*Idea Lab*[1], un cercle privé qui fonctionne sans aucune interaction avec les autres comptes sociaux de la marque et où elles peuvent soumettre leurs propres idées. Jane Park, la fondatrice, examine ensuite le potentiel de développement des idées les plus populaires.

Grâce aux commentaires du groupe, elle a pu déceler un besoin émis par les manucures professionnelles qui ne trouvaient pas le produit adapté pour peindre leurs propres ongles. Jane Park s'est rapprochée des designers d'*IDEO*[2] pour travailler sur un produit ergonomique pour lequel ils ont proposé 230 prototypes. Les membres de l'*Idea Lab* pouvaient passer dans les bureaux d'*IDEO* pour les tester. Les témoignages des participantes révèlent à quel point elles apprécient d'être impliquées et considérées.

Jane Park explique que l'*Idea Lab* est « le noyau spirituel » de la marque, même si les *feedbacks* peuvent être « brutalement honnêtes ».

Les focus groupes ne sont pas une innovation, mais Jane Park les utilise de façon originale. Pour elle, il s'agit, d'une part, de faire appel à la créativité plutôt que de valider ou tester des produits et, d'autre part, elle souhaite que son groupe se sente comme faisant partie de l'entreprise. Elle estime que le développement de produits et le marketing sont une seule et même étape. L'expérience construit la loyauté vis-à-vis de la marque, stimule l'interaction avec les autres membres par le bouche-à-oreille et génère des pré-commandes[3].

---

1. https://venturebeat.com/2014/01/28/cosmetics-start-up-julep-whizzes-by-rivals-with-its-crowdsourced-approach-to-making-products/

2. https://www.ideo.com/eu Cette entreprise américaine de design est à l'origine du Design Thinking. Son co-fondateur le plus connu, Tim Brown, est l'auteur de *L'esprit design. Comment le* design thinking *change l'entreprise et la stratégie*, Pearson, 2014.

3. https://venturebeat.com/2014/01/28/cosmetics-start-up-julep-whizzes-by-rivals-with-its-crowdsourced-approach-to-making-products/

Les méthodes de *Lean start-up* permettent de tester et d'éprouver les produits avant d'aller sur le marché, et d'économiser des coûts de développement. Les *Digitally Native Vertical Brands* exploitent le pouvoir du *crowdsourcing,* du *crowdvoting* et de la *crowd creativity* pour générer de l'innovation, de l'engagement et de la croissance. Elles rendent le pouvoir aux clients en les laissent s'impliquer autant qu'ils veulent dans la marque et brouillent les lignes entre créateurs et acheteurs. Finalement, le seul « boss », c'est le consommateur !

16

LES STRATÉGIES DE LANCEMENT DE MARQUE

Avant même de lancer la marque, la première action consiste, dès les débuts du développement de produit, à favoriser le partage et l'engagement d'un réseau d'ambassadeurs et de créer les conditions favorables pour qu'ils recommandent la société et recrutent eux-mêmes des amis par le bouche-à-oreille.

Un démarrage rapide est vital pour la survie d'une start-up dont la croissance doit être prompte. Elle doit toutefois organiser sa communication quasiment sans budget. Elle cherche donc à déclencher des « coups médiatiques » et à attirer l'attention générale avec un buzz à fort potentiel viral. Elle doit faire preuve de créativité et d'opportunisme pour utiliser toutes les occasions et tous les moyens disponibles pour raconter son histoire autrement, de manière plus contemporaine, que ce soit sur les réseaux sociaux ou *offline*, avec des coûts les plus faibles possible.

La première génération de *Digitally Native Vertical Brands* a largement profité des médias sociaux pour construire sa base initiale de fans. Grâce à leur compréhension des dynamiques de l'Internet, elles ont pu s'appuyer sur la puissance de ces réseaux pour se faire connaître rapidement. **Glossier**, par exemple, est née sur *Instagram* et c'est là que la marque a pris forme, poussée par le lectorat du blog *Into the Gloss*, et son million de visiteurs par mois. Son flux a atteint 184 000 abonnés avant même que le site web ne soit lancé, et son compte *Twitter* comptait 125 000 abonnés. De son côté, **Casper** a réussi à attirer l'attention et à créer un effet de surprise de manière non conventionnelle, en utilisant un mix de moyens traditionnels et de communication digitale. La marque a développé sa notoriété grâce à une campagne d'affichage publicitaire dans les stations de métro à New York et Los Angeles, et, en parallèle, elle a généré du *buzz* à haut niveau en s'appuyant sur un réseau d'influence recruté sur *Instagram* et *Twitter*. Des stars hollywoodiennes et des personnalités « instafamous » comme Kylie Jenner, Kat Graham ou Ashley Greene sont apparues sur des photos et dans de courtes vidéos, jouant avec la boîte de livraison du *bedinbox*. La marque a d'ailleurs contribué à lancer le phénomène de l'*unboxing* sur *YouTube*, des vidéos dans lesquelles les clients se filment en ouvrant leurs colis. Depuis son lancement, **Casper** travaille toutes les méthodes de référencement payant de manière à se positionner systématiquement en tête des requêtes dans les moteurs de recherche, en achetant par exemple tous les mots clés et groupes de mots contenant le mot « mattress ».

L'exemple de **Casper** n'est cependant pas la norme. D'une part, parce qu'entre le moment où les premières DNVB ont émergé et maintenant, le contexte a énormément changé. En 2010, elles pouvaient utiliser *Facebook* pour se faire connaître et trouver des clients avec des budgets minimes. Les médias sociaux ne faisaient que commencer et l'argument de base des DNVB (offrir de meilleures propositions en coupant les intermédiaires) était une nouveauté dont les premières ont pu tirer parti pour se positionner et attirer l'attention. Désormais, le marché est saturé d'offres similaires. Qui plus est, en raison du coût sans cesse croissant du marketing en ligne, toute campagne nécessite dorénavant de gros budgets dont la plupart des nouveaux entrants ne disposent pas. Selon une étude de la société de marketing analytique *AdStage,* au cours des six premiers mois de 2017, le coût moyen pour 1 000 impressions publicitaires[1] sur *Facebook* a augmenté de 171 % et le coût moyen par clic[2] de 136 %[3].

D'autre part, les *growth hackers* ont tendance à considérer que le référencement payant est une forme de gaspillage[4]. En effet, les algorithmes des moteurs des médias sociaux, c'est-à-dire essentiellement *Google*, *Facebook* et *Instagram*, changent en permanence et leur utilisation implique un investissement en temps toujours croissant sans garantir des résultats fiables. Par exemple, sur *Google* tout le monde achète les mêmes mots clés pour atteindre des clients potentiels, sans être garanti que le client a une vraie intention d'achat ; sur *Facebook* toutes les marques similaires visent les mêmes cibles. Pour une DNVB, dépendre des médias sociaux revient finalement à se recréer un nouvel intermédiaire, une nouvelle dépendance, qui sape le *business model.* C'est pourquoi, même si *Facebook* continue d'être un excellent canal pour l'acquisition de clients, et qu'*Instagram* et *Snapchat* sont encore très efficaces pour ceux qui n'ont pas de gros budgets, les DNVB préfèrent rester indépendantes des

1. Coût pour 1 000 affichages d'un visuel de l'annonceur.

2. Les campagnes Coût Par Clic sont rémunérées au clic sur la publicité affichée. L'annonceur paye en fonction du nombre de clics sur la bannière publicitaire.Le taux de clic moyen est de 0,5 %, soit 5 clics pour 1 000 affichages.

3. https://blog.adstage.io/2018/02/13/facebook-ads-benchmarks-q4-2017/

4. https://www.youtube.com/watch?v=TZDXUBQNDDo

médias sociaux et développer leurs propres infrastructures et plateformes pour explorer de nouvelles pistes marketing et de nouvelles options. D'autant plus qu'en privilégiant le référencement naturel, grâce à des contenus originaux à fort pouvoir de propagation, elles expriment l'univers de la marque et contribuent à construire leur empreinte mémorielle.

Là encore, la démarche itérative prévaut : on teste et on apprend, on regarde comment le public réagit. Pour le lancement d'**Everlane**, Michael Preysman a réalisé des tests préalables sur *Tumblr* pour voir comment construire sa marque et en raconter l'histoire. Dès sa première campagne, c'est l'infographie montrant les coûts réels de production et les marges d'un tee-shirt de marque, publiée dans l'article intitulé « *C'est un fait* » posté sur la plateforme et sur *Twitter* et *Facebook*, qui a assuré le *buzz* en suscitant des réactions controversées dans le milieu de la mode. **Everlane** a été lancée juste après, avec un tee-shirt à 15 dollars et un site visant principalement à amplifier l'information et à éduquer autour du message de fond, expliquant que les marques abusent sur les marges et les prix de vente. Comme le souligne Michael Preysman, la première infographie a couté 315 dollars et a eu un fort impact. Pour chaque nouvelle image, il observe ce qui fait réagir le public, et mesure le taux d'engagement en regardant le nombre de personnes ayant aimé, partagé, commenté ou cliqué sur la publication. Ainsi, il sait que *Facebook* et *Twitter* sont efficaces pour faire connaître ses nouveaux produits, mais pas pour construire sa marque.

Dollar Shave Club a lancé son concept avec une vidéo hilarante, intitulée « Nos lames sont P*** de géniales » *(Our Blades*

*Are F***ing Great)*[1], qui a fait le tour des réseaux sociaux et n'a couté que 4 500 dollars. Elle a été vue 25 millions de fois, a généré 12 000 abonnements le jour même et a révolutionné le marché du rasoir par abonnement. Devenue une véritable légende urbaine, le lancement de la vidéo a toutefois été plus planifié qu'il n'y paraît. La marque a conçu tout un cadre pour amplifier et alimenter le phénomène, en particulier en envoyant des liens d'accès anticipés à la vidéo à quelques publications ciblées, et une mention dans le *Howard Stern Show*, une émission de radio très populaire aux USA et au Canada.

C'est une campagne très anti-conventionnelle qu'a également imaginée la marque d'*activewear* **Girlfriend Collective**. Six mois avant son lancement officiel, elle a diffusé un post sur *Facebook*, qui disait : « cette marque est tellement certaine que vous allez adorer ses leggings, qu'elle les distribue gratuitement[2] », et donnait le lien d'un site d'une seule page proposant des *leggings* gratuits, contre des frais d'expédition de 20 dollars. **Girlfriend Collective** a vendu 10 000 paires de *leggings* le premier jour (et reçu presque 800 e-mails de clients exigeant de savoir s'il s'agissait d'une escroquerie). La marque a consacré tout son budget marketing à cette opération, mais elle a réussi à donner confiance à des clientes qui, désormais, sont prêtes à débourser 100 dollars pour un *legging.* L'idée de la fondatrice, Ellie Dinh, était de mettre le premier produit dans les mains des clientes, le plus vite possible, et de faire durer la campagne suffisamment longtemps pour créer un effet d'entraînement massif par le bouche-à-oreille. Ce qui a tout à fait réussi : en quelques mois, **Girlfriend Collective** est devenue l'une des

1. https://youtu.be/ZUG9qYTJMsI

2. *"This brand is so sure you'll love these leggings, it's giving them out for free"*

marques les plus performantes de sa génération et sa fondatrice fait désormais partie de la liste Forbes des *30 Under 30*[1]. Elle est citée en exemple pour son intelligence marketing, son engagement à promouvoir tous les types de silhouettes et ses produits durables, fabriqués à partir de plastique de bouteilles d'eau recyclé.

PR Stunts[2] ou la guérilla marketing selon Warby Parker

Ces buzz de lancement constituent le point de démarrage d'une stratégie à long terme, qui consiste à dérouler le *PR stunt,* une action de communication non conventionnelle et virale, destinée à attirer l'attention du public et des médias pour les sensibiliser à un nouveau concept et/ou un nouveau produit. Une mécanique qu'illustrent parfaitement les lancements de **Warby Parker** et du **Slip Français.**

Tout au début de leur histoire, en 2010, les quatre associés de **Warby Parker**, Neil Blumenthal, Andrew Hunt, Jeffrey Raider et David Gilboa étaient encore étudiants à la Wharton School en Pennsylvanie. N'ayant aucun budget pour lancer leur start-up, ils ne pouvaient compter que sur leur astuce. Leur stratégie de communication devait relever deux défis :

1. 30 personnalités de moins de 30 ans

2. Le PR stunt (des coups marketing répétés) est une expression marketing qui signifie faire quelque chose d'inhabituel, un exploit difficile ou exigeant une grande habileté ou de l'audace , pour attirer l'attention des gens sur une personne, un produit ou une organisation en particulier. Le premier PR Stunt est attribué à Harry Houdini. En 1916, le célèbre magicien a réalisé sa célèbre évasion d'une camisole de force, suspendu à l'envers au-dessus des rues de Pittsburgh. Tandis que des milliers de personnes regardaient avec admiration. Harry Houdini était en ville pour présenter une série de spectacles au New Davis Theater. Avant sa première représentation, il voulait faire la couverture de tous les journaux du lendemain matin. Source : James L Horton : « Publicity Stunts What Are They? Why Do Them? », fondateur de online-pr.com

mettre en avant un nouveau mode d'achat pour les lunettes tout en rassurant le public, et affronter un marché structuré par des acteurs très installés.

Leur argumentaire repose principalement sur deux leviers rationnels et émotionnels. Pour la partie rationnelle, le discours est bâti autour d'une motivation à changer le monde, dans un esprit révolutionnaire, et contient une revendication forte : « tout le monde a le droit de voir ». Dans le même temps, la marque se présente de manière pragmatique, comme la seule alternative face à « une industrie dominée par une seule société qui maintient des prix artificiellement hauts » en proposant un prix inférieur, mais sans sacrifier la qualité ni le design. Tandis que le système très facile d'essai, le *try at home* (les clients peuvent essayer gratuitement cinq paires de lunettes chez eux) est utilisé comme argument de réassurance.

En parallèle, l'argumentaire comporte des éléments émotionnels forts, à commencer par le nom de la marque, une contraction des noms de deux personnages tirés de journaux inédits de Jack Kerouac, Zagg Parker et Warby Pepper, symboles de la conquête américaine et des terres à découvrir. C'est déjà toute une histoire en soit, que complètent un storytelling à la David contre Goliath, très efficace – le faible contre le fort remporte toujours l'adhésion du public –, et une mission philanthropique, *« buy one, give one »* (une paire achetée, une paire donnée sous forme de subvention à des associations partenaires)[1].

Chaque élément du discours de la marque prend racine dans les théories de la hiérarchie des besoins du psychologue

1. Concernant le modèle « Buy one, give one », se reporter au glossaire en fin d'ouvrage.

Abraham Maslow[1] et contribue à augmenter la valeur perçue de la marque par le public et pèse de façon subliminale dans son choix. Warby Parker excelle à créer de la valeur à chaque niveau de la pyramide, en simplifiant l'ensemble du processus d'achat de lunettes depuis la prescription médicale, et en réduisant les prix. La marque répond aux besoins de sécurité grâce à son programme d'essai à la maison avant l'achat et en offrant les frais d'expédition dans les deux sens (frais d'envoi et frais de retour). Les besoins d'appartenance sont comblés grâce à l'intégration à une communauté et aux éléments « nostalgiques » du storytelling et du design vintage, l'estime de soi est récompensée par le programme de fidélisation et l'encouragement à la loyauté. La réalisation de soi intervient au travers de l'impact social du geste altruiste « un acheté, un offert ».
Cette manière de raconter l'histoire de la marque, élaborée et testée en même temps que les fondateurs construisaient leur *business model*, véhicule une forte charge affective. Elle a suscité instinctivement la sympathie et la curiosité du public. Un intérêt qui s'est traduit par de très nombreux échanges sur les réseaux sociaux, donnant à **Warby Parker** la possibilité d'expliquer son modèle et de rassurer les sceptiques sur

1. Abraham Maslow(1908-1970) était un professeur américain de psychologie très influent et reconnu depuis de longues décennies pour ses travaux sur la hiérarchie des besoins qu'il expose dans son ouvrage *A Theory of Human Motivation* (1943 puis 1954), et matérialisée plus tard sous forme d'une pyramide. Il part du postulat que les besoins sont hiérarchiquement structurés, les besoins les plus bas de la hiérarchie doivent être satisfaits avant que les plus élevés ne se manifestent. Les besoins physiologiques et biologiques (boire, dormir, se nourrir) viennent en premier, suivis par les besoins de sécurité (qui se manifestent par un besoin de stabilité), les besoins d'affection et d'appartenance sociale (appartenance à un réseau relationnel d'amitié, professionnel et familial), les besoins d'estime de soi (la reconnaissance), le dernier niveau concerne les besoins de réalisation de soi. En 1970, Maslow ajoute trois niveaux : le besoin cognitif (besoin de savoir et comprendre), le besoin d'esthétique, de vérité et de justice et enfin le besoin de dépassement de soi, qui sont beaucoup moins connus et explorés par les chercheurs en marketing.

le sérieux de sa proposition. Dans le même temps, la marque a construit la base de sa première communauté et favorisé le bouche-à-oreille.

Pour renforcer sa crédibilité, **Warby Parker** a ensuite partagé son storytelling dans deux magazines reflétant sa cible : *Vogue* et *GQ*. Un choix payant puisque *GQ* l'a qualifiée de « *Netflix* de la lunette », attirant l'attention de la presse et du public et générant des articles en cascade[1]. En rupture de stock en 48 heures, la marque a atteint son objectif annuel trois semaines après la publication, générant une liste d'attente de 20 000 personnes. Une excellente occasion pour les associés d'offrir un service exceptionnel à la clientèle et d'écrire des e-mails personnalisés pour expliquer la rupture de stock et s'excuser personnellement, donnant ainsi le ton de leur futur service client.

Puis est venu le moment de lancer la marque et de déclencher un vrai *buzz*, avec une série d'actions en chaîne, tout aussi modestes qu'efficaces, à un rythme capable d'attiser la curiosité et le bouche-à-oreille.
Leur première action de guérilla marketing a eu lieu la veille de la New York *Fashion Week* (la semaine de défilés des maisons de couture) de septembre 2011, à un moment où la presse est massivement présente sur place et ne veut rien manquer de ce qui se passe. Les associés ont orchestré un *happening* silencieux dans la salle de lecture de la bibliothèque publique, sous les yeux de trente influenceurs convoqués dans le secret. Les grandes tables de la bibliothèque sont occupées par de jeunes gens, tous vêtus de manière identique, lunettes sur le nez, lisant tous le même

1. http://www.huffingtonpost.com/danny-wong/gq-calls-it-the-netflix-o_b_789207.html

ouvrage à la couverture bleue électrique. Soudain, ils lèvent tous leur livre dont les titres sont, en fait, les noms des montures qu'ils portent. Quinze minutes plus tard, tous se mettent debout d'un coup et se dirigent vers la sortie. Juste assez de temps avant que la sécurité qui n'était pas prévenue arrive sur les lieux et, surtout, pour que la presse puisse prendre des photos et des notes. Le lendemain, le monde de la *fashion* parlait du *Hush mob* (mobilisation silencieuse) de **Warby Parker** dans les pages liées aux défilés, la propulsant ainsi au rang de marque mode. La journaliste de *Vogue,* Patricia Garcia, a ainsi écrit dans sa page *«Runway»,* que l'événement collectif et le cadre non traditionnel étaient une manière non conventionnelle et intéressante d'afficher leur « collection de printemps[1] » !

Dans la foulée, ils enchaînent avec la publication de leur fameux rapport annuel 2011. La marque cherchait, à ce moment-là, à communiquer de manière humoristique autour de son énorme croissance et à renouveler les codes d'un exercice d'analyse financière classique et ennuyeux. C'est Jarrett Fuller, le designer de l'équipe, qui a proposé de présenter sur le site web les points clés de l'année dans un bandeau défilant d'infographies interactives.
Au milieu d'informations très sérieuses, comme le trafic web sur l'année ou les références des montures les plus vendues, on pouvait voir des infographies amusantes et élégantes, à partir de statistiques farfelues comme le nombre de bières ou de bagels – répartis selon la garniture – consommés dans l'année par l'équipe. Alors qu'on était au tout début de la mode des infographies, le rapport a agi comme une publicité virale. Diffusé sur les comptes *Twitter* et *Facebook* de la

1. http://www.vogue.com/article/warby-parker-takes-over-the-new-york-public-library

marque, il a été partagé plus de 2 000 fois, en particulier par l'acteur et homme d'affaires Ashton Kutcher[1], et repris par *TechCrunch* et *FormFiftyFive*, puis par *CBS Sunday Morning* et le *New York Times*. Dans les trois jours suivants, la marque a enregistré les meilleures ventes de son histoire.

Depuis, la sortie du rapport annuel de **Warby Parker** est un événement attendu du public et décortiqué par les professionnels du marketing, comme un modèle de *brand content*. Au-delà du côté anecdotique, les rapports annuels sont l'expression d'une stratégie d'entreprise, diffusant de manière créative ses idées et sa culture. Comme le souligne l'analyse de Ross Crooks dans *Forbes*, « C'est le moyen de dire au monde ce que vous êtes et ce que vous défendez. Lorsque cette approche est authentique, elle transforme les clients en fanatiques de la marque. »[2]

Trois mois plus tard, pour célébrer le premier avril, l'équipe de **Warby Parker** clone entièrement son site et lance sur warbybarker.com une nouvelle gamme de lunettes pour chiens. Le site est illustré de photos de chiens portant lunettes et monocles, *The Dogocle,* pour lesquelles la marque a fait poser cinq modèles de chiens professionnels. Le site, porté par la presse et les réseaux sociaux, déclenche une vague d'hilarité, de commentaires et de contenus partagés en boucle. Cette blague parfaitement exécutée a été perçue comme une démonstration de créativité et de sérieux, entraînant des répercussions positives sur les ventes et la réputation de **Warby Parker**.

Plus près de nous, **Le Slip Français** excelle tout autant dans l'exercice des « coups marketing » en série, jouant, depuis

1. https "The 2011 annual report from @WarbyParker has taken reporting to the next level" – Ashton Kutcher

2. https://www.forbes.com/sites/rosscrooks/2014/01/30/12-lessons-from-warby-parkers-annual-report/#7274f67a25f4

son lancement, sur l'humour et l'auto-dérision. Un savoir-faire qui vaut également à Guillaume Gibault la reconnaissance des professionnels et l'attachement du public.
Le lancement de la marque, judicieusement orchestré pendant la campagne présidentielle de 2012, est venu rafraîchir un air saturé de discours politiques. Sa parodie originale de la vidéo de campagne de François Hollande, « Le changement de Slip c'est maintenant », et sa campagne d'affichage détournant les slogans des candidats a permis à l'entreprise de se faire remarquer par tous les médias.
Guillaume Gibault intervient par des prises de parole légères, alternant vidéos humoristiques et détournements de l'actualité politique, sportive ou culturelle. Il utilise de manière très intelligente la *crowd creativity* et le *crowdvoting*. Par exemple, avant chaque nouvelle ouverture de boutique, Guillaume Gibault fait appel au public, sur les médias sociaux, pour lui suggérer quel nom pourrait avoir le futur lieu. Une manière de susciter la curiosité et de jouer avec le public : toutes les boutiques portent un nom qui mixe le mot « Slip » et l'adresse de l'emplacement : Saint-Germain des Slips (rue du Vieux Colombier), Le Temple des Slips (rue Vieille-du-Temple), Abbesse ton Slip (rue des Abbesses)...

Créer la marque en même temps que le produit n'est pas habituel pour une start-up technologique. C'est pourtant un élément essentiel, un des piliers du *business model* des *Digitally Native Vertical Brands*, qui ont pour particularité de travailler leur *branding* (la stratégie de marque) dès le premier jour et de le faire avec créativité. Les meilleures sont celles auxquelles les clients sont fiers d'être associés, ce qui arrive quand elles dépassent la relation transactionnelle, centrée sur le produit, pour établir une relation culturelle centrée sur la création de liens personnels.

PARTIE # IV

DE LA RELATION TRANSACTIONNELLE À LA RELATION CULTURELLE

"I've learned that people will forget what you said, people will forget what you did, but people will never forget how you made them feel" – Maya Angelou, poète et activiste américaine (1928-2014)

« J'ai appris que les gens oublieront ce que vous avez dit, ils oublieront ce que avez fait, Mais jamais ils n'oublieront ce que vous leur aurez fait ressentir. »

"We know that the delta between a good product and a good brand is emotion: it's about the way you make people feel"[1]. – Jen Rubio, présidente d'Away

« Chez Away, nous savons que la différence entre un excellent produit et une grande marque se situe au niveau de l'émotion : la clé c'est la manière dont vous influez sur ce que ressentent les gens. »

1. Propos de Jen Rubio lors de la Social Media Week de New York le 24 avril 2018.

17

UNE CULTURE CENTRÉE SUR L'HUMAIN

En même temps qu'elles travaillent à proposer une meilleure combinaison de design, de qualité et de prix tout en éliminant les intermédiaires, qu'elles ont instauré une connexion directe avec leurs clients et qu'elles sont en mesure de recueillir des données pour créer des produits et services plus intelligents, les *Digitally Native Vertical Brands* doivent développer une marque distinctive, aspirationnelle, dépassant la seule fonction transactionnelle. Elles construisent une relation avec le public, à partir d'un système de valeur et d'une culture partagée par tous ceux à qui elles s'adressent : clients, fans, contributeurs ou simples curieux.

Ce faisant, elles se dégagent du modèle de marque centrifuge qui a prévalu au XXe siècle et dont l'enjeu était de contrôler messages et produits dans l'unique finalité de vendre. Les DNVB initient un nouveau modèle, centré sur l'humain, que le spécialiste du retail, Michael Dart[1], nomme *l'altruisme relationnel* : « Bien que leurs décisions soient motivées par le profit et la croissance, elles commencent par l'intérêt du

1. Michael Dart et Robin Lewis: *Retail Seismic Shift,* Saint Martin's Press, 2017.

consommateur », vu au sens large. Cette notion est constitutive de leur identité.
Les *Digitally Native Vertical Brands* construisent une marque autour d'une mission, de la défense d'une cause qui les dépasse. Elles engagent le public sur des valeurs communes qui imprègnent toute leur culture d'entreprise. Dans cette philosophie *people-centric*, où l'humain tient la place centrale, elles s'attachent à délivrer un service client exceptionnel, à entretenir une relation personnalisée et unique avec chacun. Elles doivent être capables de construire et inspirer une communauté autour d'une identité commune, d'une histoire unique, d'une personnalité de marque et d'une esthétique qui leur permettent de contextualiser les valeurs de leur marque et de faire vivre leur culture au fil d'une conversation permanente. Produits, service client et culture forment un tout cohérent, qui contribue également à forger une expérience client unique.
Lorsqu'elles y parviennent, elles ont la capacité à créer un mouvement qui fait leur valeur ajoutée et à acquérir le statut de marque culte.

Inspirer un idéal

Les *Digitally Native Vertical Brands* veulent offrir bien plus qu'un produit à leurs clients. Elles souhaitent être associées à un idéal et refléter les valeurs de leur génération, les accompagner dans leur quête d'accomplissement de soi et leur besoin d'épanouissement personnel. Au travers d'une mission et de valeurs partagées, elles contribuent à leur donner le sentiment de participer à la construction d'une société meilleure, plus responsable et authentique. Le point de départ est une réflexion profonde, portée par les fondateurs, sur ce qui les animent, les poussent à agir.

Le « pourquoi » qui les motive. C'est seulement en ayant compris et exprimé leurs valeurs motrices qu'ils pourront les projeter dans la marque. Toute *Digitally Native Vertical Brand* qui vise l'excellence est motivée par une raison d'être et une vision qui dépassent celle de faire fortune ou de devenir leader sur un marché.

La méthode : commencer par « pourquoi ? »

« On ne vend jamais le quoi, mais le pourquoi » dit Simon Sinek dans une des plus célbres conférences TED Talk de tous les temps sur le leadership et la motivation : *Start with Why*[1]. D'après ses observations, « les gens n'achètent pas un produit, ils achètent les valeurs avec lesquelles leur moi idéal s'identifie. » Sa théorie du Cercle d'or[2] est une source d'inspiration et une base méthodologique qui ont accompagné des générations d'entrepreneurs.

Le Cercle d'or de Simon Sinek est le ressort d'une pensée ou d'une organisation inspirante. Il ne réside pas dans le « quoi ? » ni dans le « comment ? » mais dans le « pourquoi ? » qui fixe le but, la cause et en quoi elle intéresse les autres. En conséquence, les leaders inspirés communiquent de l'intérieur vers l'extérieur. Ils parlent de leurs convictions afin d'attirer ceux qui les partagent. C'est ainsi que se propagent les nouvelles idées et les innovations, écrit-il. « Le but n'est pas de faire du business avec tous ceux qui ont besoin de votre produit. Le but est de faire du business avec les gens qui croient en ce que vous croyez. Le but n'est pas

1. https://www.ted.com/talks/simon_sinek_how_great_leaders_inspire_action/transcript?language=fr

2. Développée par Simon Sinek dans son livre : *Commencer par pourquoi. Comment les grands leaders nous inspirent à passer à l'action,* éditions Performance, 2009.

seulement d'employer ceux qui ont besoin d'un travail ; c'est d'employer ceux qui partagent vos convictions. »

La plupart des entreprises, explique Simon Sinek, ne savent pas pourquoi leurs clients choisissent leurs produits. La majorité d'entre elles dira que c'est grâce à la qualité des produits ou à leur prix. Mais vu la multitude actuelle de produits ou de services existants, il est toujours possible d'en trouver d'autres moins chers, à qualité équivalente. « Il n'y a que deux façons d'influencer le comportement humain, écrit Simon Sinek, la manipulation ou l'inspiration. » La manipulation est une tactique courante et assez anodine. Dans le monde des affaires ou même en politique, elle s'utilise sous différentes formes de vente et de marketing : la baisse des prix, les promotions, la peur, les aspirations, la pression sociale, la nouveauté (appelée faussement innovation). La manipulation fonctionne à court terme, aide l'entreprise à vendre, mais elle n'engendre aucune forme de fidélité. Commencer par le pourquoi permet en revanche de bâtir une entreprise inspirante qui repose sur la fidélité et la confiance.

Cette pensée imprègne les DNVB depuis la première génération, de **Bonobos** à **Warby Parker** en passant par **Everlane** ou **Reformation**. Elle forge leur identité de marque. Chacune énonce une culture d'entreprise spécifique et distinctive, suscitant une forme d'adhésion volontaire au message de la marque. La théorie du Cercle d'or est fondamentale pour comprendre comment elles construisent leur communauté. Comme le dit Geoffrey Bruyère, cofondateur de **BonneGueule**, « la technique et la stratégie sont finalement secondaires lorsque l'on souhaite développer sa communauté. Il n'y a pas de recette, pas de mode d'emploi, à part l'intention de départ qui doit être bienveillante et répondre à un pourquoi, que les fans ne manqueront pas de percevoir.[1] »

Les sources d'inspiration

Patagonia et *TOMS* sont deux modèles de marques américaines parmi les plus engagées, indissociables de l'idée de responsabilité sociale de l'entreprise (*Corporate Social Responsability*). Leurs valeurs, inscrites dans leur culture de marque, ont contribué à créer un attachement émotionnel des clients qui partagent le même état d'esprit. Elles sont une source d'inspiration pour la nouvelle génération d'entrepreneurs activistes qui veulent prendre part au changement.

• Patagonia : *l'engagement pour l'environnement*

Patagonia fabrique des vêtements et équipements de plein air éco-conçus. 1 % de son chiffre d'affaires est reversé à des ONG qui soutiennent des projets de protection de l'environnement. Dans son autobiographie, *Let My People Go Surfing*[2], Yvon Chouinard, le fondateur de la marque, explique comment il a conçu dès l'origine (en 1972), son *business model* avec l'idée de consacrer une partie des bénéfices de l'entreprise à la cause écologique.

Son énoncé de mission traduit clairement l'intention de contribuer à forger un monde meilleur. « Fabriquer les

1. https://www.fractale-magazine.com/2016/03/02/quand-le-pourquoi-est-aligne-avec-loperationnel-on-cree-une-communaute-geoffrey-bruyere-cofondateur-de-bonne-gueule/

2. Un détournement du célèbre negro spiritual relatant la fuite d'Egypte, et que l'on pourrait traduire par « laissez mon peuple [mon personnel] aller faire du surf ». Le livre a paru en français sous le titre *Confessions d'un entrepreneur... pas comme les autres*, Vuibert, 2017.

meilleurs produits en causant le minimum d'impact environnemental, utiliser le monde des affaires pour inspirer et mettre en place des solutions à la crise environnementale. » À travers sa marque, Yvon Chouinard engage une réflexion sur l'hyper-consommation et incite ses clients à n'acheter que s'ils ont un réel besoin. Le *Common Threads Partnership* mis en place par l'entreprise incite à une consommation raisonnée de ses produits qui sont réparés ou recyclés par la marque. *Patagonia* sélectionne des fournisseurs respectueux des normes environnementales mais tient un discours transparent sur l'utilisation des produits chimiques utilisés dans le traitement des tissus et matériaux. Elle comprend que les gens ne recherchent pas la perfection, mais l'honnêteté. Un discours qui renforce sa crédibilité : la marque est vue comme l'entreprise de vêtements la plus responsable des USA.

• TOMS Shoes : *la philanthropie et l'impact social*

En 2006, Blake Mycoskie lance son entreprise *Shoes for a better tomorrow*, devenue par la suite *TOMS*. Son concept consiste à vendre des *alpargatas*, un type d'espadrilles argentines, avec la promesse qu'en contrepartie d'une paire achetée, une autre sera distribuée à un enfant dans le besoin quelque part dans le monde. Il invente le modèle « buy one, give one » (un acheté, un donné), une formule simple et efficace pour transformer des consommateurs en philanthropes. Dans son livre autobiographique, *Start Something That Matters*[1], il montre qu'il est vraiment possible de marier plaisir et performances environnementales, sociales et économiques de l'entreprise.

1. *Start Something That Matters*, Spiegel & Grau, 2012.

Ce qui à l'origine était une entreprise s'est transformé en un véritable mouvement, avec la création de journées d'action, dont une « Journée sans chaussure » et la « Journée mondiale de la vue ».
Depuis 2013, *TOMS* a créé une *market-place* sur son site pour soutenir les jeunes entreprises qui prennent le même engagement de donner à des communautés dans le besoin. La DNVB **The Honest Compagny** est l'une des marques qui proposent leurs produits sur la *TOMS' market-place*.

Énoncer une raison d'être

Les *Digitally Native Vertical Brands* s'inscrivent directement dans la lignée de *Patagonia* et *TOMS*. Elles énoncent leur raison d'être dans une *mission statement,* code de conduite ou manifesto, véritable profession de foi exposant leur mission, leurs valeurs et la source de leur engagement auprès des clients. Cette raison d'être exprime clairement la vision du monde portée par les fondateurs de l'entreprise.

Warby Parker emprunte un peu des deux modèles. Elle s'inscrit dans la même philosophie d'entreprise que *Patagonia* et reprend le modèle philanthropique *one-for-one* (« un acheté, un donné ») de *TOMS*. Dès son lancement en 2010, les cofondateurs ont déclaré dans leur énoncé de mission qu'il était injuste qu'une grande partie de la population mondiale ai besoin de lunettes mais ne puisse pas se le permettre. « **Warby Parker** a été fondée avec un objectif noble, écrivent-ils. Offrir des lunettes design à tous, à un prix révolutionnaire, tout en ouvrant la voie à des entreprises socialement responsables. Nous croyons que l'achat de lunettes devrait être facile et amusant, contribuer à vous rendre beau et heureux. » Un message double qui traduit l'engagement et l'esprit de rébellion d'un côté et ajoute l'esprit jeune et positif de l'autre, et auquel le public adhère si l'on en juge par les commentaires des clients et le succès de la marque.

Un autre exemple, des plus éloquents, est l'adhésion du public autour de **Reformation**[1]. La marque, qui combine *fast-fashion*, éthique et développement durable, a su créer un véritable mouvement. Elle a réussi à impliquer son public en distillant des informations avec humour, transformant un discours trop souvent anxiogène en engagement. Son credo reflète ce parti-pris : « *We make killer clothes, that don't kill the environment* »[2]. Lorsque les gens achètent des vêtements **Reformation**, dit sa fondatrice Yael Aflalo, « Ils paient pour savoir comment et où chaque article a été fabriqué. Ils achètent non seulement pour la qualité des produits, mais aussi pour quelque chose en quoi ils croient ».[3]
Côté entreprise, la fondatrice encourage les collaborateurs de la marque à soutenir des causes de leur choix, en offrant du temps de travail à des associations partenaires.

L'éthique constitue un engagement de base, souvent associé à une ou plusieurs autres valeurs comme la philanthropie dans le cas de **AUrate**. La marque new-yorkaise de joaillerie fine, qui a noué un partenariat avec le réseau d'écoles *Mastery Charter*[4], offre un livre à un enfant en difficulté scolaire pour

1. La marque, lancée en 2009, a levé 12 millions de dollars en 2015.

2. Yael Afflalo joue sur le mot *killer* employé dans le sens d'excellent, remarquable (« nous faisons des vêtements mortels, sauf pour l'environnement »). Une « killer app » est une « application qui tue » au sens d'indispensable et qui ruine la concurrence.

3. https://www.adweek.com/brand-marketing/fashion-brands-long-focused-excess-are-finally-waking-sustainability-171609/

4. http://www.masterycharter.org Mastery Scholls is creating quality public schools where ALL children can learn and thrive.

chaque bijou vendu. Ces valeurs animent également **Dôen**, une marque à l'esprit bohème imaginée par un collectif de femmes. Pour s'assurer du respect des normes de transparence et de conditions de travail des ouvriers, elles ont opté pour une production domestique à Los Angeles. Mais pour les pièces en maille, leur approche coïncide avec une mission plus grande : celle de promouvoir l'égalité des femmes dans le monde entier. Elles travaillent principalement avec des femmes en Inde et au Pérou qui fabriquent des pièces tissées, brodées et tricotées à la main. Elles sont également partenaires avec l'organisation *Room To Read*[1] qui aide à promouvoir l'alphabétisation des enfants en écoles primaires et encourage les filles à terminer leurs études secondaires en Afrique et en Asie.

Éthique et philanthropie constituent également l'ADN de la marque **Tarte Cosmetics**. La philosophie de Maureen Kelly, sa fondatrice, est basée sur l'idée de « rendre une partie du succès de la marque en soutenant la communauté qui l'a aidée à devenir ce qu'elle est.[2] » Elle s'implique localement, en étant utile aux communautés d'où sont issues les matières premières qui entrent dans la composition de ses produits. **Tarte Cosmetics** soutient, par exemple, les coopératives amazoniennes avec lesquelles elle travaille. L'entreprise s'est aussi engagée dans le combat contre le *bashing*, le harcèlement scolaire ou sur les médias sociaux. Maureen Kelly a appelé ses fans à prendre position dans une campagne virale, visuellement impactante, en les invitant à poster une photo les présentant poings fermés, portant une marque de baiser au rouge à lèvres avec le hashtag *#kissandmakeup*.

---

1. https://www.roomtoread.org : Believe that World Change Starts with Educated Children.®

2. https://www.entrepreneur.com/article/171896

Les *Digitally Native Vertical Brands* s'engagent sur tous les fronts, déterminées à construire un monde bienveillant, inclusif plutôt qu'exclusif, fondé sur des valeurs de partage. À ce titre, la mission de **Kit and Ace**[1] est parfaitement éloquente. Les fondateurs ont créé l'organisation Imagine1day avec l'objectif que tous les Éthiopiens puissent avoir accès à une éducation de qualité d'ici 2030. « En développant la prochaine génération de leaders en Éthiopie, imaginez que nous travaillons à notre vision partagée : élever le monde de la médiocrité à la grandeur. Nous ne croyons pas à la charité, nous croyons à l'investissement et au développement des personnes. Imagine1day réalise cette vision tous les jours en construisant des écoles et en investissant dans de futurs leaders partout en Éthiopie.[2] »

Éthique, générosité, inclusivité, altruisme, les DNVB expriment des valeurs qui leur ressemblent et résonnent avec les préoccupations de leurs publics, essentiellement les générations X et Y, mais pas seulement. Selon une enquête Nielsen[3] réalisée en 2015 auprès de 30 000 personnes, 66 % des consommateurs seraient prêts à payer plus pour des produits vendus par des sociétés engagées dans le développement durable. Ils sont 43 % à plébisciter les valeurs sociales et 41 % un engagement auprès d'une communauté. Pour les seuls millenials, l'implication passe à plus de 73 %. Les consommateurs, en quête de sincérité, veulent avoir un impact positif sur le monde, que ce soit par des habitudes quotidiennes comme le tri des déchets ou des choix de

---

1. https://www.kitandace.com/us/en/aboutus

2. https://imagine1day.org Be part of a movement to give all Ethiopian children access to quality education, free from foreign aid, by 2030.

3. www.bazaarvoice.com/research-and-insight/whitepaperspapers/Todays-Millennials-trust-strangers-more-than-brands.html

consommation délibérés. Ils préfèrent acheter des marques qui reflètent leurs valeurs et leur personnalité.
Créer une culture basée sur la mission est une approche gagnant-gagnant pour le client et la marque. Les clients ont la possibilité de comprendre les produits qu'ils achètent et sont associés à une cause qui leur donne bonne conscience facilement. La marque communique de manière pédagogique, pertinente et non invasive, en développant des contenus qui informent les clients sur les causes qui leur tiennent conjointement à cœur.
Perverse Sunglasses, une marque culte de lunettes de soleil, orchestre parfaitement bien sa communication autour de ses valeurs de générosité et d'inclusion, avec son programme *Icon GIRLs*[1]. Chaque année, elle invite une personnalité à créer une paire de lunettes dont le chiffre d'affaires est reversé à 100 % à l'organisme de bienfaisance. Très loin des standards habituels de la *fashion industry*, les *Icon Girls* ou *Icon Guys* sont choisis en fonction de « leur supplément d'âme ou leur lumière intérieure » quels que soient leur origine, leur horizon, leur sexualité. C'est leur authenticité qui est recherchée. En 2017, c'est Lucy Meyer[2], la nageuse paralympique deux fois médaillée d'or, et marraine de l'*Unicef*, qui a été choisie pour incarner les valeurs de la marque.
Perverse Sunglasses communique sur l'ouverture et l'altérité, autour d'une personnalité remarquable que le public est fier de soutenir. Même si finalement toutes les parties bénéficient naturellement les unes des autres des effets de l'opération.
La marque a également adopté le modèle « 1:1:1 = 3 % ». C'est une alternative au *one-for-one,* très populaire dans le monde des DNVB. « Ce qui vous rend beau, c'est aussi ce qui

1. https://perversesunglasses.com/pages/icon-girl

2. http://people.com/celebrity/special-olympics-messenger-lucy-meyer-advocates-for-kids-with-disabilities/

vous rend heureux – surtout parce qu'une partie de votre achat est notre initiative citoyenne 1:1:1. Notre responsabilité sociale est construite sur la joie des autres à travers notre concept 1:1:1 = 3 %. Nous nous sommes engagés à consacrer 1 % de notre chiffre d'affaires net, 1 % de notre temps et 1 % de nos stocks à des causes caritatives. » peut-on lire sur leur page internet et Facebook[1].
Une parole sincère et engagée constitue un levier puissant pour retenir l'attention du public et renforcer sa confiance. « Les marques qui portent une parole engagée sont plus utilisées, plus recommandées, préférées et moins vite oubliées que celles qui ne le font pas ». Selon *Time,* « les personnes qui vous achètent des choses [...] veulent savoir si vous êtes de leur côté et si vous faites quelque chose pour rendre le monde meilleur.[2] »

---

1. https://www.facebook.com/pg/perversesunglasses/about/

What makes you good-looking is also happiness-inducing – especially because a portion of your purchase powers our 1:1:1 socially conscious initiative. Our social responsibility is built on providing joy to others through our 1:1:1 = 3 % concept. We are committed to contributing 1 % of our net sales, 1 % of our time, and 1 % of our inventory to charitable causes.

2. time.com/4679138/brands-politics-kelloggs-starbucks/

18

ENRACINER LA CULTURE D'ENTREPRISE

Parler d'une seule voix

Mission et valeurs fertilisent la communauté de la marque et font partie intégrante de l'expérience client. L'honnêteté et l'authenticité dans la formulation et la mise en œuvre de ces principes sont vitales pour assurer leur crédibilité, la réputation de la marque et l'attachement à long terme de la communauté. Car c'est dans l'expérience vécue que les marques sont jugées. Celles qui auraient la tentation de se contenter de développer un argument marketing sont vite démasquées par le public.

Les DNVB doivent donc tout mettre en place pour que leurs actions soient alignées sur leurs discours. Comme en témoignent les quatre cofondateurs de **Chubbies**, toutes les décisions qu'ils prennent sont calculées pour soutenir leur mission. Ils agissent comme un décideur unique, interagissent les uns avec les autres et se tiennent garants collectivement de leur éthique[1].

Les marques doivent parler d'une seule voix et pas seulement celle de leurs dirigeants. La seule manière de

1. www.sbnonline.com/tag/chubbies/

délivrer une expérience de marque totalement intégrée est d'imprégner le plus tôt possible tous les collaborateurs, qu'ils soient en connexion directe avec le public ou en *back office,* de la culture d'entreprise. Comme le dit, Steve Blank, spécialiste de l'expérience client : « quand les start-up commencent leur croissance, elles ont une petite taille et les premiers employés partagent la mission. Ils savent pourquoi ils viennent travailler, ce dont ils ont besoin pour faire leur travail. Ensuite, quand l'organisation grandit, le risque est que la mission partagée se dilue et finisse par disparaître derrière des process RH et des KPI (Indicateurs clés de performance). Charge aux fondateurs de veiller à ce que l'intention prévue derrière la mission soit clairement comprise par tous, clarifiée pour chaque employé grâce à un énoncé simple et net : une vision et une aspiration partagées, authentiques, cohérentes avec la proposition de la marque. »[1]

Créer un collectif

Les fondateurs doivent savoir composer une équipe de gens talentueux qui fonctionnent bien ensemble. Les méthodes de travail et la culture collaborative impactent toute la structure de l'entreprise. L'honnêteté, l'ouverture et la bienveillance sont fondamentales pour fonctionner dans la culture collaborative propre aux *Digitally Native Vertical Brands.* Comme le souligne Ethan Song, le PDG de la marque canadienne **Frank And Oak**, « Il faut avant tout des gens flexibles et passionnés, qui sachent penser hors cadre et comprennent les points de vue des gens assis autour de la table[2] ». « Des

1. https://thinkgrowth.org/why-some-start-ups-win-5b19dcbb3c29
2. https://www.youtube.com/watch?v=j3TtgNM3OLQ

gens passionnés, mais aussi capables de se servir de leurs erreurs pour avancer et de reconnaître ce qu'ils ne savent pas » confirme Tom Montgomery. Pour **Chubbies**, il dit « se concentrer sur l'embauche de personnes très charismatiques, créatives et sans arrogance.[1] » Car c'est sur l'humain et le collectif que repose toute la valeur de l'expérience qui sera finalement délivrée au client.

Les fondateurs doivent veiller à créer un environnement de travail favorable, motivant et générateur de liens. Là, comme dans toutes les start-up, les talents sont rares et compliqués à fidéliser avec des salaires moins élevés que dans des structures classiques. Et surtout dans un contexte où les équipes travaillent dans un environnement stressant. Elles vivent dans l'incertitude et doivent faire face aux changements rapides liés à la croissance de la start-up. Comme l'explique la directrice du recrutement de **Bonobos**, Kelsey Garske, le plus important, c'est de bâtir une communauté « saine, heureuse et surtout loyale[2] ». La philosophie start-up, travailler dur et s'amuser (ou apprendre ensemble) est de rigueur, porté par un « responsable du bonheur » (le *Chief Happiness Officer,* généralement). Chez **Bonobos**, par exemple, c'est Sara Patterson qui est la *POps* (*People Operations*). Elle met en place, d'une part, des programmes et initiatives liés au bien-être, à la santé et aux divertissements, et, d'autre part, des programmes d'apprentissage et de développement personnel. Ainsi, le programme WTF[3] (*Wellness Thoughtfulness*

1. http://www.sbnonline.com/article/northern-california-2016-entrepreneur-of-the-year/

2. https://hrretail.wbresearch.com/people-teams-drive-employee-engagement-bonobos-ty-u

3. C'esr aussi un jeu de mot avec l'expression WTF, *what the fuck*, expression argotique utilisée dans les discussions électroniques instantanées, signifiant en gros « c'est quoi ce merdier ? »

Fitness ou bien-être, attention et fitness) offre aux employés des « massages au bureau, des cours gratuits de *SoulCycle* et de délicieux *smoothies* ». *Fit For Success, Learn.Know.Bos,* sont des programmes qui aident les employés à développer leurs compétences dans tous les domaines, de la gestion de leurs équipes à celle des relations avec les cadres supérieurs, en passant par l'amélioration de leurs compétences en communication orale et en mathématiques.
Chez **Chubbies**, entre « les réunions bagels » et les siestes en hamac, toutes les initiatives sont possibles et imaginées pour orchestrer du liant et diffuser la culture d'entreprise.

Former un staff d'ambassadeurs

Les *Digitally Native Vertical Brands* laissent les collaborateurs être le visage de la marque. C'est une vraie spécificité, liée aux valeurs de transparence, de simplicité et à la relation amicale qu'elles revendiquent.
C'est pourquoi elles mettent en place des processus de recrutement rigoureux et rencontrent un nombre de candidats beaucoup plus élevé que ce qui se pratique habituellement, pour s'assurer que le futur collaborateur soit vraiment fan de la marque et de ses produits, et devienne son meilleur ambassadeur.

Plutôt que de fabriquer une image à montrer aux clients, elles revendiquent une forme d'honnêteté et de sincérité en présentant leur vrai visage. C'est ainsi que **Warby Parker** donne la parole à tous ses collaborateurs sur *Snapchat*[1]. Les followers peuvent les découvrir, discuter avec eux, comprendre leur métier sur des forums baptisés *Join us for a*

1. https://blog.hubspot.com/marketing/warby-parker-business-lessons#sm.000vjol7b1cq9dv2rbk1vbd24wgiu

tour et *Meet the team*. La satisfaction du client est au cœur de la stratégie de relation publique. C'est donc un critère non négociable, qui se reflète dans le processus de recrutement de l'entreprise : chaque membre de l'équipe doit s'engager sans équivoque à offrir le meilleur pour les clients. Les fondateurs se montrent inflexibles depuis le début sur ce point. Ils n'hésitent pas à se séparer de collaborateurs s'ils estiment que leur comportement n'est pas assez amical avec les clients.

De son côté, **Everlane** encourage les collaborateurs à échanger avec les clients sur les médias sociaux. Deux salariés, Red Gaskell et Isadora Sales, ont même la tâche de partager tout ce qui se passe dans l'entreprise avec les followers. Tous les mardis, le duo *tchatte* avec les fans, poste des photos, des vidéos et des selfies pour présenter les nouvelles versions des produits. Ils montrent en direct ce qui se passe à l'intérieur des bureaux et des usines, et répondent avec sincérité aux questions des fans. Ils sont devenus l'incarnation physique de la *Radical Transparency* (transparence radicale) d'**Everlane**.

Si les *Digitally Native Vertical Brands* multiplient les prises de parole de leur staff, c'est aussi pour générer des contenus originaux et pertinents, qu'elles pourront diffuser sur les médias sociaux pour accroître la notoriété de la marque. C'est une source gratuite de création de contenus, inépuisable et dont le public raffole. C'est pourquoi chez **Glossier**, les employés, quelles que soient leurs responsabilités, sont mis à contribution comme modèles pour les tutoriels *FaceTime*, les *Lives Facebook*, ou les vidéos *Get Ready with me* (« prépare-toi avec moi ») sur *YouTube*. Les fans sont invités à des « pizzas parties » dans les bureaux. C'est un moyen pour **Glossier**, qui se positionne en marque *best friend* (« meilleure amie ») et démocratique, de démontrer son accessibilité.

Comme l'écrivent Chris Boudreaux et Susan Emerick dans *The most Powerful Brand on Earth*[1] (« les marques les plus puissantes du monde »), « sur les médias sociaux, les gens sont les canaux, pas les marques ». Les DNVB ont bien compris qu'on écoute mieux les personnes directement impliquées. « Chez **BonneGueule**, on met volontiers en scène l'équipe pour se rapprocher de la communauté », explique Luca Mariapragassam. « On a des physiques lambda, ce qui permet à nos lecteurs de se projeter le plus possible.[2] »

1. *The Most Powerful Brand on Earth: How to Transform Teams, Empower Employees, Integrate Partners and Mobilize Customers to Beat the Competition in Digital and Social Media*, Prentice Hall, 2013.

2. https://www.welcometothejungle.co/articles/interview-luca-mariapragassam-bonne-gueule

19

DÉVELOPPER UNE CULTURE CLIENT OBSESSIONNELLE

« Le service client est tellement évident que la plupart des business l'oublient. Or, le service client est la clé de la stratégie, c'est la caractéristique des entreprises de biens de consommation qui réussissent. Les marques doivent perdre leur ego quand il s'agit de leurs clients[1] », explique Ben Lerer, un des premiers à avoir investi dans les DNVB, avec son fonds Lerer Hippeau Ventures.

Pour les DNVB qui assoient leur réputation grâce au bouche-à-oreille, la meilleure manière de trouver de nouveaux clients consiste à délivrer une expérience parfaite, sans aucune friction. Grâce au digital, elles sont susceptibles d'offrir un service client plus convivial, plus réactif et plus personnalisé qu'une entreprise traditionnelle. Surtout, elles considèrent que c'est bien le minimum qu'elles puissent faire, une forme de politesse envers ceux qui la font vivre, « une marque de respect cruciale » selon Ben Lerer[2].

1. https://medium.com/lerer-hippeau-ventures/what-s-so-important-about-vertical-commerce-the-consumer-revolution-part-ii-add7b7c8964b

2. *Ibid*

Elles cherchent à construire une nouvelle histoire, une relation approfondie et réciproque avec les gens. Ce qui suppose de se mettre à leur place et de les comprendre. Ou, comme l'exprime Geoffrey Bruyère, cofondateur de BonneGueule : « Il suffit d'aimer les gens à qui on s'adresse et ne pas voir seulement en eux un objectif financier[1] », même si la finalité du service client consiste à transformer un client occasionnel en client à long terme, en lui délivrant une expérience telle qu'il devienne fan de la marque et la recommande autour de lui. En cela, le service client est l'un des moteurs de croissance pour la start-up.

Amazon – Zappos : l'obsession client

Cette philosophie autour du service rendu au client trouve ses sources d'inspiration dans la culture d'entreprise d'*Amazon* et surtout de *Zappos*, toutes deux « centrées de manière obsessionnelle sur le client », pour reprendre la formulation d'Andy Dunn, empruntant jusqu'à la sémantique du patron d'*Amazon*. « *We're customer obsessed* » (« nous sommes obsédés par nos clients ») martèle Jeff Bezos, c'est l'essence même d'*Amazon* et un avantage compétitif. Il le rappelle encore dans sa dernière Lettre aux actionnaires de 2017 : « Il y a plusieurs façons de diriger une entreprise. Vous pouvez être focalisés sur vos concurrents, vos produits, vos technologies, votre *business model*, et plein d'autres choses encore. Mais selon moi, être focalisé et obsédé par le client est, de loin, le meilleur moyen de préserver l'énergie du Premier Jour.[2] »

1. https://www.fractale-magazine.com/2016/03/02/quand-le-pourquoi-est-aligne-avec-loperationnel-on-cree-une-communaute-geoffrey-bruyere-cofondateur-de-bonne-gueule/

2. https://www.recode.net/2017/4/12/15274220/jeff-bezos-amazon-shareholders-letter-day-2-disagree-and-commit

C'est cette même conviction qui anime également Tony Hsieh, dont la marque *Zappos* est synonyme d'excellence et d'infaillibilité en matière de service client. *Zappos* est un *retailer* en ligne et un pionnier du e-commerce, qui vend plus de 1 000 marques et 50 000 modèles différents de chaussures, vêtements et accessoires, depuis 1999.

Tony Hsieh envisage le service client comme un outil de promotion de la marque. Il en a fait sa priorité, à l'échelle globale de l'entreprise, en forgeant une culture qui repose sur dix valeurs de base[1] de manière à ce que le service client ne soit pas une ramification de l'entreprise, mais l'entreprise toute entière. Ces valeurs inspirent le comportement des collaborateurs et s'appliquent aussi bien dans la vie professionnelle que personnelle. Pour pouvoir travailler dans l'entreprise, il faut, au préalable, que le futur employé s'engage à y adhérer formellement. « Miser sur la culture d'entreprise est la meilleure manière de bâtir une marque à long terme », écrit Tony Hsieh, dans son autobiographie, *Delivering Happinness*[2] (littéralement : distribuer ou livrer du bonheur). « Une mauvaise expérience avec une entreprise, que ce soit pour un client ou un collaborateur, peut-être relatée et se répandre sur les réseaux sociaux, et avoir des conséquences désastreuses. À l'inverse, une expérience mémorable, au-delà des attentes, peut parvenir presque instantanément aux oreilles de millions de clients. »

La valeur centrale est le *Customer WOW,* que Tony Hsieh définit comme l'effet produit par l'entreprise qui donne bien plus que ce qui est attendu par le client « de manière à ce qu'il exprime un "WOW" » de surprise et d'enthousiasme ». On parle en français d'« effet wow » ou d'« effet waouh ».

1. https://www.zappos.com/core-values

2. Tony Hsieh, *L'entreprise du bonheur*, Leduc. S, 2011.

C'est à la fois aller au-delà de ce que le client attend, l'étonner par la qualité du service, et le faire de manière non conventionnelle et novatrice. De manière, dit-il, à susciter une réaction émotionnelle chez la personne à qui ce geste s'adresse

L'équipe de fidélisation de la clientèle, le *Customer Loyalty Team,* a pour mission d'aider les clients, pendant et après la transaction, sans interruption 24h/24, 7j/7, et l'obligation de leur trouver la référence sur un site concurrent si l'article choisi par le client n'est pas disponible dans le stock.

Le *Customer Loyalty Team* gère des milliers d'appels et de mails par jour, et la règle de fonctionnement pour les collaborateurs est l'autonomie et la confiance. À la différence de ce qui se pratique dans la majorité des centres d'appels, ils ne sont tenus à aucun objectif de temps moyen de traitement par appel, ni de rendement. De la même manière, ils n'ont pas de script et ne sont pas tenus d'inciter à des achats de produits ou services complémentaires. Ce qui est attendu des collaborateurs du *Customer Loyalty Team*, c'est qu'ils fassent absolument tout leur possible pour aider les clients et qu'ils expriment leur véritable personnalité afin d'établir avec chacun d'entre eux une connexion émotionnelle personnelle. Ils doivent utiliser ces échanges pour forger des relations durables et laisser un souvenir inoubliable. Quelle que soit la raison de l'appel, ils doivent accorder à chaque client la même attention, y compris si les gens téléphonent parce qu'ils se sentent seuls et ont seulement besoin de parler.

Le téléphone est l'outil promotionnel principal : des minutes d'attention précieuses, un contact direct qui, s'il se passe bien, restera en mémoire des clients qui en parleront autour d'eux. *Zappos* estime qu'elle peut accroître la valeur ajoutée des clients en multipliant les associations émotionnelles favorables au fil des échanges.

Le service client est l'outil de promotion de la marque, au point que Tony Hsieh a éliminé le budget publicitaire pour réaffecter la majeure partie des dépenses qui lui aurait été consacré au service clientèle et à l'expérience d'achat, laissant plutôt aux clients le soin de faire eux-mêmes le marketing de l'entreprise. Pour Tony Hsieh, « ça n'est pas en faisant du bruit qu'une marque s'impose, c'est en suscitant l'engagement et la confiance.[1] »

Garder le *Customer wow* comme objectif

Andy Dunn est le premier à avoir transposé les valeurs de Tony Hsieh, dans sa marque **Bonobos**. Son service client, ses *Ninjas,* ont contribué à la croissance exponentielle et au succès de la marque, qui s'est vue récompensée deux fois (en 2015 et 2016), par le prix *Customer experience Leader.* « Pour savoir si quelqu'un va être un bon *Ninja*, nous cherchons à savoir s'il est empathique, comment il va établir une connexion avec une personne ou un client, ce qu'il va faire pour prendre soin d'eux », explique Jon Rote[2], aux manettes de l'expérience client de **Bonobos.**

À la suite de Dunn, les *Digitally Native Vertical Brands* se sont approprié les valeurs de *Zappos* et le *customer WOW* est devenu la norme de leur service client. Avant, pendant, après la transaction et en dehors de tout contexte commercial, elles cherchent par tous les moyens à valoriser chaque moment, à le rendre spécial, amical, et personnel. « Être au service client ici, raconte Emily Mullaney, coordinatrice de l'expérience client chez **Glossier**, c'est très différent des autres boîtes. Ailleurs, on doit juste répondre aux e-mails et

1. *Ibid.*

2. https://www.zdnet.com/article/why-bonobos-lets-its-customer-service-ninjas-improvise-solutions-to-complaints/

l'objectif est de faire le plus de réponses possible. Alors que nos clientes veulent engager une conversation, elles veulent parler des produits, comment ils s'utilisent et comment nous les utilisons. Lorsque j'ai une conversation avec un client, je ne lance pas des réponses pré-écrites. Je réponds naturellement ce que j'aime. »[1]

Le but du service client est, tout comme chez *Zappos*, de transmettre un sentiment positif. « Le bonheur des clients est crucial à chaque instant, et doit être pensé et amélioré à chaque étape du parcours » dit Jane Park[2], fondatrice de **Julep**. Ce qui nécessite d'être connecté avec eux, comme si on les connaissait personnellement.

La relation ne se limite pas à un échange standardisé, et encore moins artificiel : on est aux antipodes de l'échange avec un chatbot[3], que les fondateurs de DNVB considèrent comme un manque de considération envers les personnes. Les chatbot peuvent donner l'impression que la marque est innovante, mais les clients y voient plutôt un signal que l'entreprise n'a pas le temps de s'occuper d'eux ou, pire, les traite en robots.

Alors que passer du temps à résoudre les problèmes, *coacher*, converser, apprendre les uns des autres, c'est donner de la considération aux gens, comme en témoigne Abe Burmeister, le fondateur d'**Outlier**. « On est tellement connectés que parfois les commentaires sont limite personnels, c'est même bizarre. /…/ Les gens laissent des commentaires surtout quand ils ne sont pas contents, et parfois parce qu'ils sont seuls et

1. https://intothegloss.com/2015/12/emily-mullaney/

2. https://www.fastcompany.com/3023331/jane-park-minting-julep

3. Un *chatbot*, aussi appelé « agent conversationnel », est un programme informatique capable de simuler une conversation avec un ou plusieurs humains par échange vocal ou textuel. Cet outil est aujourd'hui très utilisé sur l'Internet par les services clients de marques ou de commerçants en ligne à travers la messagerie instantanée. Source : https://www.futura-sciences.com/tech/definitions/internet-chatbot-15778/

ont besoin de parler, et ça fait partie de notre mission d'être présents pour eux.[1] » Faire en sorte que le client se sente bien, *look good and feel good:* vendre des produits ne suffit pas, dit encore **Jane Park**, il faut aussi montrer comment on s'en sert au mieux, leur donner confiance[2] ». Ce que les DNVB font en proposant des conseils en ligne qui facilitent l'achat sur le web, le rendent plus convivial et personnalisé.
Le système *LiveNinja* de **Bonobos**, par exemple, connecte les clients avec des stylistes qui donnant leurs conseils et recommandations directement. De son côté, **Glossier** propose un service personnalisé via une *hotline* et offre des conseils spécifiques via *FaceTime*. Les clientes prennent rendez-vous en ligne et discutent pendant trente minutes avec Eva et Kim (respectivement *brand social editor*[3] et *community manager* de la marque). Ni l'une ni l'autre ne sont des *make-up* artistes, mais elles sont très pointues sur les produits et leurs compositions. Elles partagent des astuces d'application. D'après une cliente, elles échangent dans un mode relationnel de copines « pas comme des vendeuses à un comptoir de maquillage, et elles racontent beaucoup d'anecdotes prouvant qu'elles utilisent les produits au quotidien.[4] » Ce ne sont pas des expertes, juste des filles qui partagent ce qu'elles savent.

Toujours dans cette idée d'aller plus loin et d'offrir plus que ce qui est attendu, les marques peuvent glisser des petits mots manuscrits et des petits cadeaux dans les boites d'expédition. Ainsi, **Warby Parker** a gardé l'habitude prise

1. https://www.youtube.com/watch?v=6pVZ2sVK9bE

2. http://transcosmos.co.uk/blog/juleps-jane-park-treat-customers-like-how-you-wish-your-college-boyfriends-treated-you/

3. En charge de contenus digitaux à destination des médias sociaux de la marque.

4. www.allure.com/story/glossier-personalized-facetime-service

lorsque la société était aux débuts de son développement, d'accompagner l'envoi des lunettes avec un petit mot manuscrit, un message personnalisé de la main d'un collaborateur. C'est également un geste très apprécié par les clients de la marque californienne **Brandless**, « la *Procter&Gamble* des millennials », comme la surnomme *Forbes,* qui fournit au prix unique de 3 dollars tous les articles essentiels pour la maison, de l'épicerie aux produits de beauté et d'hygiène. Chaque paquet est accompagné d'un petit mot pour le destinataire ou sa famille. L'essentiel pour Tina Sharkey, la cofondatrice de la marque, est de garder une relation individuelle et mutuelle avec chacun des membres de la communauté. La bienveillance et le respect sont les éléments clés de sa culture d'entreprise.

D'autres marques, comme **Sézane** ou **Glossier**, glissent des petits présents dans leurs boîtes d'expédition. Des surprises, des autocollants ou des sacs en toile, dont les clientes raffolent et qu'elles montrent volontiers sur leurs médias sociaux.

En termes de *customer WOW,* d'expérience sensationnelle, c'est peut-être **Chubbies** qui se montre la plus créative. À l'un de ses clients qui se plaignait qu'on lui avait volé ses shorts dans son casier de gymnastique, l'entreprise a non seulement proposé de les remplacer gratuitement, mais lui a en plus offert des cours de karaté. Une initiative qui a fait le tour des médias sociaux. Tout comme l'histoire de cet étudiant qui rêvait d'inviter Miss Texas à son bal de promo, et pour qui **Chubbies** a organisé le rendez-vous, avec limousine, bouquet de fleurs... et shorts en cadeau.

Pour individualiser au maximum la relation, comme on le ferait avec un ami, il faut faire savoir qu'il y a de vraies personnes derrière la marque. Les clients disposent déjà d'énormément d'informations lorsqu'ils entrent en contact

avec le service client. Ils sont donc à la recherche de réponses inédites et de renseignements qui renforcent la confiance. Parler avec les fondateurs, pouvoir dialoguer avec eux en toute transparence, donne un supplément d'âme à la relation. C'est relativement facile au début de l'aventure d'une start-up d'envoyer des petites notes personnelles aux clients, ou de répondre au téléphone, voire d'effectuer quelques livraisons soi-même. Il est essentiel de veiller à garder cette qualité de relation lorsque l'entreprise prend de l'ampleur.
Maureen Kelly, la *make-up* artiste new-yorkaise qui a fondé **Tarte Cosmetics**, une marque désormais culte, répond à toutes les requêtes de ses clientes sur *Facebook* en donnant des conseils, des liens et des informations sur le lancement de nouveaux produits. Cette interaction constante crée une base de consommatrices hyper-informées et loyales qui suivent tous les mouvements de **Tarte** et s'expriment librement.
Brandon Truaxe (décédé en janvier 2019), fondateur de **DECIEM, The Abnormal Beauty Company**, animait toujours lui-même les médias sociaux de la marque. Il répondait en personne à tous les messages, et avait développé une base de fans en conséquence. Sa grande franchise et sa propension à parler de tous les sujets qui touchaient à l'entreprise, sans filtre, étonnait par son décalage avec les discours habituellement plus lissés de l'industrie cosmétique. « Cela m'étonne toujours que cela surprenne les gens, disait-il. Les médias sociaux nous permettent de communiquer directement avec notre public, alors pourquoi un fondateur ne ferait-il pas bon usage de cela ?[1] » Il présentait, par exemple, une série de vidéos des coulisses de la marque sur *Instagram* pour « documenter ce qui se passe chez **DECIEM** : à la fois le bon et le

1. https://www.glossy.co/new-face-of-beauty/how-deciems-unusual-social-media-voice-built-a-cult-following

mauvais (surtout le mauvais) ». « C'est une série appelée *Fail* ("échec"), parce qu'il y a un million de ratés pour chaque petit bout de bonheur.[1] »
Ce dialogue lui a permis de désamorcer le mouvement d'inquiétude qui a agité ses fans lorsqu'en juin 2017 *Estée Lauder* a fait un investissement minoritaire dans **DECIEM**. Truaxe a écrit à ses fidèles sur le site de la marque : « Nous partageons votre émotion. **DECIEM** est notre bébé et nous avons élevé ce bébé très spécial avec vous. Je ne laisserai jamais personne maltraiter notre bébé.[2] »

La conversation est aussi un temps d'écoute qui sert à collecter des informations et des clés de compréhension, qui aide à concevoir de nouveaux produits ou améliorer des produits existants. Tous les renseignements recueillis lors de ces discussions seront également utilisés pour améliorer l'expérience utilisateur. Ces échanges sont des clés pour comprendre ce que pense le consommateur : ils sont une source d'enrichissement permanent et générateurs de lien. C'est pourquoi le service aux clients est constitutif de l'expérience globale d'une *Digitally Native Vertical Brand.*

1. https://www.instagram.com/p/BHxyuBGD3cE/?taken-by=deciem
2. https://deciem.com/letter/estee-lauder-partnership

20

CONSTRUIRE UNE IDENTITÉ DE MARQUE DISTINCTIVE

Une *Digitally Native Vertical Brand* s'exprime d'abord et principalement sur son site web. C'est le lieu où se construit l'identité de l'entreprise, depuis lequel elle peut engager et inspirer une communauté au travers de valeurs communes. Le site devient alors une plateforme d'expression sur laquelle elle peut associer les gens aux idées que défend la marque.

C'est un défi d'exprimer un univers de marque dans un environnement uniquement digital. La marque *Amazon*, par exemple, se résume à un nom et un logo, elle n'a comme objectif que de montrer le produit, de fournir le service dans une logique d'efficacité. On peut l'associer à de l'efficacité et de la commodité, mais pas à un imaginaire. En revanche, une DNVB construit un récit, un code d'expression et des signes qui se laissent comprendre et interpréter. Elle doit installer tout de suite, dès ses premiers jours d'existence, un univers de marque, un faisceau de signes très distinctifs et cohérents de manière à pouvoir émerger, se faire entendre, être reconnue, s'inscrire à la fois dans la différence et dans la permanence. Ce qui suppose que le travail d'articulation des différents éléments de la marque soit effectué et testé bien en amont de la mise sur le marché, avant même d'avoir développé totalement le produit. Une marque permet d'exprimer une culture et des valeurs au travers de codes narratifs et de codes esthétiques. Elle est constitutive du facteur d'adhésion, d'attachement et de rattachement.

Raconter l'histoire

L'identité des DNVB se forge grâce à la force d'un récit de marque véhiculé et diffusé sous ses trois formes narratives : l'histoire, le *storytelling* et le *brand content*.

• *L'histoire*

L'histoire fait référence à certains actes fondateurs ou aux ruptures qu'a créées l'entreprise. C'est ce qui la distingue des autres et trace son empreinte dans le temps. Elle est essentielle, nourrit le patrimoine de la marque en désignant le fondateur, celui qui ensemence l'entreprise de ses idées, de ses valeurs, de sa personnalité. L'histoire est systématiquement racontée sur une page du site de la marque, dans un onglet de la barre de navigation qui porte le plus souvent le titre « Qui sommes-nous ? » ou « Notre histoire ».
Le site d'**Allbirds**[1] est un modèle du genre qui illustre cette mise en scène de la légende de marque. Dès la page d'accueil – très engageante, toute en gifs et en images animées –, le fondateur invite à en savoir plus sur lui en visionnant une courte vidéo[2]. Une plongée dans un paysage néo-zélandais idyllique, le pays aux 29 412 213 moutons dans lequel on suit Tim Brown qui nous raconte, droit dans les yeux, l'histoire de sa chaussure comme s'il s'agissait d'un objet mythique donné à l'homme par la nature grâce à son intermédiaire.

1. https://www.allbirds.com
2. https://youtu.be/MULSORj9cGA

On y voit sa mère et sa tante, impassibles en train de tricoter la fameuse laine de mérinos dont sont faits les *sneakers*, aussi immuables que le paysage lui-même. Le dernier plan montre Tim Brown courant après des moutons en liberté dans une illustration parfaite du nom de la marque « ***Allbirds*** » (« tous des oiseaux »).

Le discours de marque est très ancré dans la réalité, proche de l'époque. Le récit de marque n'est plus porté par un héros mythique, mais incarné par des êtres réels dont la dimension mythologique repose sur la réussite et la manière dont ils contribuent à modeler un monde meilleur. La légende personnelle du fondateur est également orchestrée dans la vraie vie par l'organisation de nombreuses prises de paroles, rediffusées sur les comptes sociaux de la marque. Certains sont déjà bien connus du public, aux États-Unis en particulier où l'on célèbre la réussite et où bon nombre d'entrepreneurs, de Steve Jobs à Elon Musk, font l'objet d'un quasi-culte de la personnalité. Leur entrée dans la liste Forbes des *30 Under 30*[1] les propulse sur le devant de la scène. Ils sont très sollicités par la presse, les réseaux professionnels et le grand public. Les universités revendiquent leurs anciens étudiants qui, accessibles et amicaux, forgent l'esprit d'entrepreneuriat et d'engagement des jeunes générations toujours en quête de modèles. Parmi les plus célèbres figurent Sophia Amoruso, fondatrice de **Nasty Gal**, Neil Blumenthal et David Gilboa, cofondateurs de **Warby Parker**, ou encore Emily Weiss, fondatrice de **Glossier**. En 2016, Tyler Haney, fondatrice de **Outdoor Voices**, Nina Faulhaber et Meg He, cofondatrices d'**Aday**, et Narie Foster, cofondatrice de **MM.LaFleur** ont fait

1. https://www.forbes.com/30-under-30-2016/#375add4b3afb la liste présente tous les ans les jeunes entrepreneurs les plus brillants, les talents émergents et agents de changement, dans 20 secteurs différents.

leur entrée dans la liste de Forbes. Plus globalement dans le monde, ces jeunes entrepreneurs ont conquis dans leur pays d'origine un statut de leader d'opinion, et y font également figure de modèle et mentor. De Jas Bagniewski, cofondateur du **Casper** anglais, **Eve Sleep**, à **Tom Cridland** et sa marque éponyme, James Cadbury, fondateur de **Love Cocoa** en Angleterre, ou encore Jane Lu et Jodie Fox, de **Showpo** et **Shoes Of Prey**, en Australie, Ethan Song de **Frank And Oak** au Canada, tous s'appuient sur leur personnalité pour renforcer l'identité de leur marque et véhiculer le mythe fondateur. Un talent qu'ils partagent avec Pauline Laigneau qui raconte dans un récit très romantique, véritable petit conte de fées, comment elle a fondé **Gemmyo** avec son futur mari alors qu'ils cherchaient leurs bagues de fiançailles. Ou avec Guillaume Gibault lorsqu'il relate le pari entre copains qui a présidé à la naissance du **Slip Français** : « Je pensais créer une marque de vêtements mais, en fait, tout est parti d'un défi impossible, lancé par des amis en buvant des bières : vendre des slips ![1] » Tous deux transmettent leur passion pour l'entreprenariat, Pauline Laigneau, au travers de son Posdcast « Le Gratin, conversation sur le succès », Guillaume Gibault avec ses vidéos You Tube « J'y vais mais j'ai peur ».

Raconter une bonne histoire est fondamental. C'est la première étape dans la construction d'une nouvelle marque. Elle a pour une *Digitally Native Vertical Brand* une double fonction : elle est indispensable pour que la presse et le public adhèrent, et elle joue un rôle essentiel pour construire un réseau de partenaires. Elle leur permet de s'identifier au succès de la marque et de les engager à participer à l'aventure. Une bonne histoire, bien relatée, permet

1. http://www.chefdentreprise.com/Thematique/profession-1056/Breves/Portrait-Guillaume-Gibault-fondateur-Slip-fran-ais-met-paquet-254164.htm

de se distinguer de la base narrative commune à toutes les *Digitally Native Vertical Brands* : combler un besoin ou un désir commun pour créer une grande histoire.

• *Le* storytelling

Le *storytelling* vise à convaincre, faire adhérer à l'argumentaire de la marque, qu'il humanise sous forme d'histoires, de manière à capter l'attention du public, susciter des émotions auprès du public. Il s'installe en même temps que l'histoire de la marque.

Le *storytelling* fonctionnel a une visée éducative autour de la proposition clé des DNVB : un produit vendu directement sans les coûts supplémentaires des intermédiaires. Il relate étape par étape la véracité du discours. En informant le public, il l'invite à être critique et, ce faisant, il lui fait confiance pour faire le meilleur choix. Les DNVB montrent comment elles contrôlent tout le processus et l'expliquent avec la plus grande transparence et honnêteté, sans créer d'illusion. Sur le modèle initié par **Everlane**, elles l'expriment visuellement au moyen d'une ou plusieurs infographies décrivant le processus de fabrication des produits, les coûts réels, les marges réalisées.
Avec ses trois mantras simples (connaître vos usines, connaître vos coûts et toujours demander pourquoi), **Everlane** communique un message clair et fort : l'entreprise fournit au client une plus grande valeur pour un prix inférieur.
Si la proposition de valeur vise uniquement à résoudre une équation qualité-prix, comme pour les rasoirs **Harry's** (« un bon rasage à un prix équitable ») ou l'épicier **Brandless** (*Better stuff, fewer dollars. It's that simple*) (« de meilleurs produits, moins de dollars. C'est aussi simple que ça. »), la marque va jouer, dès la page d'accueil du site, sur un message succinct,

factuel et ciblé, rappelant d'emblée aux visiteurs quel est son but.
Les savoir-faire, les méthodes de *sourcing*, la conception des produits par *crowdsourcing* sont mis en scène au travers de photos et de vidéos des ateliers, des usines et des artisans, de manière à construire de la passion pour les produits.
Tout le discours autour de l'éthique est également mis en scène pour séduire le marché ciblé et renforcer l'identité globale de la marque. Par exemple, **Vicky von Holzhausen**, « la *Tesla* du sac à main »[1], communique sur le fait que tous les matériaux qu'elle utilise sont durables et issus de processus respectueux de l'environnement : ses cuirs végétaux sont fabriqués sans solvants.

Les DNVB se racontent dans un *storytelling* émotionnel qui vise à construire une communauté, devenir un mouvement. Le récit est fait d'émotions, d'anecdotes, qui permettent à une marque de s'intégrer, de vivre et de tisser des liens avec ses fans.
Il peut s'exprimer en donnant à voir l'éventuel engagement social de la marque, comme chez **Warby Parker**, qui dit comment elle fait la différence en distribuant des millions de paires de lunettes aux personnes dans le besoin, au travers de photos et d'anecdotes touchantes. La marque gagne un niveau de respect et de crédibilité en pensant aux autres et pas seulement à elle-même.

Le *storytelling* de **Dôen** est conçu pour aider l'entreprise à atteindre son but de devenir un mouvement. Elle est animée par l'idée d'un collectif de femmes fortes, tournées vers une vision commune, qui forme une équipe incroyable et

1. https://www.forbes.com/sites/viviennedecker/2017/04/22/vicki-von-holzhausen-makes-vegan-leather-luxurious-with-her-handbag-brand-von-holzhausen/#2ddd4dfc247d

irrésistible. **Dôen** a été créée par deux sœurs qui revendiquent leur maternité et militent pour l'équilibre entre métier et vie de famille. Elles travaillent chez elles, au milieu de leurs enfants. Leur *storytelling* s'appuie sur leur vie et sur des photos de famille, pour renforcer l'idée que c'est une entreprise qui est faite « par des femmes, pour des femmes ». Cet état d'esprit est illustré à grand renfort de photos de mamans heureuses dans leur cadre de travail familial, nimbées de lumière hamiltonienne, leurs enfants jouant autour d'elles. Un contenu narratif fort et des visuels qui fonctionnent sur le registre de l'émotion font résonner leur philosophie : « vous ne devriez pas sacrifier votre vie personnelle pour faire ce que vous aimez faire professionnellement »[1]

La Ligne raconte l'histoire d'une bande de filles, de manière aussi engageante mais totalement différente, en faisant appel à une représentation et une expression plus intellectuelles. Lancée par trois professionnelles de l'industrie de la mode, Meredith Melling, Valerie Boster et Molly Howard, deux ex-*Vogue Amérique* et une ancienne directrice de *Rag&Bone,* **La Ligne** propose une collection de vêtements de luxe intemporels, *effortless, made in* New-York.
Le nom de la marque renvoie au style des vêtements, qui jouent autour de lignes, rayures et bandes. **La Ligne**, c'est une « bande » de filles qui partagent une même culture citadine raffinée et cultivée, et c'est l'univers graphique de la marque qui s'exprime autour de l'épure du trait. Elle a construit tout son vocabulaire autour de jeux de mots : son histoire se découvre *Between The Lines* (« entre les lignes »), au travers de la *Bottom line,* le credo de ses fondatrices « nous croyons à l'appel universel de la bande, toujours classique, toujours chic ».

1. https://shopdoen.com/pages/our-mission

Une série de films, des portraits intimistes, invitent les femmes de « la bande » à exprimer leur propre idée de la grâce d'un corps en mouvement. Elles sont réalisatrices, actrices, surfeuses ou encore danseuses. Le best-seller de la première saison est un tee-shirt brodé de la phrase *I'm with la bande* (« Je suis de la bande »). Il est porteur de leur message féministe, paisible et assumé.[1]

De son côté, **Cock and Bull** déploie tout son *storytelling* autour du savoir-faire et de l'héritage britanniques. Leur blog ou « journal » raconte l'histoire du *made in* Grande-Bretagne, les savoir-faire traditionnels et le développement durable. La marque invite à une réflexion sur le sens de la mode, sur « l'importance de la permanence dans un monde impermanent »[2]. L'esthétique *old-school* du site web de l'entreprise emprunte les codes du luxe, joue sur la nostalgie pour distiller une atmosphère complice et élitiste. Les propos sont illustrés de photos artistiques montrant l'art légendaire du *bespoke*[3] et les manufactures traditionnelles de tweed. On peut par exemple voir « Oscar coupant la toile de la nouvelle ligne de chemises. »

• *Le* brand content

Le *brand content* désigne le contenu, les domaines d'expression d'une marque, tout ce qu'on peut lire, voir, entendre, regarder et vivre en direct. Certaines marques traditionnelles, en particulier dans la mode, excellent à créer des contenus innovants, inspirants et très esthétiques. *Burberry* en tête avec,

1. https://lalignenyc.com
2. https://www.cockandbullmenswear.co.uk/blog
3. Sur mesure

par exemple, ses *Burberry acoustic*[1] qui célèbrent les artistes britanniques et les jeunes talents au travers de performances et des collaborations spéciales. Les DNVB cherchent moins la démonstration que le partage d'expérience et de vécu. Qu'elles se posent en amies accessibles, à l'écoute, en camarades de jeux ou en coach, elles aspirent avant tout au dialogue, à la réciprocité, à forger des souvenirs communs avec le public.

Toutes ces informations contribuent à construire l'identité de la marque et à lui donner son épaisseur narrative, que complète l'identité physique. C'est sur ces identités qu'elle pourra s'appuyer pour créer un contenu de marque et prendre la parole sur les médias sociaux de manière pertinente et cohérente.

• *Identité physique de la marque*

Le nombre de canaux sur lesquels les DNVB s'expriment pour offrir à leurs clients une expérience omniprésente ne cesse d'augmenter. Face à l'avalanche de contenus postés chaque jour, la différenciation est un facteur clé. Plus ses moyens d'expression sont puissants et plus la marque sera visible et reconnaissable, plus elle suscitera l'adhésion de la communauté. Pour les DNVB, l'enjeu est de traduire un monde virtuel en éléments de reconnaissance qui lui assurent très rapidement l'adhésion du public. Elles ont l'obligation d'installer leur proposition dans le temps très court des start-up, alors que la légitimité s'acquiert généralement au long cours. Comme le rappelle Andréa Semprini, « une marque peut précipiter, faciliter, accélérer cette reconnaissance [...] lorsque trois propriétés lui sont

1. https://fr.burberry.com/acoustic/

reconnues : crédibilité, légitimité et affectivité. Elles lui assurent plus facilement l'adhésion des publics, ainsi qu'une grande liberté d'évolution.[1] »

Les *Digitally Native Vertical Brands* les plus efficaces dans leur communication ont pour trait commun de se présenter comme un être humain, doté de valeurs, d'un caractère, d'un ton de voix. Elles expriment leur différenciation à travers une grammaire visuelle et verbale et une esthétique propre.

• *Des marques anthropomorphiques*

Il est très commun de considérer une marque comme une personne et de lui transférer des caractéristiques humaines, voire de parler de son ADN. Marcel Bleustein-Blanchet, fondateur de l'agence *Publicis*, mentionnait déjà cette analogie il y a près de cinquante ans[2]. Dans le cas des *Digitally Native Vertical Brands*, la personnalité de la marque devient une métaphore de celle du fondateur de son engagement à servir de porte-parole à un mouvement, de ses valeurs et de son style. Humaniser une marque, c'est lui conférer le pouvoir de ressentir ses propres émotions. C'est autoriser et entretenir une relation avec elle, l'aimer, la détester, lui être attaché, lui être fidèle. C'est donc revêtir la proposition d'une charge affective. « En mobilisant l'investissement émotionnel de ses publics, la marque pourra augmenter considérablement ses possibilités d'être choisie et préférée [...]. Souvent, on retrouve parmi les marques ayant un fort capital d'affectivité, celles qui ont su à un moment donné être l'interprète de changements de mœurs, culturels ou sociaux, – écrit encore Andréa Semprini[3] »

---

1. Andréa Semprini : *Le Marketing de la Marque*, éditions Liaisons, 1992.
2. Marcel Bleustein-Blanchet, *La rage de convaincre*, Le livre de Poche, 1974.
3. Semprini, *op. cit.*

En tant que personnes, les DNVB se présentent comme des partenaires, le plus souvent des ami(e)s, des frères ou sœurs qui accompagnent des personnes plus que des clients. Elles sont accessibles, à l'écoute, réactives. La relation se développe au travers de contacts gratifiants, bien plus nombreux qu'avec une marque traditionnelle. Le lien cultive le capital sympathie. Le public s'identifie d'autant mieux que la marque agit comme un miroir. Elle s'est nourrie et construite à partir des *insights* fournis par l'observation des membres de la communauté.

• *La personnalité de marque*

Comme l'écrit Jean-Noël Kapferer[1], la personnalité est un élément constitutif de l'identité de la marque, au même titre que la culture (les valeurs) et le physique (les traits matériels distinctifs). Elle infuse chaque comportement de la marque et unifie ses actions de manière cohérente. Une personnalité harmonieuse connote la fiabilité et l'honnêteté. Comme les DNVB s'expriment directement sur des canaux multiples et indirectement par le biais des prises de parole de leurs utilisateurs, il est d'autant plus important de maîtriser et d'assurer la cohérence au maximum.

• *Le ton de voix*

Le ton de voix est l'un des éléments d'expression de la personnalité de marque. Il revêt une importance déterminante pour les marques digitales qui s'adressent le plus souvent aux millenials et parfois seulement aux plus jeunes d'entre eux. L'authenticité est la clé d'une conversation amicale, si bien que le ton de voix ne peut être fabriqué

1. Jean-Noël Kapferer : *Les Marques, Capital de l'entreprise*, Eyrolles, 2007.

ou forcé. Il est cultivé pour trouver la juste incarnation, le bon style. Cela nécessite de parler la même langue que la génération à laquelle on s'adresse, en utilisant un ton et un choix de vocabulaire appropriés. Le style d'expression doit être suffisamment souple pour s'adapter aux circonstances, comme le ferait une personne dans la vraie vie, dont le ton varie en fonction de son humeur, de ses interlocuteurs, de la situation dans laquelle elle se trouve. De la même manière, le ton de la marque peut fluctuer selon le canal ou le genre d'audience. Il pourra être plus sérieux et corporate sur *LinkedIn* et plus familier sur *Facebook* par exemple.

Le ton de voix, pour une marque web, est un ensemble cohérent, une construction à partir de choix de syntaxe, de sémantique et de ponctuations (qui tient le rôle de la diction). Il intègre des éléments de style et de culture. Les emojis sont des éléments de langage codés, très clairs pour la marque et ses utilisateurs. Cette forme de communication symbolique fait intégralement partie du ton de voix. Quant aux éléments linguistiques que l'on retrouve dans les *hashtags* ils empruntent aux sous-cultures de chaque groupe. Ils ne sont pas forcément compréhensibles pour ceux qui ne sont pas « affranchis ». *Gucci*, par exemple, est devenu un adjectif utilisé pour dire beau et clinquant, qui s'assume. *GOAT* (« chèvre ») ne désigne pas l'animal mais signifie *Greatest Of All Time.* Initialement, l'expression désignait Mohamed Ali et Michael Jordan mais, aujourd'hui, elle s'applique à tout, même au meilleur burger !

Pour parler aux millenials, les marques optent largement pour une tonalité décontractée, mais chacune adopte sa propre nuance, amicale, amusante, complice, décalée ou *chatspeak*[1]

1. Le *chatspeak*, ou *netspeak* est une forme de discours dans laquelle on raccourcit les mots et remplace la lettre « s » par la lettre « z » dans un effort pour gagner du temps et avoir l'air cool. (Cc, cv twa? = coucou, ça va toi?)

(langage abrégé utilisé pour converser en ligne rapidement). **Revolve**, par exemple, prend les traits d'une jeune femme qui communique avec des *hashtags*, du rap et des références à la pop culture avec des petites phrases inspirantes comme *Love yourself like Kanye loves Kanye* (« Aimez-vous comme Kanye aime Kanye. »)[1].
Le contexte géographique joue naturellement. Par exemple sur les différentes formes d'expressions humoristiques, blagues potaches ou *british*, le ton de voix transforme le discours pragmatique rationnel en langage émotionnel, en ressenti. Un ton juste est déterminant pour assurer une empreinte mémorielle, une connexion durable à un niveau personnel. Le ton de voix a un impact sur la perception de la marque, qui est tout à fait mesurable, comme l'a montré une étude du Nielsen Norman Group : « Le ton de voix est un outil puissant dont les nuances doivent être parfaitement adaptées au public pour assurer un maximum d'efficacité et d'adhésion. Les données quantitatives sont utilisées pour mesurer la perception et tester des alternatives. Les recherches qualitatives aident à comprendre comment le public interprète le ton.[2] »

Certaines DNVB ont acquis une vraie maîtrise dans l'art de communiquer la personnalité de la marque au reste du monde. **AYR**, **Heist Studios** et **Missguided** pour rester dans l'univers de la mode, s'adressent toutes les trois à des jeunes femmes à qui elles parlent comme si elles envoyaient des messages à leurs meilleures amies. Chacune a toutefois une manière bien spécifique de s'exprimer tout en étant très directe. **AYR** est une marque « de vêtements de qualité pour la vie de tous les jours ». Elle cultive une personnalité indépendante, bavarde,

1. https://www.instagram.com/p/BkCHxm0FyIN/?hl=fr&taken-by=revolve
2. https://www.nngroup.com/articles/tone-voice-users/

drôle, qui ne se prend pas au sérieux. C'est la copine *chill* (« détendue ») qui cherche à économiser l'énergie qui lui reste après une journée dans laquelle elle conjugue travail et enfants. Pour ses vêtements, elle privilégie le confort et une élégance simple. **AYR** aime Jimi Hendrix, faire le marché, les apéros et les *happenings*. Elle parle sur un ton familier et cool. Pour présenter ses collègues de bureau, sa *team,* qu'elle décrit comme « un groupe d'amies qui aiment faire des trucs *cool* ensemble, « les Boss Angeles »[1], elle utilise des *snaps,* (des vidéo ou photo envoyées par *Snapchat*) fantaisistes. Sur ses comptes sociaux, elle est encore plus détendue, parle en raccourci et *slanguage*[2] et rédige des légendes décontractées pour ses photos. Elle converse avec ses *followers* comme si elles étaient des amies proches. Son humour joue sur le décalage des photos et des légendes.

Heist Studios s'est installée dans une ancienne usine de Spitfire avec pour mission de transformer l'industrie du sous-vêtement et bousculer le statu quo cette industrie en repensant le collant, un produit qui avait peu évolué depuis les années 80. Sa mission consiste à « célébrer la force et la féminité ». **Heist** est une femme ronde, tatouée, elle a de vraies formes qu'elle assume librement à la ville ou à la campagne. Elle est heureuse de sentir son corps bouger et n'hésite pas à se mettre dans des positions acrobatiques et à faire des grimaces[3]. **Heist** aime l'art – Magritte surtout –, le surréalisme, les illustratrices qui la mettent à l'honneur et l'architecture aussi. C'est une femme active qui n'a plus 20 ans et qui veut qu'on voie sa personnalité : « *Meet the women behind the body* » (« découvrez les femmes

1. https://www.instagram.com/p/BgZU4F_BOGq/?hl=fr&taken-by=ayr

2. le mot est une contraction de *slang* (« argot ») et *language* (« langue ») et désigne l'utilisation intensive du langage argotique.

3. https://www.instagram.com/p/BblD9FIj3IS/?hl=fr&taken-by=heiststudios

au-delà du corps »). **Heist** collabore avec des artistes, des femmes inspirantes à la recherche de nouvelles façons de montrer les formes féminines. Elle parle sur un ton qui dénote une personnalité forte et fougueuse et écrit sur son site à la première personne pour parler directement aux lectrices qu'elle tutoie. Elle utilise généralement des phrases courtes, mais affectionne les descriptions détaillées. Sa *newsletter* amicale et accueillante, qu'elle signe d'un *Love* affectueux, donne le sentiment de faire partie de son gang. Des campagnes sociales cohérentes, *#HeistCelebrates*, mettent en avant les femmes qui ont marqué l'histoire, autour du globe. La personnalité de la marque **Heist** n'est pas définie pour servir ce qu'elle à vendre, mais en fonction de ce en quoi elle croit.

Missguided est une marque *fashion*, « *your babe uniform* », (« une garde-robe de minette ») qui promeut un mode de pensée différent, « inspiré de la vie réelle ». Comme les élèves rebelles du fond la classe, la *babe girl* a toujours l'air de s'éclater. C'est une personnalité effrontée, un peu dingue, sexy, aux cheveux couleur *bubble-gum*[1]. Elle est anglaise, mais elle a des copines partout dans le monde ; elle aime la diversité et l'entraide. La *babe girl* s'exprime en imitant la façon dont les Gen-Y[2] parlent aujourd'hui dans un mélange de *slanguage* et d'abréviations, sur un ton provoquant. Elle adore la *Queen Mother*[3], les petits messages d'encouragement – surtout le lundi matin – et, plus que tout, faire la fête. Son ton de voix se fait plus conversationnel, franc et direct pour les descriptions de produits. Dans ses *newsletters*, ludiques

1. https://www.instagram.com/p/Bk7f5TyAXRA/?hl=fr&taken-by=missguided

2. La génération Y désigne, en Occident, les jeunes nés entre 1980 et l'an 2000.

3. La *Queen Mother*, ou *Queen Mum*, décédée en 2002 à l'âge de 101 ans, était la mère de la reine Elisabeth II d'Angleterre. Personnage haut en couleur, cette bonne vivante, réputée pour ses grands chapeaux et son goût pour le gin, est encore très populaire outre-Manche.

et divertissantes, elle utilise des *hashtags* accrocheurs. Son premier parfum, au packaging de canette de bière rose, a pour nom #babepower.

- *L'identité physique ou visuelle de la marque*

L'identité physique ou qualités extrinsèques de la marque sont les signes de reconnaissance (logo, code couleur, design du site, filtres) qui la caractérisent le plus immédiatement aux yeux du public. Dans l'environnement digital, les éléments visuels sont souvent bien plus puissants que les mots. Ils transmettent instantanément un certain nombre d'informations et d'émotions. Parmi les *Digitally Native Vertical Brands*, deux marques, **Glossier** et **Brandless**, se distinguent par des traitements radicalement différents mais tout aussi efficaces et maîtrisés de l'identité de marque.

On attribue souvent le succès de **Glossier** à la qualité de son identité visuelle. Cette marque totalement digitale a complètement redéfini « le nouveau standard de marque média », en portant une attention maniaque à chaque détail de son identité physique. C'est ce qui lui a valu de rentrer dans le classement 2017, des 50 entreprises les plus innovantes de *Fast Company*[1]. En capitalisant sur les préférences visuelles de son audience, Emily Weiss a inventé un univers tellement en phase avec son public qu'il invite explicitement aux partages et aux commentaires. « Dans le monde **Glossier**, les cosmétiques ne sont pas juste des cosmétiques : « ce sont des contenus », dit-elle.

Glossier se revendique comme « la marque grande sœur », simple et accessible. Lancée sur *Instagram*, avant même de

1. https://www.fastcompany.com/most-innovative-companies/2017

commencer à vendre des produits, la société, ultra *social-savvy*[1], s'adresse aux jeunes femmes à travers un dialogue permanent sur tous les médias sociaux. Elle maîtrise sa croissance et sa popularité avec des productions limitées et des listes d'attente qui génèrent du désir et de la conversation. L'arrivée des paquets est vécue comme une expérience : ils sont tellement soignés que les clientes se sentent obligées de partager leurs achats avec leur propre communauté en utilisant le *hashtag* #Glossier.

C'est Leslie David et Charlotte Delarue, deux Françaises, qui sont à l'origine de l'identité visuelle de **Glossier**. Elles ont imaginé le design du « G » iconique et du logo. Ce sont elles aussi qui ont dessiné les symboles graphiques et les émojis, qui constituent l'alphabet de la marque et qui font partie intégrante de son identité visuelle. Les symboles sont omniprésents, formant une ponctuation ludique sur le site et les médias sociaux. Sur le site web, le curseur est remplacé par le *gif* de Saturne qui tourne sur lui-même. Les symboles changent lorsque l'on passe d'une image à l'autre – un palmier ou un éclair, des cerises ou un piano – créant un effet de surprise et de dynamique qui encourage à visualiser toutes les images. Déclinés sous forme d'autocollants, ils peuvent servir à customiser les produits de la marque ou des objets personnels. Tout comme le *sticker* en forme de pomme offert avec les produits Apple, ils constituent des petits signes discrets d'appartenance à un groupe et sont le pont entre la vie *online* et *offline*[2].
Dans ses échanges quotidiens sur les réseaux sociaux et par e-mail, l'utilisation des *hashtags*, emojis mignons et symboles font partie intégrante de la stratégie de **Glossier**.

1. Se dit d'une marque ou d'une personne qui a du savoir-faire sur les médias sociaux.
2. Voir annexe page 353.

Elle engage les fans à télécharger les *digital Glossier stickers* et à les utiliser en publiant des posts intitulés « *Do you speak emoji* » ? (« Parlez-vous emoji ? »).
La grammaire de la marque accompagne l'expérience, un effet amical et complice : on a l'impression que des copines sont passées par là.
Le site est une création du studio canadien *GoDynamo*, spécialiste des start-up avant-gardistes. **The Honest Company**, **Lola** ou encore **Aday** sont également dans leur portfolio.
Le logotype de **Glossier** est d'inspiration gothique, l'éperon inférieur est enroulé pour donner plus de fluidité de mouvement. Sur son site, **Glossier** utilise la plupart du temps la même typographie (*Apercu*, sans empattement), de manière à faire ressortir le logo.
L'esthétique minimaliste utilise classiquement le noir et blanc, avec des éclaboussures de rose. Un rose légèrement translucide (Pantone PMS 705 saturé à 70 %, ou *Flush Pink* de Benjamin Moore pour la peinture), pensé à l'origine par Emily Weiss comme une couleur neutre, « le rose n'a pas besoin d'être *girly*. Ça peut être cool ! Et androgyne. Cela peut être une couleur qui convient à tout le monde.[1] » Une couleur signature tellement populaire qu'elle est devenue le rose de l'année 2016 et renommée par Pantone le GlossierPink. Les couleurs « 90s bubble-gum », « spring pastel » et « baby pink » complètent la charte graphique avec des tonalités qui contribuent à mettre en scène une esthétique de rêve pour les jeunes femmes.

Les packagings, conçus comme des contenus viraux, servent de support à la même multitude de petits détails ludiques et originaux. Le blush par exemple, généralement vendu

1. https://intothegloss.com/2015/10/pink-moodboard-glossier-pink/

dans un boîtier rond, est présenté dans un tube de peinture blanc à bandes roses. Les emballages colis, immédiatement reconnaissables à leur énorme logo, sont réutilisables. L'intérieur est entièrement rose et reprend la signature de la marque *Skin first, Makeup second, Smile always* (« la peau en premier, le maquillage en deuxième, le sourire toujours »). C'est plus un paquet cadeau. La pochette d'emballage à bulles, qui peut servir de trousse à maquillage, est devenue un objet iconique. *Jimmy Choo* l'a transformée dans ses collections en accessoire de luxe après avoir vu une photo de l'influenceuse Leandra Medine portant la pochette dans la rue pendant une *fashion week*[1].
Les UGC (*User Generated Contents*, « contenus générés par les utilisateurs ») font totalement partie de l'identité de **Glossier** qui regramme[2] les contenus utiles et tague les utilisateurs pour leur répondre et engager la conversation. Par exemple, lorsque les jeunes femmes postent des selfies dans l'intimité de leur salle de bains, le visage couvert d'un masque, **Glossier** ajoute le *hashtag* #maskforce, un commentaire à l'humour *girly* et l'emoji « alien »👽[3]. En opérant cette médiation, elle peut publier les conversations, tout en restant en ligne avec son esthétique et son contenu éditorial. L'identité physique de la marque est incarnée dans la vraie vie par les collaboratrices de **Glossier**. Leur personnalité et leur allure, naturelle et classe, reflètent les valeurs de la marque.

Brandless a adopté une approche radicale de l'identité visuelle, minimaliste à l'extrême, et sans logo. L'entreprise de produits ménagers, alimentaires et d'hygiène, utilise

1. https://www.whowhatwear.co.uk/glossier-pink-pouch-2016
2. « Regrammer » signifie reposter une photo sur Instagram
3. https://qz.com/847460/glossier-girls-emily-weiss-on-how-glossiers-customers-became-its-most-powerful-sales-force/

comme signe distinctif sur ses emballages un simple rectangle aux coins arrondis dans lequel est inscrit le nom de sa marque et auquel est accolé, dans le coin supérieur droit, le symbole « ™ ». La marque milite contre ce qu'elle appelle la *BrandTax :* les coûts cachés de marketing et de distribution que paient les consommateurs et qui résultent, selon elle, de l'ancien modèle industriel des biens de consommation courante. Comme l'explique sa fondatrice, Tina Sharkey : « L'identité visuelle de **Brandless** vise à éliminer l'idée de *BrandTax* une fois pour toutes. » Toutefois, « Ce n'est pas une marque générique, c'est une marque sans marque, ce qui représente quelque chose de plus grand.[1] » **Brandless** préfère se concentrer sur des produits de qualité, innovants, qui correspondent aux choix alimentaires spécifiques des membres de sa communauté (bio, vegan, sans sucre ajouté, sans OGM, sans paraben, sans test sur les animaux, casher...) et à leurs valeurs.

Construire une identité visuelle sur une idée aussi minimaliste est une démarche risquée, compte tenu du rôle de l'identité visuelle dans la relation entre les consommateurs et les marques. D'ailleurs, l'USPTO, l'office public d'enregistrement des marques aux États-Unis, a pour l'instant refusé de reconnaître la marque **Brandless** au motif que le rectangle blanc et le symbole « ™ » ne constitueraient pas des éléments suffisamment distinctifs. Plus précisément, l'USPTO a déclaré que, selon elle, l'objectif fonctionnel d'une étiquette blanche était davantage de fournir le contraste approprié pour des textes en noir que les consommateurs pourraient lire, qu'un élément constitutif d'une identité de marque.

1. https://www.fastcompany.com/40545905/the-cult-brand-whisperer-behind-casper-allbirds-and-birchbox

L'identité de **Brandless** reflète sa prise de positon, son projet d'offrir des produits responsables à des prix justes (tous les articles sont vendus 3 dollars ou moins). Elle n'utilise aucun élément de séduction, n'enjolive pas. Si bien qu'elle se distingue parfaitement dans un univers saturé de marques qui vendent plus leur logo que leurs produits. Comme l'explique la sémioticienne Laura Oswald : « c'est une mauvaise idée d'essayer de faire ce que tout le monde fait : quand tout le monde concourt pour le même espace, il est très difficile d'être gagnant. C'est une bien meilleure idée de trouver un espace vide, dans lequel on peut régner seul pendant un moment.[1] » **Brandless** va à contre-courant en s'inscrivant comme une marque qui invite à la critique du système, en montrant le produit sans aucun artifice.

Toutefois, même si elle veut en donner l'impression, **Brandless** n'est pas vraiment une marque sans marque. Son identité visuelle, imaginée par le designer Brice McGowen[2] est bien présente et très soignée. Le choix des couleurs unies, la typographie et la disposition des éléments visuels dans l'espace traduisent efficacement les valeurs que la marque souhaite vendre. L'élément « ™ » est répété et affirmé sur tous les supports. **Brandless** ne se contente pas de vendre des produits, elle vend surtout un mode de vie : une vie sans marques, #Brandlesslife. Sur son site et dans les médias sociaux, elle développe des petits récits mémorisables et clairs qui donnent du sens aux produits et expliquent ses valeurs. Les images de l'illustratrice Lindsey Balbierz incitent chacun à témoigner de l'attention à son entourage, grâce à des petits gestes, ou à prendre soin de soi (« Fais une surprise à quelqu'un en lui envoyant une carte

1. Laura R Oswald: *Creating Value: The Theory and Practice of Marketing Semiotic Research*, Oxford University Press, 2015.

2. http://www.bricemcgowen.com/brandless/

postale », « Quand tu croises quelqu'un en marchant dans la rue, essaie de croiser son regard et de lui sourire », « Donne de l'amour à ton esprit, en méditant »[1]).

Brandless questionne la notion de marque. Elle incarne de manière emblématique le changement de mentalité dans le rapport aux marques. Dans un contexte d'effervescence des mouvements anti-consommation, on devrait voir émerger de plus en plus de « marques sans marque » qui sauront parler à tous ceux pour qui cette attitude est un mode de vie.

1. https://www.instagram.com/p/BfW5_sRHaZA/?taken-by=brandlesslife

21

UNE RELATION CULTURELLE ENTRE LA MARQUE ET SON PUBLIC

Avant même l'idée de produit et de vente, la raison d'être d'une *Digitally Native Vertical Brand* est de faire vivre une communauté de passionnés autour de sa mission, d'incarner un mouvement dans une relation culturelle. Elle transmet sa culture unique sous la forme d'un style de vie, de manière à se différencier des concurrents. Plus la culture est forte, sincère et clairement exprimée, plus le mouvement est engageant et apprécié par la communauté. Mais la principale difficulté est d'attirer à elle différentes personnes qui partagent un intérêt similaire, de faire en sorte qu'ils se sentent suffisamment concernés pour interagir avec elle et se connecter avec les autres membres, en d'autres termes, qu'elle arrive à construire un sentiment d'appartenance. Un « sens communautaire » qui, selon la définition de David McMillan et David M. Chavis, « se développe à partir des membres d'un groupe qui partagent une histoire et des expériences communes, qui réalisent un rapprochement émotionnel, une intimité, et dont l'appartenance amène la reconnaissance d'une identité et d'une destinée commune[1] ».

1. David McMillan et David M. Chavis : « Sense of Community I: theory and concepts », *Journal of Community Psychology*, Volume 14, Issue 1, Wiley, 1996.

Susciter un tel sentiment d'appartenance et d'identification suppose que la marque encourage l'investissement personnel, et que les membres se sentent récompensés d'une manière ou d'une autre pour leur participation à la communauté. Et, plus fondamentalement, que la marque installe un mode relationnel différent, une conversation à trois niveaux : entre elle et le groupe, entre elle et chaque individu et entre les membres du groupe sans aucune intervention de sa part. Sans oublier que, quelle que soit la manière dont on communique aujourd'hui, l'entreprise est potentiellement en relation avec le monde entier (une conversation avec un vendeur peut être postée sur un blog et être immédiatement accessible partout).
Ce faisant, les *Digitally Native Vertical Brands* s'éloignent des méthodes unidirectionnelles du marketing traditionnel, qui consistent à pousser un produit vers le client au travers d'un message contrôlé par la marque. Dans ce système, le client est la cible à convaincre, alors que les DNVB s'inscrivent dans un modèle kaléidoscopique, dont les clients forment le centre. Le rôle de la marque consiste, d'une part, à leur offrir des espaces et des outils qui leur permettent de discuter et d'interagir en co-créateurs de valeur et, d'autre part, à entretenir une conversation permanente avec eux.
Comme le résume Ethan Song, de **Frank And Oack** : « Les gens sont perdus dans ce monde digital et veulent être associés à l'idéal qu'ils ressentent et peuvent partager. Devenir une *plateform company*, ça n'est pas une histoire de fringues cool, c'est une histoire de valeurs et [de permettre aux] clients de construire l'histoire.[1] »

Concrètement, pour être en mesure de créer un mouvement, d'engager une communauté, une DNVB doit devenir une

1. https://www.youtube.com/watch?v=j3TtgNM3OLQ

marque plateforme et se penser comme un média qui anime une vie *online* et *offline*, tout en laissant ses membres propager ses valeurs et incarner son visage.

Une marque plateforme qui connecte les gens

Si une DNVB considère que le site web ou sa boutique physique sont des destinations, elle envisage le téléphone mobile comme une expérience personnelle, nomade, que l'on emmène partout avec soi. Il permet à la marque d'entrer en contact plusieurs fois par jour avec les membres de la communauté, via différents médias sociaux (*Facebook, Instagram, Snapchat, Twitter, Pinterest*), des fils de conversation communautaires (*Reddit, Slack Disqus)*, des e-mails et parfois directement sur sa propre application. Au travers du mobile, elle crée une relation intime qui change la manière dont la marque communique avec les gens et la manière dont ceux-ci voient la marque. Devenir une marque plateforme permet de connecter tous les points, entre les différents canaux, et de construire de nouveaux ponts avec les clients, entre le monde physique et le monde virtuel. Cela permet d'envisager une forme de « marketing holistique » qui, comme le définit Philip Kotler, « consiste à élaborer et mettre en œuvre des programmes, des processus, des actions marketing à large spectre et de les relier entre eux. Le marketing holistique est relationnel, intégré, diffusé en interne, orienté vers la performance et socialement responsable[1] ». Dans cet écosystème, elle peut faire vivre sa culture partout et tout le temps.

Une marque plateforme crée son propre réseau social à partir de son infrastructure « maison ». Elle se présente comme un

1. Philip Kotler, *Marketing 4.0*, De Boeck Supérieur, 2017.

espace dans lequel les utilisateurs peuvent interagir et créer des liens entre eux ou avec la marque. Une marque plateforme communique un sentiment d'appartenance, encourage la participation des utilisateurs. Elle agit en tant que modérateur, fournissant des stimuli et des outils qui encouragent constamment la création et la production des participants, les *User Generated Content* (UGC, contenus générés par les utilisateurs) qui sont présentés dans l'environnement de la marque. La plateforme est organisée pour re-stimuler le partage et la communication entre ses utilisateurs. Tout en laissant ses membres libres de s'exprimer, elle doit rester garante de la cohérence et de la pertinence des contenus qu'elle diffuse. Elle doit donc se penser comme une marque média. **BonneGueule** est l'un des meilleurs exemples de marque plateforme, avec en particulier un forum de discussion très actif depuis son lancement en 2012. L'espace de discussion entre membres de la communauté compte presque 18 000 inscrits qui ont échangé près de 300 000 messages et abordés plus de 8 000 sujets. C'est, peut-on lire sur la page d'accueil du forum, « Le spot de ralliement de tous les membres de BonneGueule : trombinoscope, meetings, événements privés et potins croustillants. Servis avec un verre de thé.[1] »

Une marque pensée comme un média

Les DNVB sont par nature des marques médias, des *brand publishers*. C'est ainsi qu'elles diffusent leur état d'esprit, leur identité, et suscitent l'adhésion du public. Elles définissent une ligne éditoriale très claire, puis laissent les clients être le visage de la marque.

1. http://forum.bonnegueule.fr/viewforum.php?f=6

• *Définir une stratégie éditoriale*

L'enjeu consiste à impliquer la communauté et à faire vivre le mouvement de lui-même, pratiquement en dehors de la marque. Pour ce faire, les *Digitally Native Vertical Brands* doivent déployer une culture unique, au travers de magazines, de jeux, de vidéos, de contenus musicaux ou de tout autre support : leur seule limite c'est l'imagination. Et faire vivre cette culture de manière cohérente et homogène est clé quand il s'agit de construire une communauté. Il leur faut donc définir une ligne éditoriale, de manière à rester alignées sur le courant culturel propre qu'elles promeuvent. L'étape préalable à la définition d'une ligne éditoriale consiste à comprendre son public, ses préférences et ses besoins, à connaître ses comportements et ses usages. Par exemple, il est indispensable de savoir comment chacun rentre en contact avec la marque, par quel point d'entrée, par quels canaux, dans quelle situation, de manière à identifier des schémas comportementaux identiques. Les marques utilisent généralement des méthodes de segmentation classiques qui consistent à établir des groupes d'utilisateurs ou clients, en fonction généralement, de l'âge, du sexe, du secteur d'activité, de la géolocalisation, etc., puis elles ciblent chaque segment avec un contenu de site spécifique, des e-mails et des promotions.

Les *Digitally Native Vertical Brands* font appel aux techniques de *clustering*. Il s'agit d'une méthode de segmentation avancée qui tire parti de l'intelligence artificielle (*data*, analyses et *deep learning*[1]) pour permettre aux algorithmes, plutôt qu'aux marketeurs, de définir des segments beaucoup plus fins en

1. Le *deep learning* (« apprentissage profond ») est une forme d'intelligence artificielle, dérivée du *machine learning* (« apprentissage mécanique »), qui imite le fonctionnement du cerveau humain dans le traitement des données et la création de modèles à utiliser dans la prise de décision.

fonction de variables complexes. La finalité est d'obtenir une vision claire et précise de l'audience, et de prévoir le comportement des visiteurs ou clients afin d'anticiper ce qu'ils recherchent et quels contenus spécifiques leur seront utiles[1]. Cette vision granulaire permet d'adapter les contenus et les expériences en temps réel, à un niveau de personnalisation plus poussé. En utilisant les données, les DNVB sont capables de fournir des contenus qui ont du sens, de produire ceux qui seront spécifiquement associés aux différents canaux et de les publier au moment le plus opportun. En se concentrant sur le point de vue du visiteur, elles favorisent une expérience holistique des clients avec la marque. Dans la dynamique d'apprentissage permanent qui est la leur, l'équipe marketing teste et mesure les effets de chaque contenu pour ne retenir que les plus engageants, ceux avec lesquels le public interagit le plus.

Tous les contenus diffusés par une DNVB s'appuient sur une charte éditoriale et graphique, un document résumant toutes les règles et les conventions relatives à la rédaction des textes, la création des vidéos, des images et des photographies, afin de respecter l'identité et le ton de voix de la marque. Elles l'appliquent également aux contenus provenant du public (les *User Generated Contents*, UGC) qu'elles choisissent en fonction de métriques et en fonction de leurs qualités esthétiques, de manière à ce qu'ils engagent leur public le plus efficacement possible. Une fois les images sélectionnées, elles leur ajoutent les codes de langage de la marque pour qu'elles reflètent sa culture, et traduisent une même manière de voir et d'interpréter le monde. C'est ainsi

1. Daniel Müllensiefen, Christian Henni: "Using clustering of rankings to explain brand preferences with personality and socio-demographic variables", *Journal of Applied Statistics*, Volume 45, Issue 6, University College London, 2018.

qu'une DNVB peut structurer des éléments épars en un tout cohérent.

Les *Digitally Native Vertical Brands* considèrent les e-mails comme un contenu à part entière, qu'elles utilisent, grâce à la technologie, de manière plus ciblée, plus personnalisée et moins commerciale. Même si *Instagram* est un outil important, surtout pour les marques de mode, l'e-mail est le principal moyen de rester en contact avec les clients et de déclencher des ventes. Les équipes marketing passent du temps à concevoir des messages parfaitement contextualisés et éditorialisés, que leurs destinataires auront envie d'ouvrir.

- ***L'exemple d'Away : de la valise à l'art de voyager***

Nombreux sont les très beaux exemples de réalisations éditoriales parfaitement accomplies, tant du point de vue de la qualité et de la créativité que de la mise en œuvre d'une pensée holistique. Et c'est **Away**, la marque de bagages contemporains, qui est sans doute l'une des plus belles réussites en la matière. Jen Rubio et Steph Korey ont bien compris comment elles pouvaient construire une communauté de *globe-trotters* en développant leur propre plateforme média. En un peu plus de trois ans, **Away** a réussi à bâtir une forte notoriété de marque, ainsi qu'une base de clients dévoués, en s'appuyant à la fois sur son site web et sur *Instagram.*
Pour le lancement de la marque, avant même d'avoir un premier produit à vendre, Jen Rubio et Steph Korey avaient imaginé un carnet de voyage, *The places we return to (*« les endroits où l'on revient »*)*, qui présentait les destinations préférées de leurs amis, comme l'artiste Simone Shubuck

et Laurel Pantin, directrice éditoriale de *The Coveteur*[1]. Le site est construit sous cet angle, comme un magazine de voyage interactif. Les visuels rivalisent avec l'esthétique des plus belles publications internationales. Les rubriques, nombreuses et attractives, mettent à contribution des personnalités choisies pour leurs talents créatifs.

The Upgrade[2] propose des récits ou des idées de voyages rédigés par « des esprits anti-conformistes de tous horizons », du DJ Chelsea Leyland à Chris Stang, fondateur de *The Infatuation*[3], ou Linda Rodin[4] mannequin iconique des années 1960.

Dans la rubrique *Unzipped* (« déballé » ou « décompressé »), un contributeur ouvre et raconte sa valise. Tandis que *Mail Call* rassemble des cartes postales envoyées du monde entier par les « amis » de la marque. Claudia Wu[5], la cofondatrice et directrice de la création du magazine *Cherry Bombe*, s'est prêtée au jeu en envoyant une carte de Capri.

Dans la rubrique *Frequent Flyer* (« voyageur fréquent »), les voyageurs sont invités à répondre à trois questions sur des ardoises manuscrites : « L'aéroport de ma ville ? Pourquoi je voyage ? Le rituel de voyage dont je ne peux pas me passer ? »

Instagram a également joué un rôle important dans la stratégie média de la marque. Le récit est construit pour susciter l'envie de voyager, donner le sentiment qu'on peut tout laisser tomber pour partir. Le flux met en avant les aventures que les clients vivent avec leurs valises. Le contenu est magnifiquement organisé, de manière à inspirer les fans de

1. *The Coveteur* est un magazine web de mode qui a pour spécificité de faire découvrir des personnalités au travers de leur dressing.

2. theupgrade.awaytravel.com/2016/08/caroline-michael-ventura-big-sur/

3. The Infatuation est un site et une app de fooding.

4. Linda Rodin est également la créatrice de l'huile mythique *Rodin Olio Lusso.*

5. theupgrade.awaytravel.com/2016/08/claudia-wu-capri/

la marque qui est présentée à travers des tags de photos, des mentions de légende et un hashtag *#TravelAway*. Les meilleurs *posts* ne sont pas créés par l'équipe d'**Away**, mais par des passionnés de voyage qui sont fans de la marque. Pratiquement 70 % des messages sont générés par les utilisateurs. « Nous voyons des gens du monde entier visitant un désert subsaharien, la Grande Muraille de Chine ou les îles Galápagos, qui organisent des séances photos avec leur sac et les partagent sur les réseaux sociaux. Ce sont de meilleurs contenus que ce que nous ne pourrions jamais faire nous-mêmes », a déclaré Jen Rubio[1].

La marque orchestre également des événements dans ses espaces physiques : cours de yoga, conférences, concerts ou enregistrements en direct du podcast de la marque « Airplane Mode[2] » (« En mode avion ») qui explore les raisons pour lesquelles nous voyageons et les endroits où nous nous connectons à nous même). « En fait, la majorité de l'espace dans les magasins n'est même pas dédiée à nos produits, explique Jen Rubio. Nous ne les considérons pas comme des magasins de bagages, mais comme des endroits pour inspirer les gens pour leur prochain voyage.[3] » Pop-up, boutiques, espaces de *coworking*, sont autant d'endroits où **Away** se connecte directement avec sa communauté et qui servent de cadres pour produire de nouveaux contenus qui à leur tour iront nourrir la plateforme.

En 2017, la marque a inventé une expérience d'immersion pendant la semaine des défilés, en créant l'hôtel éphémère « **Chez Away** », au sein d'un hôtel parisien. En plus de manucures et produits de beauté en chambre fournis par des

1. https://digiday.com/marketing/inside-aways-instagram-strategy/

2. https://www.awaytravel.com/fr/en/airplanemode

3. https://socialmediaweek.org/blog/2018/01/5-questions-jen-rubio-co-founder-chief-brand-officer-away/

marques partenaires, dont **Glossier**, « **Chez Away** » proposait un programme complet d'ateliers, d'événements et de séances de bien-être tout au long de la semaine. « Quand tout est bien exécuté, entrer dans l'économie de l'expérience donne des raisons aux gens de parler, ce qui est évidemment important pour nous en tant que marque en pleine croissance », témoigne Jane Rubio[1].

Ce qui compte finalement, c'est de raconter une histoire unique, de manière claire et indéfectible pour forger une communauté authentique autour de valeurs et de souvenirs communs.

Créer des souvenirs communs

Comme tout leader de mouvement, une *Digitally Native Vertical Brand* porte une responsabilité vis-à-vis des membres de sa communauté. Elle leur a fourni une motivation émotionnelle en les impliquant dans une même philosophie, un même état d'esprit que ceux proposés par la marque. Les fondateurs, auxquels les fans sont souvent liés de manière symbiotique, encouragent chacun à les soutenir, non seulement dans une position des consommateurs, mais aussi en tant que partisan de leur histoire, de leurs idées et de leur engagement. Charge à eux de créer les conditions dans lesquelles la communauté va pouvoir s'épanouir par elle-même, et dans lesquelles chaque membre pourra jouer un rôle et contribuer à écrire et faire partie de l'histoire de la marque. À la marque revient le rôle de promouvoir la communauté au travers d'activités, puis de laisser les fans incarner ses valeurs et être son visage. En d'autres termes,

1. https://www.businessoffashion.com/articles/news-analysis/luggage-brand-away-launches-pop-up-hotel-in-paris

les *Digitally Native Vertical Brands* sortent de l'espace digital pour faire vivre la communauté dans le monde physique. Pour « faire partie de la vie des gens de manière significative[1] », comme le dit Michael Preysman, le fondateur d'**Everlane**.

En invitant les gens à participer à leurs activités, elles les mettent en position de partager leurs expériences et de continuer à parler et à partager au-delà de leur engagement initial. Les marques leur donnent l'occasion de créer et de diffuser des contenus associés à leur propre vie numérique, une « narration sociale en direct » dont elles vont elles-mêmes profiter et qu'elles vont amplifier après l'événement, en re-médiatisant les UGC (contenus générés par les utilisateurs). En contrepartie, les marques créent une forme de récompense en valorisant ces contenus et en les donnant à voir au public.

La difficulté pour la DNVB consiste à intégrer les activités proposées dans le discours narratif de la marque, comme le fait brillamment **Outdoor Voices**. Cette marque de vêtements de sport propose toute une série d'activés récréatives, un club de joggeurs, un club de randonneurs et un club de promeneurs de chiens, en accord avec sa philosophie : « Lorsque vous laissez tomber la recherche de la performance, la magie se produit. Que le plaisir du jeu dure plus longtemps que celui d'une victoire. Que les amis qui transpirent ensemble restent ensemble[2] ».

À travers ces activités, **Outdoor Voices** crée un état d'esprit, du lien social. Comme en témoigne l'une des participantes : « à la pause-déjeuner maintenant, j'ai cette communauté de personnes avec qui je peux faire du sport et vous êtes la

1. https://www.vogue.com/article/everlane-opens-first-permanent-store-new-york

2. "When you drop the expectations to perform, the magic happens. That the joy of the game outlasts a win. Friends who sweat together, stick together."

marque qui m'a donné ça[1]. » Une marque qui peut offrir ce genre de liens crée une affinité et une loyauté indéfectibles. Il y a de fortes chances que cette participante ne regarde même plus les autres marques, même si elles proposent de meilleurs produits. **Outdoor Voices** aura gagné sa préférence pour longtemps.

- *Créer des rencontres pour que la communauté se construise d'elle-même*

La plupart des DNVB montrent un grand talent pour organiser des activités, créer des rendez-vous auxquels les gens ont envie de se rendre. Deux d'entre elles, **Tracksmith** et **Cotopaxi**, se distinguent toutefois par la manière dont elles invitent les membres de leur communauté à faire vivre leur récit de marque, en faisant d'eux les héros de la narration.

Tracksmith[2] est une marque premium de vêtements de *running*, fondée par Matt Taylor et Luke Scheybeler. À l'opposé de la posture décontractée d'**Outdoor Voices**, elle célèbre l'exploit sportif et la culture du *running*. Elle est pensée pour tous ceux qui jonglent avec leur vie de famille et le stress, mais qui font l'effort de se dépasser le jour de la course. La mission de **Tracksmith** est de porter l'héritage sportif de la *Ivy League*[3]. L'histoire du sport est donc au cœur de son identité, en particulier tout ce qui a trait au

1. https://www.yelp.com/biz/outdoor-voices-san-francisco
2. https://www.tracksmith.com/pages/about
3. L'*Ivy League* est un groupe de huit universités privées du Nord-Est des États-Unis, parmi les plus anciennes du pays (sept ont été fondées par les Britanniques avant l'indépendance) et les plus prestigieuses. Le terme « ivy league » (qui rappelle le lierre qui recouvre les anciens bâtiments de ces institutions) a des connotations d'excellence universitaire, de grande sélectivité des admissions ainsi que d'élitisme social. (Wikipédia)

mythique Marathon de Boston, à la course Yale-Harvard ou au relais Columbia-Penn. La marque tient un journal, sur son site, dans lequel elle transmet l'histoire de ces courses : images d'archives, portraits et interviews d'athlètes, anciens d'Oxford et Yale comme George Dole[1]. Les deux cofondateurs ont également produit un film, *We do not run for prize*[2] (« on ne court pas pour un prix ») inspiré de *The song of the Ungirt Runners* du poète Charles Hamilton Sorley[3]. Le ton élégant, sobre et classique, sert une esthétique vintage en noir et blanc. Dans le monde physique, la marque a créé son club de *running* et organise des séances quotidiennes, et des coachings pour se préparer et participer aux courses de la *Ivy League*. Elle encourage sa communauté de *runners* à joindre un mouvement qui « ouvre l'esprit et rend les êtres humains meilleurs ». Une page *Strava*[4] (un réseau social dédié aux sportifs) est dédiée aux membres du club qui y inscrivent leurs résultats, statistiques, et s'y encouragent mutuellement. Le compte *Instagram* **Tracksmith** sert, lui, uniquement à promouvoir les UGC (contenus générés par les utilisateurs) et à montrer la communauté en action ainsi que des images d'archives.

Cotopaxi[5] est une marque *d'outdoor* qui veut changer le monde en connectant commerce, bienfaisance et altruisme. Elle exprime sa foi en l'humanité au travers de citations positives.

Dans le monde physique, la marque entraîne ses fans à vivre l'aventure et à partager ses expériences avec le *hashtag*

---

1. Georges Stuart Dole est un athlète américain, médaillé d'or de lutte aux Jeux Olympiques de 1906.

2. https://journal.tracksmith.com/we-do-not-run-for-prize

3. https://www.poetryfoundation.org/poems/45177/the-song-of-the-ungirt-runners

4. https://www.strava.com/clubs/176890

5. Cotopaxi tire son nom du plus grand volcan d'Équateur.

#adventureon. **Cotopaxi** organise ses propres événements sportifs, les Questival : une course de 24 h « pour construire l'amitié, repousser ses limites et s'amuser ». Tous les participants reçoivent un sac à dos garni, entre autres choses, d'accessoires et d'un déguisement, pour ajouter du fun à la course. Les équipes sont en compétition pour gagner des prix d'une valeur de 10 000 dollars. L'inscription via une application gratuite est ouverte à tous, pas uniquement aux clients.
Cotopaxi a engagé sa communauté dans des opérations très originales, à l'exemple de *beyond the pack* (au-delà du sac, mais aussi au-delà de la meute ou de la foule), autour de deux prototypes de ses nouveaux sacs à dos #allpagogo. On pouvait voir les porteurs au jour le jour sur les médias sociaux, découvrir leur visage, les situer et les suivre sur une carte. Les voyageurs postaient eux-mêmes des photos des paysages qu'ils rencontraient, des villes qu'ils traversaient, racontaient leurs bons plans et des anecdotes et partageaient les photos de plats qu'ils avaient goûtés. La campagne a généré des contenus de grande qualité et des commentaires enthousiastes que **Cotopaxi** a pu relayer au profit de sa campagne de financement participatif sur Indiegogo.

- ***Laisser le public être le visage et le héros de la marque***

En impliquant le public dans la création d'expériences qui les lient à l'histoire de la marque, les *Digitally Native Vertical Brands* construisent leur stratégie marketing non pour les gens mais avec les gens.
Plus encore, elles les incitent à imaginer et créer les campagnes de la marque. Elles s'appuient pour cela sur l'appétence naturelle des gens à produire des contenus – textes, photos et vidéos – dans lesquels ils se mettent en scène. Le rôle de la marque est d'encourager et de guider le processus de production. Lorsque Emily Weiss s'est aperçue

que ses clientes aimaient naturellement mettre en scène l'arrivée de leurs colis et en commenter l'ouverture, elle a conçu toute une expérience WOW, pour rendre ce moment encore plus « instagrammable ». Les paquets sont livrés dans une boîte standard, scellée par une belle bande autocollante. L'intérieur, imaginé comme un coffret cadeau, contient les articles emballés dans les fameuses pochettes à bulles roses réutilisables et des planches d'autocollants pour personnaliser les produits. Si le contenu posté par une cliente lui convient en termes de qualité, elle le redirige vers le flux principal de la marque et l'expose à la communauté. C'est une stratégie simple mais puissante, qui consiste à identifier les signaux faibles et inciter, en douceur, les gens à créer et à partager. Elle a en plus pour effet de déclencher un cercle vertueux : les fans s'impliquent de plus en plus et la qualité des contenus s'améliore avec le temps, et plus il y a de contenus, plus il y a de gens exposés à la marque par des sources différentes.

Les DNVB n'hésitent pas à recourir au potentiel créatif sans limites de leur communauté. **Everlane**, par exemple, utilise cette approche pour certains de ses recrutements. Les futurs collaborateurs sont sélectionnés à l'occasion d'une compétition créative de *Snapchat Stories*. En plus de lui procurer des contenus originaux dont la marque pourra se servir, elle est certaine que les personnes qu'elle embauche sont totalement imprégnées de sa culture d'entreprise et qu'elles deviendront ses meilleurs ambassadeurs[1].

Tout en incitant les utilisateurs à co-créer et à participer, les DNVB sont vigilantes à repérer, valoriser et récompenser les meilleurs contributeurs dans le respect du principe

1. http://www.gwhoffman.com/blog/2016/05/26/todays-hr-recruiting-through-snapchat/

de réciprocité. Ce sont eux qui forment la base des micro-influenceurs des DNVB. Comme le dit Emily Weiss de **Glossier**, « ce qui est très motivant pour nous, c'est cette idée que chaque femme est une influenceuse[1] ».

• *Micro-influence vs influence*

Dans leur grande majorité, les *Digitally Native Vertical Brands* préfèrent soutenir leurs meilleurs contributeurs, qu'elles voient comme autant de micro-influenceurs, plutôt que de miser sur les égéries et célébrités et autres influenceuses rémunérées. Elles ne considèrent d'ailleurs pas le blogging comme du contenu, mais comme de la publicité. La première raison repose sur l'idée que toute forme de publicité payante constitue en soi un dévoiement du *business model*, d'où la décision de supprimer les budgets de communication classiques. Comme le dit Maureen Kelly, la fondatrice de **Tarte Cosmetics** : « Il ne faut pas payer pour de la publicité qu'on peut obtenir gratuitement. Il faut laisser les fans créer des contenus, ce qui favorisera une croissance naturelle. Si on paie des influenceurs, quelle différence cela fait-il avec une publicité dans un magazine[2] ? »

Les fans peuvent même percevoir de façon très négative qu'une DNVB puisse subventionner d'une manière ou d'une autre des influenceurs. **Tarte Cosmetics** en a fait la mauvaise expérience. Les fans ont très mal pris que la marque puisse offrir un voyage à Hawaii à un groupe d'influenceuses et de blogeuses. Après avoir découvert les photos publiées par la

1. https://qz.com/847460/glossier-girls-emily-weiss-on-how-glossiers-customers-became-its-most-powerful-sales-force/

2. https://www.inc.com/lindsay-blakely/toni-ko-nyx-perverse-discipline-start-ups.html

marque, elles ont lancé une discussion sur le forum *Reddit*[1] #TrippinwithTarte Hawaii, pour échanger dans un débat passionné. La question centrale était de savoir si les fans de la marque pouvaient faire confiance à des influenceurs payés sous forme de voyages, même si certains commentaires relevaient qu'il s'agissait d'une pratique courante dans le secteur. Surtout, les fans exprimaient leur désaccord à financer ces voyages par leurs achats. Selon elles, la marque aurait au moins dû proposer à certaines fans d'y participer. « *Je vois #Trippin avec **Tarte** tout le temps sur Instagram et Snapchat !!! À quoi ça sert ? Cela ne vous donne-t-il pas envie de ne plus acheter **Tarte** ? Ca coûte probablement tellement cher d'envoyer tous ces artistes et leurs amis dans un endroit sympa, et de payer pour tout. Est-ce une stratégie de marketing et qui exactement essayent-ils de convaincre en faisant cela ? Personnellement, j'achèterai toujours **Tarte**, parce que j'adore leurs produits, mais j'ai juste l'impression de payer pour les vacances d'autres personnes...* »
On comprend bien, à la teneur des échanges, pourquoi **Tarte** y a vu un sérieux signal d'alarme et a très vite pris des mesures pour faire gagner des voyages à ses fans[2].

La deuxième raison pour laquelle les *Digitally Native Vertical Brands* préfèrent capitaliser sur leurs micro-influenceurs, c'est qu'elles sont très soucieuses de la qualité des contenus qu'elles diffusent. Les influenceurs rémunérés sont les nouveaux mannequins d'*Instagram*, ils peuvent mettre en avant les produits de plusieurs marques, souvent au détriment de la conception de contenus qui peuvent s'avérer décevants. Et, comme le souligne Monica Brouwer, directrice du marketing expérimental chez **Casper** : « On préfère

1. https://www.reddit.com/r/MakeupAddiction/comments/4554jy/i_see_trippin_with_tarte_all_the_time_on_ig_and/

2. Tarte Cosmetics s'est associée à Alex&Ani et Blogovin' pour sponsoriser ses voyages, et en réduire les coûts tout en élargissant le nombre de participants potentiel.

la qualité plutôt que la quantité. C'est génial si vous avez deux millions d'adeptes, mais vous avez besoin qu'ils soient engagés et vous avez besoin qu'ils soient pertinents pour vous[1] ». Par ailleurs, un bon influenceur passe rapidement de mode, et les DNVB cherchent à s'inscrire dans la durée, y compris à travers les visages qui les représentent.

Enfin, troisième raison, les *Digitally Native Vertical Brands* veulent tisser une relation de confiance avec les gens. Or, les fans font davantage confiance à leurs pairs qu'à une recommandation extérieure, y compris lorsqu'elle vient de blogueurs connus. « Rien n'est plus percutant qu'une recommandation d'un ami », dit Emily Weiss. Les UGC (contenus générés par les utilisateurs) constituent donc la meilleure forme de recommandation entre pairs, ils suscitent une confiance qui multiplie par deux le taux de conversion (plus de clics vers les pages produits et augmentation de la valeur du panier moyen). Comme l'a constaté la plateforme de marketing visuel Olapic, 76 % des consommateurs pensent que le contenu partagé par des clients lambda est plus honnête que les publicités de marque[2].

C'est pourquoi les DNVB considèrent comme plus efficace d'encourager leurs fans les plus prolixes en contenus. Elles choisissent parfois d'intégrer les meilleurs « évangélistes » dans leur écosystème de marque, en instituant des programmes d'affiliation. Les affiliés perçoivent une commission sur les ventes de produits, mais uniquement si leurs fans cliquent sur les liens des produits présentés. Ces programmes peuvent émerger naturellement et intéresser

1. PSFK's Roundtable: The Biggest Shifts In Experiential Marketing In 2018 And Beyond 11/03/2017

2. https://digiday.com/marketing/inside-aways-instagram-strategy/

celles et ceux qui veulent être encore plus engagés avec la marque. Comme l'explique Emilie Weiss, qui teste ce système d'affiliation, « c'est une continuation digitale du comportement qu'on voit se produire tous les jours dans le showroom physique : des jeunes femmes se parlent entre elles des produits et se font des recommandations. [...] On ne se soucie pas du nombre de *followers* que ces affiliées ont sur les réseaux sociaux. Le dénominateur commun, ce sont les gens qui partagent nos valeurs, ceux dont nous aimons vraiment le contenu, qui ont quelque chose d'intéressant à dire sur les produits et qui viennent d'horizons très différents et de différentes régions du pays. Ce sont les clients qui demandent à devenir des représentants[1]. »

Les rétributions reposent, la plupart du temps, sur un mix de commission et de bons d'achats de produits et sont généralement faibles (moins de 100 dollars). Elles sont calculées généralement en fonction du nombre de ventes effectives mais les marques restent très discrètes sur le sujet.

Il est clair que les affiliés ne rejoignent pas le programme dans l'espoir de gagner de l'argent, mais pour une raison intangible : faire partie de la vie de la marque, obtenir des informations exclusives ou en avant-première, bénéficier de petites gratifications, participer à des événements ou à des voyages organisés par la marque.

Le système d'affiliation a toutefois ses limites : avoir un trop grand nombre d'affiliés risque de diluer l'image et le ton de voix, de perdre le cachet originel et de tomber dans les stéréotypes.

Bien souvent, ce sont les influenceurs et les personnalités qui viennent à la marque et non pas l'inverse, parce que le

1. https://www.racked.com/2017/7/12/15949530/glossier-international-shipping-canada-uk

bouche-à-oreille a fonctionné jusqu'à eux et qu'ils apprécient le style de la marque. Quoi qu'il en soit, la question est loin de concerner toutes les DNVB et se pose essentiellement pour les marques de cosmétiques et de mode. C'est le cas de la *It Brand*[1], **Perverse Sunglasses**. Ses lunettes, qui ont été adoptées « naturellement » par Beyoncé et Lady Gaga, remportent un tel succès que la marque a dû inventer son propre mode de fonctionnement avec les blogueuses. En restant transparente pour les fans et alignée avec ses valeurs, elle propose un programme d'affiliation contractuel, *Sunnies&Monies*[2], aux blogueurs et influenceurs, mais uniquement à ceux dont les comptes dépassent 100 000 followers.

Toutes les conditions sont affichées sur une page du site et accessibles à tous. Les publications sont très encadrées de manière à ce que le public puisse facilement discerner la provenance des posts.

Les partenariats avec des personnalités peuvent également jouer un rôle important dans la construction de l'écosystème de marque. Ainsi, **Away** a travaillé avec l'entrepreneuse Poppy Jamie et l'actrice Suki Waterhouse autour d'une ligne de bagage rose millenial. De même, elle a proposé une valise « Minion » jaune en édition limitée, dans le cadre d'un partenariat noué à l'occasion de la sortie du film d'animation *Moi, Moche et Méchant 3*.[3]

1. Une marque qui suscite naturellement l'attention des médias et des influenceurs.

2. https://perversesunglasses.com/pages/sunnies-monies Perverse offre entre deux et six paires de lunettes de soleil en fonction du nombre d'abonnés en échange de posts dont les contenus sont encadré par la marque, associés à un code promotionnel et au hashtag #perversesunglasses. Les lunettes doivent être propres et apparaître au centre ou à l'avant des selfies. Perverse sunglasses reverse aux émetteurs 20 % du montant net des ventes générées par leurs posts.

3. https://www.forbes.com/sites/christinaliao/2017/06/26/away-x-minions-luggage-collaboration/#6d0f999b5277

22

CHUBBIES OU L'ART DE DIVERTIR

Pour le « *Frat-Empire* »[1] – c'est désormais le surnom de **Chubbies** qui a étendu son empire de la mode en s'appuyant sur les fraternités universitaires – vendre n'est pas l'objectif. « La seule chose à vendre chez **Chubbies**, c'est une identité. Notre philosophie, c'est que les millenials veulent connaître l'histoire de la marque et expérimenter en vrai ce qu'on leur raconte, interagir[2] ». La marque de shorts et de maillots de bain à l'esprit rétro, lancée en 2011 par quatre camarades de Stanford University, Tom Montgomery, Preston Rutherford, Kyle Henry et Rainer Castillo, est devenue un phénomène aux États-Unis où **Chubbies** est désormais synonyme de « mâle cool », de « chill attitude » (pas prise de tête). Même l'ancien président George W. Bush (Delta Kappa Epsilon Phi, Yale 1968) possède son short *'Merica,* à motif de drapeau américain[3]. **Chubbies** fascine également les professionnels du marketing pour sa réussite fulgurante, sans avoir dépensé plus d'un dollar pour l'acquisition d'un nouveau client. Elle est devenue l'archétype de la marque

1. https://www.forbes.com/sites/jjcolao/2014/05/06/meet-the-stanford-bros-conquering-mens-shorts-inside-the-frat-empire-of-chubbies/#114032245d01

2. Hustle Conference 04 Chubbies https://youtu.be/HNiyRUCxHFk

3. https://mic.com/articles/73569/george-w-bush-was-sent-a-pair-of-american-flag-chubbies-shorts-and-absolutely-loved-it#.gzHZOch2S

entertainment par excellence, un cas d'école enseigné dans les *Business Schools*.

Chubbies se considère comme une marque multimédia qui vend des shorts. Comme le déclare Tom Montgomery : « On ne vend pas de shorts sur nos réseaux sociaux. Notre contenu n'est pas promotionnel, il est fait pour s'amuser, célébrer les week-ends, la famille, la fête et l'amitié. Ça n'est pas une mécanique de vente[1] ». La marque se voit en grand pourvoyeur de divertissements et joue le rôle d'amuseur, tant sur les réseaux sociaux que dans la vie réelle.

Elle est en capacité de le faire grâce à une identité solide construite de façon introspective car, comme le disent les fondateurs, ils sont « leur propre public cible, la marque porte leurs différentes personnalités ». Le ton de voix de la marque est son principal moteur du succès. Pour communiquer sur les réseaux **Chubbies** emprunte à la sous-culture *Bro*[2], que Doug Banker, fondateur du site *BroBible*[3], définit comme de jeunes hommes de 18 à 34 ans, actifs, mobiles, ambitieux, hyper-connectés, aimant faire la fête et membre d'une fraternité d'université. La marque décline son propre vocabulaire, mêlant inventions, *slanguage* et références à de vieux films ou chansons. La *ChubsterNation* entretient ainsi une relation vraiment spéciale avec ses citoyens qui se surnomment *Broseph Stalin* et mangent des *brotato chips*.

Le discours narratif de **Chubbies** joue sur une glorification distanciée et humoristique du mâle. Avec beaucoup

1. http://multichannelmerchant.com/marketing/chubbies-built-customer-community/

2. En anglais, *bro* signifie *frérot*, un diminutif affectif de *brother*, frère ; par extension, sur les campus universitaires américains, les membres des fraternités étudiantes se nomment *bro* entre eux (Wikipedia).

3. www.brobible.com/

d'autodérision, elle fait une promotion des clichés et de l'iconographie *Bro* : patriotisme, excès de boissons, blagues potaches et *barbecue parties* avec un tel enthousiasme qu'il est impossible de ne pas rire.

Leur compréhension intime de cette culture a permis aux fondateurs de la marque de ne pas tomber dans la caricature marketing habituelle, la satire ou l'ironie, ou pire comme avait pu le faire *KFC* avec sa campagne de 2010, *Double Down*[1]. Selon Ryan Holiday[2], « *KFC* est allée trop loin, maniant le stéréotype avec une condescendance qui faisait penser que son public était stupide[3]. » L'habilité de **Chubbies** à traduire la mentalité de sa cible et à la porter d'une seule voix a participé à construire la confiance du public. Finalement, **Chubbies** représente plus un miroir qu'un idéal.
La *Bro* culture imprègne aussi la celle de l'entreprise sur laquelle tout le monde est aligné. Lorsqu'il s'agit de recruter, **Chubbies** valorise la créativité, l'astuce, des gens marrants qui sont capables de brainstormer ensemble sur les contenus, quelle que soit leur activité dans l'entreprise.

---

1. KFC avait enrôlé des étudiantes dans plusieurs universités pour enfiler des pantalons de survêtement portant l'inscription « Double Down » à l'arrière, et distribuer des coupons de réduction aux étudiants, pour les sandwichs du même nom. La campagne a été jugée « odieuse », sexualisant les femmes et véhiculant un stéréotype de femme objet. *Double down* est à l'origine un terme utilisé au blackjack, lorsqu'un joueur double sa mise originale en échange d'une carte supplémentaire, mais en argot Bro cela signifie avoir des rapports sexuels avec plus d'une personne à la fois, le plus souvent une fille avec deux garçons et même plus spécifiquement alternant les rapports oraux entre l'un et l'autre.

2. Ryan Holiday est chroniqueur au *New York Observer*, écrivain et marketeur. Ancien directeur du marketing d'*American Apparel*, il est notamment à l'origine de la popularisation du *Growth Hacking*.

3. https://www.huffingtonpost.com/2012/08/27/chubbies-shorts-bro-branding_n_1837125.html

Toute production est envisagée comme un contenu : les posts *Facebook* et *Instagram*, les descriptions de produits, les packagings, les vidéos, jusqu'aux *koozies*, ces porte-canettes isothermes dont les fans de la marque font grand cas. Tout doit correspondre à la marque et montrer le client comme le héros. Une stratégie qui génère un engagement fou. Plutôt que de parler à ses clients, **Chubbies** raconte des histoires avec eux, utilisant un volume considérable d'*User Generated Content* pour construire son discours. Comme Montgomery en témoigne : « Ça nous permet d'avoir de meilleurs contenus, de les produire mieux, plus vite, et de montrer des trucs dingues[1]. »

La stratégie sociale est le pivot de la marque **Chubbies** depuis le début. Selon Tom Montgommery, « le social était tout simplement naturel pour nous. C'était le moyen le moins cher et le plus impactant que nous avions pour nous faire entendre auprès de nos amis et de leurs amis. Initialement, nous vendions juste à nos amis, puis nous avons construit une communauté autour de ça[2]. »
La marque est fortement axée sur la narration sur *Snapchat* où elle peut dispenser ses valeurs à la fois dans l'humour et le divertissement. Elle utilise la plateforme pour diffuser une mini-série vidéo hebdomadaire appelée *True Thighs* (« vraies cuisses »), qui raconte l'histoire d'une entreprise mal intentionnée voulant hypnotiser les gens le week-end (ce qui correspond exactement à la stratégie marketing de **Chubbies**). On suit les aventures des membres de l'équipe **Chubbies** qui remontent dans le temps pour tenter d'arrêter le plan. *Fun* et idiots, ils disposent d'une machine à

1. https://www.shopify.com/enterprise/70299267-case-study-how-chubbies-is-conquering-the-mens-shorts-business-on-shopify-plus

2. https://youtu.be/HNiyRUCxHFk

voyager en carton, de divers accessoires à petit budget et de beaucoup d'emojis.
La marque, qui n'a pas de blog, construit son univers médiatique au travers d'une newsletter hebdomadaire, *The Weekender*, envoyée à 17 heures chaque vendredi comme coup d'envoi du week-end. Elle propose un regard plus riche et approfondi sur l'univers de **Chubbies** et aborde un thème différent chaque semaine : « l'histoire de la semaine » illustrée de photos envoyées par les fans. Les éditoriaux peuvent être des portraits types décalés ou une lettre ouverte, comme celle écrite à Mike Jeffries d'*Abercrombie & Fitch* lui demandant de « cesser de faire des shorts cargo[1] » !
Le dispositif de newsletters est complété par un site spécifique, *Chubbies Entertainment*[2], distinct du site de vente et dédié au week-end et à la fête avec des pages *New, Popular et Mystery* (les dernières fêtes, les exploits dingues réalisés par les fans et les trucs anti-gueule de bois). L'abonnement à la newsletter se fait en cliquant sur un lien intitulé *Boomshakalaka!*[3]. Véritable réseau communautaire, c'est une plateforme de networking et d'échanges de vidéos et de photos.

Ce dispositif *online* est complété par une application ou App et une chaîne *Youtube*[4] qui fédère presque 8 millions d'abonnés et permet de visionner les petits teasers de week-ends produits par **Chubbies**. Mais les plus vues sont les vidéos

1. Short long ou bermudas à larges poches jugé ringard : voir l'article de *Slate*, repris du *Wall Street Journal* http://www.slate.fr/story/121743/-cargo-short-deteste

2. entertainment.chubbiesshorts.com

3. Boomshakalaka, boom shakalaka ou boom shaka-laka est une exclamation vantarde et taquine, qui suit un exploit à l'origine au basket. Sa signification est similaire à « Dans ta face ! »

4. https://www.youtube.com/watch?v=4R9CM-bFQqc&list=LLSJRqPvf2jo4a-m--vl-JrPQ&index=2

totalement hilarantes, fabriquées par les fans eux-mêmes ou montées par la marque à partir des *UGC*. Le mini-film parodique dans lequel des fans militent à leur manière pour faire ajouter la natation synchronisée masculine aux Jeux Olympiques d'été est une perle du genre[1]. Quant à la « Chubbies App », elle se décrit elle-même comme « la seule et la meilleure App sur la planète, conçue exclusivement pour les mecs qui envoient du lourd ». Elle est destinée, selon Preston Rutherford, à un public plus captif. « Ils regardent l'appli quand ils sont dans le bus, en marchant pour aller en cours ou quand ils s'ennuient dans leurs réunions. Dans ces moments, nous devons leur présenter instantanément nos valeurs[2]. » Une vidéo montrant les collaborateurs jouant dans la rue à Mario Kart, sur de petits scooters en plastique, a généré plus de 24 millions de vues, des commentaires et des réactions enthousiastes sur *Facebook*[3].

Le programme *Chubbies Ambassadors*: point de rencontre *online/offline*

Chubbies est devenu « le pourvoyeur » de week-ends festifs grâce à un programme d'ambassadeurs créé dès l'origine.

Plus de 400 étudiants, les *Chubbies Ambassadors*, promeuvent la marque sur tous les campus. L'application dédiée des ambassadeurs, *chubblication*, les décrit comme des inconditionnels de shorts stylés dans un univers de tocards déboussolés portant des shorts ringards (*bad*ss shorts aficionados in a sea of confused cargo and man-capri-wearing jabronies).*

La marque leur lance des défis qu'ils doivent réaliser dans le monde réel avant de les publier sur les réseaux sociaux pour

1. https://youtu.be/_PlrNLhyFCI

2. https://www.kahuna.com/blog/how-chubbies-sends-rad-push-notifications-users-love/

3. https://www.youtube.com/watch?v=mPBnR9jn0ZY

gagner des prix. Ces défis génèrent une quantité incroyable de contenus, environ 150 *UGC* par ambassadeur en une journée, partagés et commentés par tous les *Bro*. Comme le dit Kyle Hency, l'un des co-fondateurs, ce programme « C'est juste un autre moyen très simple pour nous de mettre notre client sur un piédestal[1] ».

Chubbies encourage également les ambassadeurs à organiser leurs propres défis[2], fêtes, sorties en tout genre et leur fournit des moyens en échange des photos et des vidéos. « Quand un ambassadeur a une excellente idée pour un événement, nous faisons tout notre possible pour le réaliser », relate Mason[3], *Content Guru* de **Chubbies**. La marque organise de grandes rencontres au cours desquelles ses ambassadeurs participent à la création de nouveaux produits et font part de leurs commentaires sur la façon dont l'entreprise peut s'améliorer. Les ambassadeurs sont récompensés avec des bons de réduction et des petits cadeaux, mais ce qui compte plus que tout, c'est la *social money*, la reconnaissance sociale : voir son contenu exposer auprès d'une audience de 1,5 million de personnes.

1. https://loosethreads.com/podcast/2017/10/25/short-shorts-and-long-attention-spans-with-kyle-hency-of-chubbies/

2. https://www.youtube.com/watch?v=PvhoR7a7G4A&list=PLejexozSQorzCBYAN_qknHeHrvBLqPX-U

3. https://thehustle.co/why-building-community-is-the-new-growth-hack

Conclusion
#

Face à une génération qui a grandi dans le doute, qui remet en cause le système industriel et s'interroge sur l'honnêteté des marques, le modèle des *Digitally Native Vertical Brands* dessine une nouvelle manière de faire du commerce, tournée vers les valeurs humaines.

Portées par un sens de l'empathie et une compréhension fine des désirs et besoins quotidiens de leur public, les DNVB s'attachent d'abord à créer une relation interpersonnelle de qualité, en privilégiant l'individu, avant de voir le client potentiel. Elles renouent avec l'art de vendre par la conversation et retrouvent l'antique sens de l'hospitalité qui présidait dans le cadre des relations commerciales, basées sur la réciprocité, le respect et la convivialité. Andy Dunn, avec **Bonobos**, a ouvert la voie en mettant l'humain au centre de son modèle, et en lui offrant bien plus qu'un produit : de la considération et du lien social. À sa suite, les fondateurs de **Warby Parker** ont livré leur version d'un capitalisme qui réconcilie deux impératifs jusqu'ici antagonistes : profits et soucis des autres, ou rentabilité et engagement social.

Michael Preysman s'est attaché à restaurer la confiance en introduisant le concept de « transparence radicale », qu'il met en pratique au travers de toutes ses actions. Avec **Everlane**, il fournit un modèle inspirant pour communiquer autour de la qualité, du prix juste et de la traçabilité.

Avec **Reformation**, Yael Afflalo a montré qu'il était possible de réinventer une *fast-fashion* eco-responsable. **Glossier** ou **Chubbies** ont invité les gens à construire leur histoire avec elles, dans un dialogue d'égal à égal dont résulte une co-création de valeurs bénéfique pour chacune des parties prenantes.

Toutes ces DNVB ont radicalement bouleversé la position *top-down* de l'entreprise, jusqu'ici toute puissante. Elles ont bousculé les lois classiques du marketing traditionnel qui consistaient à concevoir et fabriquer des produits avant de persuader des clients qu'ils avaient de bonnes raisons de les acheter. Comme le disait Henry Ford, « Le client peut choisir la couleur de sa voiture, pourvu que ce soit le noir. »

Parce qu'elles sont guidées par une philosophie et un but, les DNVB ignorent des techniques de marketing de persuasion pour susciter l'adhésion par la confiance et la motivation.

Les premières *Digitally Native Vertical Brands* ont remis en question cet ancien modèle qui ne correspond plus aux besoins et aux attentes des gens. Elles ont proposé de nouvelles alternatives, de nouveaux choix qui reconnaissent les différences. Depuis, de nouveaux agitateurs empruntent leurs pas pour secouer des catégories entières de produits, avec la même envie de s'engager pour une cause qui leur tient à cœur et contribuer à construire un monde meilleur.

Les DNVB s'adressent ainsi à tous ceux qui sont conscients de pouvoir peser sur le système, pour qui les choix de consommation sont synonymes d'identité et représentent une forme d'acte politique.

Comme l'avaient fait avant elles *Spotify* et *iTunes* pour la musique, *Netflix* pour les films et les séries, les *Digitally Native Vertical Brands* réinventent la façon dont les gens découvrent, achètent et apprécient les produits. Grâce au digital et aux technologies, elles sont en mesure de créer de nouvelles expériences et de produire de nouvelles normes qui se répandent à grande vitesse par un effet de bouche-à-oreille amplifié par les médias sociaux, partout en même temps et sans limites géographiques.

L'avènement des DNVB est une réalité dont on voit déjà l'impact sur les marchés des biens de consommation. Un nombre croissant de marques traditionnelles sortent du système de distribution classique pour bifurquer vers un modèle verticalement intégré, de manière à créer une relation directe avec les clients en s'appuyant sur la *data* pour créer une expérience plus personnalisée et individualisée. Dans la mode ou le luxe, *Nike, Coach*, *Michael Kors, Canada Goose*, et aussi *Diane von Furstenberg* ou *Comme des Garçons*, cherchent à se rapprocher des millenials, grâce à une approche *direct-to-consumers.* Plus globalement, tous les secteurs s'interrogent et testent le modèle par le biais d'acquisitions de start-up. On observe très clairement une nouvelle polarisation du commerce, avec d'un côté des entreprises comme *Amazon* et *Alibaba* dont l'argument porte sur la commodité, le prix et l'utilité, et de l'autre, sur le modèle des DNVB, celles dont la proposition de valeur repose sur la qualité, l'expérience et la capacité à créer une communauté, un mouvement. Dans ce changement majeur, les marques traditionnelles qui délèguent la relation avec les clients à des distributeurs tiers et qui ont construit leur marque sur un modèle publicitaire perdent rapidement leurs avantages compétitifs. Les géants de biens de consommation courante, comme *Mondelez, Procter&Gamble* ou encore *Unilever*, qui ne construisent ni relation directe ni expérience d'achat, et ne répondent pas aux besoins différenciés des consommateurs, sont particulièrement sous pression. Les DNVB s'attaquent directement à leurs vulnérabilités en proposant des produits hautement différenciés et des services qu'elles améliorent dans le temps grâce à la *data* et au *growth marketing*, créant des conditions de marché à somme nulle (les clients qui achètent leurs produits arrêtent d'acheter ailleurs).

Toutes les DNVB ne sont pas appelées à devenir de grandes entreprises. Certaines peinent à trouver leur rentabilité, beaucoup se contentent d'imiter leurs aînés en développant un « marketing de la transparence » comme une recette de succès, sans avoir de cause réelle à défendre. Mais celles qui sont construites autour de principes directeurs intangibles : confiance, intégrité, bonheur des clients et des collaborateurs, nous font entrer dans une nouvelle ère du commerce des biens de consommation où ce qui compte le plus n'est pas de vendre toujours davantage, mais la passion de servir les clients.

Remerciements

#

J'ai écrit ce livre pour contribuer, à ma manière, à rendre ce monde plus lumineux.
Je le dédie à Gabriel, Clara et Luca, mes passeurs de lumière.

Je remercie du fond du coeur tous ceux qui m'ont accompagnée sur le chemin de la recherche et de l'écriture, ont répondu avec patience à mes sollicitations souvent pressantes et m'ont aidé à gravir mon Everest personnel.

J'ai la chance d'être entourée d'amis remarquables et de brillants esprits qui ont nourri ma réflexion et m'ont aidée à aiguiser mon point de vue. Chacun, à sa manière, a contribué à faire de ce livre ce qu'il est, il est un petit peu de chacun.

Merci infiniment à Laura Perrard et Geoffrey Bruyère, de m'avoir prêté leur plume le temps d'une préface. Ils font partie des plus belles rencontres que la vie nous offre, à la fois par leur talent pour réfléchir hors de sentiers battus et leurs personnalités profondément humaines et généreuses.

Carmen Kervella, « ma fée Carmen », a été présente pendant toute l'écriture de ce livre. Elle m'a apporté son enthousiasme, son dynamisme et son esprit pragmatique. C'est une des personnes les plus douées que je connaisse, elle m'inspire infiniment.

Grâce à elle, j'ai fait la rencontre d'Anna Rizk qui m'a apporté une aide déterminante, ses conseils d'écriture ont été d'une valeur inestimable.
Carmen a été la première à insister pour que ce livre soit publié et m'a présenté son éditeur Laurent du Mesnil. Merci à lui d'avoir cru en moi, et à la merveilleuse équipe de Maxima éditions : Stéphane Derville pour la pertinence de sa lecture, il a su être exigeant tout en me laissant toute latitude et Agnès Grenon dont le professionnalisme n'a d'égal que la grande gentillesse. Tout me plaît de l'univers créatif de la pétillante Cleo Wehrlin. C'est elle qui a imaginé et dessiné la couverture de ce livre. Je n'aurais pu rêver mieux : merci du fond du cœur.

Je suis reconnaissante à tous ceux qui ont apporté des centaines d'améliorations à ce livre : Gabriel Milgram, Jean-François Lipskier, Sylvie Curtis, Pierre Couvreur et ma chère Catherine Zunic, « mon amie prodigieuse ».
Merci à Domitille Langot qui m'a prêté sa talentueuse correctrice, Sylvie Kempler, et entourée de son affection indéfectible.

Toute ma gratitude va à ceux qui ont planté le germe de ce livre dans mon esprit : Véronique Delignette-Schilling, Valérie Van de Walle, Jayne Esteve-Curé, Marc Audibet et Farid Chenoun de l'Institut Français de la Mode. Ainsi qu'à Morgan Bancel, qui m'a mise sur la voie grâce à une discussion autour d'Olivier Rousteing et du *growth hacking*.

Pendant toute cette période d'écriture, j'ai senti un cocon de bienveillance se former autour de moi. Je ne remercierai jamais assez mes merveilleux amis qui m'ont si bien montré leur affection : en mode coach sportif Eric Briones (Darkplanneur) et son injonction à terminer le travail entrepris (c'est time to market !!!), in an american way, Véronique et Mike Cerruti, en mode accompli ton destin, ma douce soeur Florence Plassard, en mode working girl, Sylvie Lipskier, en mode discret et efficace, Christine Ayral-Piaulet, en mode rosé, Nathalie Peyrissac. Et en mode IFM Alumni : merci infiniment à Patricia Lefebvre Milon, Anne Furhop, Heloïse de Lacretelle, Jennifer Hollington, Erika Manquat et Caroline Dubois.

Merci enfin à Bernard Challiol qui m'a toujours encouragée à aller au bout de mes rêves et m'accompagne merveilleusement bien dans mes choix. Il a joué tous les rôles dans cette aventure : expert, lecteur, correcteur et y a apporté toute son énergie et son efficacité.

Bien sûr, ce livre n'aurait jamais vu le jour si Andy Dunn n'avait pas eu cette bonne idée d'inventer le modèle de DNVB !

Bibliographie

#

Anderson, Carl: *Creating a Data-Driven Organization*, O'Reilly, 2015

Aubry, Claude : *SCRUM, le guide pratique de la méthode agile la plus populaire*, Dunod, 2015.

Blank, Steve: *The Four Steps to the Epiphany: Successful Strategies for Products That Win*, K & S Ranch, 2013.

Boudreaux, Chris & Susan F. Emerick: *The Most Powerful Brand on Earth: How to Transform Teams, Empower Employees, Integrate Partners and Mobilize Customers to Beat the Competition in Digital and Social Media*, Prentice Hall, 2013.

Brown, Tim : Comment le design thinking change l'entreprise et la stratégie, Pearson, 2014.

Chouinard, Yvon : *Confessions d'un entrepreneur... pas comme les autres*, Vuibert, 2017.

Croll, Alistair & Benjamin Yoskovitz: *Lean Analytics: Use Data to Build a Better Startup Faster*, O'Reilly, 2013.

Dart, Michael & Robin Lewis: *Retail's Seismic Shift*, St Martin's Press, 2017.

Dell, Michael : DELL – Le modèle direct, une stratégie révolutionnaire, Maxima, 1999.

Ellis, Sean & Morgan Brown: *Hacking Growth*, Crown Business, 2017.

Floch, Jean-Marie : *Identités visuelles*, Presses Universitaires de France, 1995.

Holiday, Ryan: *Growth Hacker Marketing: A Primer on the Future of PR, Marketing, and Advertising*, Portfolio Penguin, expanded edition, 2014.

Hsieh, Tony : *L'entreprise du bonheur*, Leduc.S, 2011.

Isaacson, Walter : *Steve Jobs*, Éditions Jean-Claude Lattès, 2011.

Kapferer, Jean-Noël : *Les marques, capital de l'entreprise*, Eyrolles, 2007.

Kotler, Philip : *Marketing 4.0*, De Boeck Supérieur, 2017.

Maurya, Ash: *Running Lean: Iterate From Plan A to a Plan That Works*, O'Reilly, édition 2013

Meyer, Danny: *Setting the Table: The Transforming Power of Hospitality in Business*, Harper Collins Publishers, 2006.

Oswald, Laura R.: *Creating Value: The Theory and Practice of Marketing Semiotic Research*, Oxford University Press, 2015.

Mycoskie, Blake: *Start Something That Matters*, Spiegel & Grau, 2012.

Ries, Eric : *Lean Startup : Adoptez l'innovation continue*, Pearson, 2011.

Schlender, Brent & Tetzeli, Rick : *Becoming Steve Jobs, Marabout, 2015.*

Semprini, Andréa : *Le marketing de la marque, approche sémiotique*, Éditions Liaisons, 1992.

Sinek, Simon : *Commencer par le pourquoi : comment les grands leaders nous inspirent à passer à l'action*, Éditions Performance, 2009.

Stephens, Doug: *Rengenering Retail: The Future of Selling in a Post-Digital World*, Figure 1 Publishing, 2017

Szekely, Francisco & Zahir Dossa: *Beyond the Triple Bottom Line: Eight Steps Toward a Sustainable Business Model*, The MIT Press, 2017.

– Blogographie –

Le blog de **Carl Anderson**, ex Director of Data Science chez Warby Parker, Senior data scientist chez WeWork, http://www.p-value.info

Le blog de l'équipe technologique de **Warby Parker** http://www.theoculists.com/the-warby-parker-data-book/

Le blog de **Steve Blank**, https://steveblank.com/tools-and-blogs-for-entrepreneurs/

Le blog de **Ryan Holiday**, Growth marketing, cours https://learn.ryanholiday.net/p/growth-hacker-marketing

Le blog de **Sean Ellis**, http://www.start-up-marketing.com

Le blog d'**Andrew Chen**, http://andrewchen.co

Le blog de **Neil Patel**, Online Marketing, http://www.quicksprout.com/blog/

Le Blog de Y Combinator : https://blog.ycombinator.com

Podcast / Tutoriel

Away Podcast: *Airplane Mode*
https://www.awaytravel.com/fr/en/airplanemode

Entreprendre dans la mode :
https://soundcloud.com/entreprendre-dans-la-mode « News et Analysis » rubrique mensuelle de l'auteure

Forbes: *Under 30*
https://www.forbes.com/podcasts/forbes-under30-podcast/

Gibault, Guillaume : JVMGP « J'y vais mais j'ai peur » sur Youtube

Glossy Podcasts
https://www.glossy.co/podcasts/page/1

Laigneau, Pauline : *Le Gratin, conversation sur le succès.*
https://soundcloud.com/pauline-laigneau

Loose Threads
https://loosethreads.com/podcast/

The BOF Podcast
https://www.businessoffashion.com/podcasts

The Current Innovators
https://thecurrentinnovators.com/tag/podcast/

The Twenty Minute VC
http://www.thetwentyminutevc.com

Instagram

@DNVB_world : le prolongement du livre, pour découvrir de nouvelles DNVB du monde entier.

Petit lexique des *Digitally Native Vertical Brands* : entre start-up et retail

#

1:1:1 = 3 % : le modèle « 1:1:1 = 3 % » est une alternative au « one for one » qui repose sur la promesse de reverser 1 % des salaires nets, 1 % du chiffre d'affaires et 1 % des stocks à une cause défendue par l'entreprise.

Athleisure : style de vêtements élégants entre sport (athlé) et loisir (*leisure*).

Bed in box : un matelas en mousse à mémoire de forme, roulé et compressé sous vide pour être conditionné et livré dans un colis suffisamment petit pour être expédié par des méthodes standard. La structure en mousse permet aux matelas, une fois déballés, de retrouver leur forme originale. Par extension, le modèle « bed in box » inventé par Tufte&Needle et développé par Casper désigne une nouvelle manière d'acheter et de distribuer des matelas en ligne qui s'est développée à grande allure dans le monde entier.

Big data : à la base du Big Data, il y a donc les données, un « data deluge » selon l'expression consacrée. Car si la production de données numériques se mesure déjà en 2018 en exaoctets, on estime que tous les deux ans il se crée autant de données que depuis le début de l'humanité, ce qui amène les prévisionnistes à parler de 40 zettaoctets pour 2020[1]. Le terme Big data signifie mégadonnées (ou données massives) et désigne un ensemble de données si volumineux que les logiciels de traitement de données traditionnels ne peuvent tout simplement pas les gérer. En 2001, l'analyste du cabinet Meta Group (devenu Gartner), Doug Lanney, décrivait le big data d'après le principe des « trois **V** » : **V**olume (une volumétrie importante et croissante de données à traiter), **V**élocité (qui désigne le fait que ces données sont produites, récoltées et analysées en temps réel et **V**ariété (des données hétérogènes provenant de diverses sources).

---

1. https://www.bigdataparis.com/guide/Guide_du_Big_Data_2013_2014.pdf

Certaines entreprises ajoutent deux « V » à cette définition : la **V**éracité (qui évoque la nécessité de vérifier la fiabilité de la source et la qualité du contenu afin de pouvoir exploiter ces données) et **V**aleur (la valeur économique et stratégique de la data)

Bootstrapping : le fait, pour une start-up, de s'auto-financer plutôt que de recourir à l'investissement spéculatif.

Brick and mortar : l'expression, qui signifie « brique et mortier », renvoie aux magasins physiques et désigne le commerce traditionnel de distribution (le *retail*). Voir aussi click and mortar et bricks and clicks.

Bricks and clicks : un magasin en dur doublé d'une boutique en ligne.

Bro brand : une marque qui véhicule la culture des Fraternités des universités américaines.

CAC (Cost of Customer Acquisition) : le coût total d'acquisition d'un nouveau client, intégrant les coûts marketing et de communication, les coûts de commercialisation ou référencement, les frais.

Casual : se dit d'un vêtement passe-partout ni trop sport, ni trop habillé, qui peut convenir à plusieurs circonstances.

Central User ID : identité utilisateur, profil client 360° ou référentiel client unique 360° désigne la capacité d'une entreprise à centraliser l'ensemble des données concernant un individu qui peuvent être dispersées dans les différents systèmes d'information qu'elle opère. Le profil client 360° repose sur la création d'une clé ou identifiant unique associé à chaque individu renseigné dans la/les base(s) de données.

Chatspeak : ou netspeak est une forme d'expression où le smots sont abrégés ou écrits phonétiquement pour gagner du temps (Cc, cv twa ? = coucou, ça va toi ?).

Chill. Chiller : un mot québécois emprunté à l'anglais « to chill », qui signifie « se détendre » ou « passer du bon temps ». Utilisé en tant qu'adjectif ou en tant que nom (ex : il est chill), il désigne quelque chose de plaisant et d'agréable.

Click and buy: l'achat en 1-click inventé et breveté en 1997 par Amazon, simplifiant l'achat sur l'Internet, sans passer par le panier.

Click and mortar: une combinaison d'établissements traditionnels (brique et mortier) et en ligne, comme un magasin ou une banque et un site Web. Les transactions peuvent être initiées et finalisées soit sur le site web (click), soit sur le site physique (mortar). (source *business dictionary*)

Clustering: une méthode de segmentation avancée qui tire parti de l'intelligence artificielle (*data*, analyses et *deep learning*) pour permettre aux algorithmes, plutôt qu'aux marketeurs, de définir des segments beaucoup plus fins en fonction de variables complexes.

Cost of good (COG): le coût de revient, souvent appelé prix de revient ou parfois prix naturel, représente la somme des coûts supportés pour la production et la distribution d'un bien ou d'un service (coût d'achat + coût d'approvisionnement + coût de la production + coût de la distribution + coût administratif).

Crowd sourcing: c'est une collaboration avec des individus à l'extérieur de l'entreprise qui peut prendre différentes formes: le crowd funding ou financement participatif, la crowd creativitity pour solliciter des idées ou des contenus créatifs, le crowd voting qui fait appel au jugement de la communauté pour organiser, filtrer et classer les contenus. C'est la forme la plus populaire de crowdsourcing, qui génère les plus hauts niveaux de participation.

Curation: la curation de contenu (étymologiquement du latin *curare*: prendre soin et de l'anglais *content curation* ou *data curation*) consiste à sélectionner, éditer et partager les contenus les plus pertinents du web pour une requête ou un sujet donné.

Customer WOW: l'entreprise qui donne bien plus que ce qui est attendu par le client «de manière à ce qu'il pousse un wow! de surprise et d'enthousiasme». L'indice wow! de satisfaction client est utilisé aux États-Unis. Au Canada on parle d'IEC (indice d'expérience client) pour évaluer la performance des entreprises. En France, l'expression est devenue «effet Waouh!»

Data scientist: spécialiste de l'extraction et de l'exploitation d'informations pertinentes à partir de mégadonnées, qu'il organise, traite et interprète à l'aide d'outils statistiques, mathématiques et informatiques.

Data-driven : une organisation est dite data-driven lorsque la prise de décision est pilotée/orientée/influencée/propulsée/soutenue par des données.

Deep learning : (apprentissage profond) une forme d'intelligence artificielle, dérivée du *machine learning* (apprentissage automatique), qui imite le fonctionnement du cerveau humain dans le traitement des données et la création de modèles à utiliser dans la prise de décision.

Department stores : ou grands magasins, ce sont des commerces de détail multi-spécialisés, de centre-ville, occupant plusieurs étages d'un bâtiment. Ils offrent un vaste choix de rayons différents sur une très grande surface. Le premier grand magasin français est Le Bon Marché, fondé en 1852 par Aristide Boucicaut.

Design Thinking : une approche développée à Stanford dans les années 80 qui a pour but d'appliquer la démarche d'un designer pour répondre à un problème ou à un projet d'innovation. Cette manière de réfléchir et d'innover s'appuie de manière très importante sur des retours d'utilisateurs.

Direct-to-consumer : une société qui vend directement au consommateur, sans intermédiaire. L'expression est souvent associée aux *Digitally Native Vertical Brands*.

Disruptif (ve) : qualificatif employé pour désigner une technologie de rupture.

e-merchandising : « L'e-merchandising regroupe l'ensemble des techniques qui consistent à optimiser les fonctionnalités de recherche, de présentation produits et de procédures d'achat pour augmenter les ventes sur un site marchand. L'e-merchandising vise à optimiser le taux de transformation et le panier moyen. » (source : marketing.com)

e-tail : la vente au détail sur internet.

Fast-fashion : (mode rapide) expression dérivée de fast-food qui désigne le secteur de la mode à prix réduit pratiquant un rythme de création, de production, de diffusion et d'obsolescence très rapide. *Primark*, *H&M* et *Zara* sont les trois enseignes emblématiques de la fast-fashion.

Feedback : une information tirée d'une situation et utilisée pour le contrôle, l'évaluation ou la correction immédiate ou future de cette situation.

Game changer : les game changers sont de nouveaux entrants sur un marché, qui changent les règles du jeu établies par les acteurs traditionnels.

GIF : le *Graphics Interchange Format* (littéralement « format d'échange d'images »), plus connu sous l'acronyme GIF, est composé de plusieurs images qui se déplacent rapidement pour créer un mouvement répété à l'infini. Ces animations permettent de résumer en quelques secondes une palette d'émotions, la plupart du temps extraites de films, d'émissions de télévision ou de clips. Le GIF est un mix entre une photo, une animation et une vidéo.

Grooming : l'art de prendre soin de soi pour un homme, ainsi que les soins de beauté masculins (rasage, crème, lotion).

Growth Hacking ou Growth marketing : adaptation du marketing à l'environnement digital, qui combine des technologies et une nouvelle approche de l'acquisition et de la fidélisation des clients.

Guideshop : un modèle de magasins expérientiels inventé par Andy Dunn, fondateur de Bonobos, sans stocks et axés sur les services où le client dispose d'un service individuel et accède à un assortiment incroyablement large. Il s'est largement répandu dans le monde des DNVB sous l'appellation de *Fit Shop boutique* (boutique pour essayer).

Home try-on ou Try before you buy : modèle inventé par Warby Parker pour simplifier l'achat de lunettes sur internet. Cinq paires sont envoyées au client pour une semaine d'essai, les frais de ports dans les deux sens, expédition et retour, étant pris en charge par l'entreprise. La majorité des DNVB propose un service d'essai gratuit à la maison, de quelques jours à plusieurs mois pour les « bed in box ». *Amazon* l'a désormais adopté pour son service Prime.

Initial Public Offering (IPO) : procédure d'introduction en bourse par laquelle une entreprise devient « publique », en ouvrant son capital sous forme d'actions.

Insight Actionnable : les *insights actionnables* sont des informations précises et exploitables résultant de la collecte d'une large gamme de données (*big data*) et d'un traitement analytique, permettant de prendre des décisions éclairées et pertinentes. Les insights actionnables permettent de connecter les analyses à l'action.

Lean Start-up : méthodologie pour la création de start-up et le développement de produits innovants, centrée autour du client.

Life time value (LTV) : c'est la valeur à vie d'un client, c'est-à-dire le montant total des revenus qu'un client moyen génère pour l'entreprise.

Machine learning : le Machine Learning est une technologie d'intelligence artificielle permettant aux ordinateurs d'apprendre sans avoir été programmés explicitement à cet effet. Pour apprendre et se développer, les ordinateurs ont toutefois besoin de données à analyser et sur lesquelles s'entraîner. De fait, le Big Data est l'essence du Machine Learning, et c'est la technologie qui permet d'exploiter pleinement le potentiel du Big Data. (Source Lebigdata)

Mall : le mall ou shopping mall est un centre commercial.

Marketplace : une place de marché en ligne facilite les échanges entre plusieurs acheteurs et vendeurs. Ebay, Amazon, ou Yoox sont des marketplace.

Marque plateforme : une marque agissant comme plateforme de mise en relation entre acheteurs et vendeurs, producteurs et consommateurs, offreurs de service et utilisateurs... (Uber, ebay, Etsy, Airbnb, Facebook).

Matching : le matching consiste à relier grâce à un algorithme une chose à une autre en fonction de différents critères de convergences. C'est le principe utilisé par les applications de rencontre comme Tinder.

Mix & match : combinaison d'éléments provenant de styles différents pour exprimer sa propre créativité (dans le domaine de la mode, mélanger par exemple fast-fashion et luxe, dans celui de la décoration, associer des éléments de styles différents pour créer de nouvelles harmonies).

Mobile only : une stratégie qui consiste à être présent quasi exclusivement par le biais d'une application proposée sur smartphone.

Minimum Viable Product (MVP) : le « produit viable a minima » est une matérialisation aussi minimaliste que possible, élaborée pour présenter un concept aux clients potentiels, les faire réagir et en valider la viabilité commerciale (existence d'un marché et de clients).

Net Promoter Score (NPS) : la propension ou probabilité qu'un client recommande un produit ou une marque à un ami. Le NPS mesure également le degré de satisfaction et de loyauté des clients pour le produit, sur une échelle de 1 à 10. Un score inférieur à 8 signifie que la marque a plus de détracteurs que de promoteurs ; avec un score entre 8 et 10, elle peut compter sur des promoteurs enthousiastes.

One for One® (Buy one, give one) : un pour un ® est le modèle caritatif inventé par Blake Mycoskie, lorsqu'en 2006, il lance son entreprise *Shoes for a better tomorrow*, devenue par la suite TOMS. Le concept : proposer aux clients qui achètent des *alpargatas*, un type d'espadrilles argentines, qu'en contrepartie d'une paire achetée, une autre sera distribuée à un enfant dans le besoin quelque part dans le monde. Une formule simple et efficace pour transformer des consommateurs en philanthropes. En France, la marque Twins for Peace a dupliqué le même modèle que TOMS. La formule été reprise en 2010 par Warby Parker sous la formule « Buy a pair give a pair » (une paire offerte pour chaque paire achetée) contribuant a populariser un modele d'entreprise socialement engagée et la formule désormais consacrée **Buy one, give one** (un acheté, un donné).

One-to-one : le marketing One-to-One est une stratégie visant à élaborer des offres sur-mesure, suivant le profil particulier de chaque consommateur. C'est l'inverse du marketing de masse.

Online / offline ou **on/offline :** sur l'internet et dans le monde physique.

Open innovation : innovation ouverte et partagée dans les domaines de la recherche et du développement. L'open innovation se matérialise au travers de partenariats avec des laboratoires de recherche, la conception collaborative de produits ou de techniques, la création de projets en open source ou l'acquisition de start-up. Pour les DNVB, le concept peut être étendu à la tendance qui consiste à récolter les retours des clients et à adapter ses produits et ses services en conséquence.

Out of the box ou outside the box : *thinking outside the box* signifie, en anglais américain, penser différemment, de façon non conventionnelle ou selon une perspective nouvelle, hors des sentiers battus.

People-centric : désigne une culture d'entreprise dans laquelle l'humain tient la place centrale et à laquelle correspond un style de management selon lequel les leaders s'attachent à transmettre du sens, une vision, plutôt qu'une approche en objectifs et résultats chiffrés.

Proof of Concept (POC) : une « preuve de concept » est une démonstration de faisabilité conçue purement pour illustrer la fonctionnalité d'un ou plusieurs principes à intégrer dans un système.

Post luxury society : l'expression désigne un mouvement général de démocratisation du luxe. La consommation de biens dits « de luxe » n'est plus corrélée à une catégorie de revenus dans la mesure où, d'une part, le luxe n'est plus nécessairement synonyme de prix élevé et, d'autre part, les plus riches ne choisissent plus nécessairement de consommer uniquement des marques de luxe (voir mix&match).

PR stunt : création d'événements planifiés et conçus pour attirer l'attention du public, la couverture médiatique de leurs organisateurs ou de la cause qu'ils défendent. Ces coups médiatiques peuvent être organisés par des professionnels ou mis en place par des amateurs ayant recours à des moyens non conventionnels et peu onéreux.

Pricing dynamique : le pricing dynamique repose sur les techniques de traitement analytiques avancées permettant de construire des algorithmes de fixation de prix très réactifs.

Product/market fit : c'est l'adéquation parfaite entre un marché et un produit.

Pure-player ou dot.com company : une société commerciale dont l'activité se déroule exclusivement sur l'Internet et dans un seul domaine d'activité.

Regram ou repost : reposter une photo sur Instagram.

Retail ou commerce au détail : le retail est la vente pratiquée dans le commerce de détail, c'est-à-dire par les commerçants dont la fonction consiste à acheter des marchandises pour les revendre au consommateur ou à l'utilisateur final, généralement par petites quantités et en l'état.

Retail tour : une visite organisée qui permet de découvrir des points de vente remarquables pour leur architecture, leur aménagement ou leur caractère innovant et les nouvelles technologies qui y sont déployées.

Slow fashion : mouvement en réaction à la fast-fashion et au gaspillage qui invite à ralentir sa consommation au profit de vêtements mieux coupés, choisis avec soin, que l'on aura envie de garder. Une mode éthique qui respecte les critères écologiques.

Snap : un message photographique ou vidéographique envoyé via l'application Snapchat.

Social commerce : le « commerce connecté » renvoie à l'utilisation de stratégies exploitant des technologies sociales et participatives pour générer des conversations afin de tirer parti du bouche-à-oreille pour soutenir le processus de vente (médias sociaux, application de partage et de recommandation sociale, site web).

Social currency : la « monnaie sociale » fait référence à l'attractivité ou l'influence que le consommateur a parmi ses pairs. (Définition Russ Klein, blog de l'American Marketing Association). En partageant ou en parlant d'un sujet, une personne apparaît particulièrement intéressante et acquiert un certain capital social.

Social-savvy : être social-savvy signifie avoir un savoir-faire sur les médias sociaux. Le terme s'utilise pour un individu ou une entreprise.

Supply chain : la « chaîne d'approvisionnement » englobe trois fonctions : la fourniture de produits à un fabricant, le processus de fabrication et la distribution de produits finis au consommateur par un réseau de distributeurs et de détaillants.

Tracking & tracing : c'est un mécanisme de suivi, de repérage et de localisation (pour un colis par exemple).

Unboxing : un genre de vidéos dans lesquelles des personnes se filment en train de déballer les produits qu'elles viennent d'acheter.

Urban techwear : un style vestimentaire urbain ayant des qualités techniques. Il a été inventé par Abe Burmeister, fondateur de la DNVB américaine Outlier (Outlier signifie aberration ou cas unique).

User Generated Content (UGC) : les contenus générés par les utilisateurs sont une façon de créer de la confiance en invitant les utilisateurs à contribuer à l'image de la marque, au moyen de partage de photos, de création de vidéos, de concours... Ils permettent aux individus de se distinguer socialement (voir social currency).

Wholesale : vente pratiquée par le commerce de gros, c'est-à-dire le commerce dont la fonction consiste à acheter des marchandises par quantités importantes en vue de les vendre à des revendeurs, des utilisateurs professionnels et des collectivités, à l'exclusion des consommateurs finaux.

YONO strategy (you only need one) : la stratégie « un seul suffit » est un argument lié à la slow fashion qui consiste à proposer d'acheter moins, mais de meilleure qualité.

Index

#

C

D

E

F

G

H

I

J

Table des illustrations

#

©Brandless ©Lindsey Balbierz #Brandlesslife

©Glossier émojis

©Glossier Stickers de l'App

M01982 - V - OSB 90° - JME

Dépôt légal : octobre 2018 - Suite du tirage : janvier 2022

Achevé d'imprimer par la Nouvelle Imprimerie Laballery 58500 Clamecy
N° d'impression : 112537

Imprimé en France

La Nouvelle Imprimerie Laballery est titulaire de la marque Imprim'Vert®